国语问题讨论集

朱麟公 编

本書提要

一、方今國內教育界討論的集中點便是國語問題。近幾年來，報章雜志，關於這個問題的發表，可算很多。現在把這發表的討論，分類彙編，就叫做他國語問題討論集。

二、本集討論的問題，分為左列五類：

(甲)國語國音問題

(乙)國語文法問題

(丙)國語教材問題

(丁)國語教學問題

(戊)國語統一問題

三、本集的內容，有理論的學說，有實際的方法；得此一編，可做研究國語教學國語的借鏡。

四．國語上討論的要點，就在標準語和標準音；有的主張京語京音的，有的主張混合語和會音的，有的主張先定有的主張後定，本書把那各種的主張，一一分述，做吾們討論國語的依據。

五．本集的材料，采集國內曾有發表國語問題的報章雜志，共有十五六種；取材五六十篇，字數十六萬餘。

六．閱者諸君，到了研究實施之後，倘有心得，不妨賜示；將來再版出書，可以附刊在後，以供討論。

十・六・一・朱麟公

國語問題討論集

第一編 概言

一．國語的意義和努力……周銘三（一—六）
二．國語的價值……朱希祖（七—一六）
三．國語的進化……胡適（一七—三七）
四．國語和國文……黎錦熙（三七—四三）
五．國文的將來……蔡元培（四三—四六）
六．小學校與國語……勞潛人（四七—五一）
七．中等學校與國語……洪北平（五二—五八）

第二編 國語國音問題

一．主張京語京音的
其一……張士一（一—五）
其二……周銘三（六—一二）

其三……張士一（一三—一七）
其四……易作霖（一七—三〇）
其五……張士一（三一—五一）
二.主張混合語和會音的
其一……劉孟晉（五二—六一）
其二……陸　基（六一—六六）
其三……何仲英（六六—七〇）
其四……黎錦熙（七一—八四）
其五……陸殿邁（八五—九三）
三.關於注音字母的研究
其一……張士一（九三—九四）
其二……陸　基（九五—九六）
其三……張士一（九七—九九）

其四注音字母與漢字……王蘊山(一〇〇—一〇四)
其五國音音素的發音部位……黎錦熙(一〇五—一一三)

第三編　國語文法問題

一·語法大要……黎錦熙(一—六)
二·語體文與修詞學……陸殿揚(七—一六)
三·國語文法編輯綱要……黎錦熙(一七—二五)
四·新式標點符號案……國語統一籌備會(二五—四〇)
五·使用新式標點的注意……濬(四〇—四四)

第四編　國語教材問題

一·國語教材的研究……何仲英(一—一四)
二·小學校的國語教材……黎錦熙(一五—二一)
三·中學校的國語教材……胡適(二二—二三)
四·國語教科書的革新計劃……黎錦熙(二三—三二)

第五編　國語教學問題

一、國語教學的研究
(甲)怎樣教授國語……范祥善(一—一四)
(乙)白話文教授問題……何仲英(一四—二二)
(丙)國語科發音的處理……太玄(二二—二六)
二、小學校的國語教學法
(甲)教學國語的實施狀況……江蘇省立第二女師範附屬小學校(二六—三一)
(乙)國語教法的新潮……黎錦熙(三一—三七)
三、中學校的國語教學法……胡適(三七—四〇)
四、國民學校一二年級教學注音字母的主張
其一……黎錦熙(四〇—四八)
其二……汪志青(四九—五二)
其三……王嗣舜(五二—五五)

五國民學校一二年級不教注音字母的主張
其一……張士一（五五—五七）
其二……張士一（五八—七六）
其三……吳研因（七六—七八）

第六編 國語統一問題

一國語統一問題……張士一（一—三七）
二國語運動之過去與將來……黎錦熙（三八—四四）
三創設「國語週」……天一（四五—四九）
四美國的國語運動週……教育雜志（四九—五二）

第七編 附錄

一公布注音字母令……教育部（一—三）
二國民學校一二年級改授國語令……教育部（三—四）
三練習語言辦法……國語統一籌備會（四—六）

四國語研究會簡章……江蘇省教育會（六—八）

國語問題討論集

海虞朱麟公編
周銘三

第一編　概言

一　國語的意義和勢力

（一）中國領土內的言語

中國全領土內的言語多極了。除漢族的言語，西藏的言語，蒙古的言語，回族的言語以外，有少數滿族的言語，苗族猺族的言語，再有上海話，廣東話也很有勢力的。吾國各處，個人交際，因為方言不能相通，常有拿他國語言發表意見的，好像在滬甯鐵道一帶有用英語談話的，雲南鐵道一帶常有用法語談話的，南滿鐵道跟山東鐵道一帶，常有用日語談話的，北滿洲跟新疆一部分，常有用俄羅斯語談話的。又有一種很奇怪的話，叫洋涇濱話，(Pigeo lnglish) 是英語和國語混合的。吾國領土內的言語既是這麼多，有時還要借重外國言語做談話的工具；實在是一種很不好的很羞恥的現象。所以應當提倡國語來統一各種言語的。

（二）漢語在中國言語界所佔的勢力

我國言語種類既然這麼多那麼那一種話可以算國語嗎？試看中華領土內的勢力最大，應用最廣，是什麼話呢？可不是漢語麼？本部十八省跟東三省一帶，幾乎全是漢語的勢力範圍；內蒙古的一部分，新疆省跟青海的一部分，也用漢語的。中華全領土的總面積是一·五三二·四二〇方哩。除去西藏及青海四六三·二〇〇方哩，內外蒙古約一·三六七·六〇〇方哩，新疆約五五〇·三四〇方哩外，可說是全用漢語的。倘若拿人口來算，大約總人口是四億三千萬，內中除去一千萬人外，可說是全用漢語的。照這樣看起來，漢語是全中華的代表語，是最有確實之統計的。

(三)國語的標準語

這麼廣大的面積，這麼多數的人民，漢語這一個名詞，就能代表一切語言麼？歐美人除說廣東話或是上海話，都用 Chinese 一個字，代表中國語的。在三十年前，南洋巴達維亞地方，出一種中國文法書跟中國會話書；裏頭多是些廣東話，怎麼可以拿中國語三個字做他的書名呢？倘若是可以的，那麼在香港的英國人，可以拿廣東話做國語了；澳們的葡萄牙人，可以拿澳門土話作國語了。在日本地方，有稱中國話叫漢語的，有叫唐語的。實在所謂漢語，所謂唐語，是中華中南部的地方話，是不能代表國語的。能代表國語的是什麼呢？能做國語的標準語的是什麼呢？就是北京話，又可單語是國語。這好像英國拿倫敦話做英語，日本拿東京話做日語是一樣的。但是中國幾千年來家族制度很發達的，地方的團結非常鞏固，各地方土話很多，他的大分別，是有好幾種。但是北京話勢力最大，因為明朝跟清朝，共有五百多年，建都在北京，不知不覺的就做了一種有勢力的話了。現在全國多數人公認可以成國語的，就是有教育的北京本地人所說的北京話咧。

(四)國語的世界地位

世界上最有勢力的英語，用的人不過一億三四千萬人。其次法語，有九千萬人。再其次德語，有七千五六百萬人。但是中華國語用的人，有四億二千餘萬人，這不是一個可驚的數目麼？英法德語以外，雖有，使用稍占多數的俄羅斯語，印度語。但是要跟我們的使用標準語北京話的人數相比較，那還差遠咧。現在世界上要找一種語言，用的人數跟用國語的人數一樣，實在是沒有的。所以就拿用的人數而論，國語已可認為極有勢力的一種語言。況且我國已變為世界各國所注意，在政治上，經濟上，已經占了一個重要的位置了。

其次，中國的學術方面跟世界的文明，很有關係的。好像古代的歷史，哲學，文學，都是世界學者所不可不研究的。要研究這一類學問，不先學我們國語還行麼？

再其次，以言語學的眼光來批評，那麼國語跟安南語，緬甸語，暹羅語，都是一種單音語言。但是國語有很古歷史上的關係，是一種極有權威的言語。近鄰日本，高麗，他們的言語，文字，都受國語的影響。雖然四千年來，漢民族常爲人所征服，而國語未受絲毫的影響。非特被征服沒受征服的影響，並且征服的民族，反受漢族的同化，不久就換用我國的言語了。

試舉例來說明他，蒙古人跟滿洲人，都會用武力征服漢族的，做政治上的支配人。他們一到中國，就先學漢語，自已本來的言語，反不很注意。滿洲人到中國，沒有三百年，滿洲話全行忘去。現在學習滿洲話，還要請敎漢人敎授哪。

或有人說：『以前國語比較來征服的言語，有文明的基礎，所以有如此的現象，恐怕以後，不能如此了。』這句話也不能說是的。因爲英語在中國，用處雖廣，但是這一種變則的英語，（是英語跟國語混合的，音調跟語序，都從國語的習慣）在商業上的勢力也很大的。

（六）歐美人和國語的關係

歐美人的學國語，大半爲宗敎跟商務關係的。

基督敎初到中國，是什麼時代的事，雖不能明確知道。但是紀元五百五十一年，景敎派的敎士，已經來到中國，可以知道基督教是早通行中國的了。

明朝天啓五年，陝西省西安府，發見大秦景教流行中國的碑，可知唐太宗貞觀九年，景教已到中國。貞觀十二年有詔，許景教傳布天下，所以景教徒來到中國的很多，到了十三世紀以後，天主教大行，以後耶穌教又到中國，但是這兩派的傳教人，很有忍耐力，很用心學國語，成績很好，所有歐美人的國語著作，大半是傳教人的手筆。

次於傳教的人，能熱心國語研究的歐美，就是普通學教育的人了，最有名的是 Wode 氏的語言氏邇集，有 Tandard 氏的漢英合璧字典，都是他們的成績。把國語傳佈到世界上去，是很有功績的。

除宗教關係貿易關係以外，對於國語純粹作學術研究的歐美人，也很有的，但是要算俄羅斯人爲最熱心，最初千七百十四年，有七名希臘教士來中國學國語，五年回國，不久就有二十四大本漢俄大辭典出世，就是受這七個人提倡影響的。

今日在海參威的東方語學校，所有我國的國語科，是世界著名語言科的一種。

（七）日本和國語的關係

在日本的國語，雖有一千餘年的歷史但是他的大部分，是作為佛教研究用的或是兩國交涉用的。除這兩種外，一直到最近一千年，在享保年間，有岡島冠山氏，熱心研究國語文的小說，可惜沒有學術上的功績呀。

明治初年到日俄戰爭，在日本的國語，稍微發達一點兒了。實在考查看，還是偏於軍事政治兩方面。雖然有因為經濟上宗教上學術上來研究國語的，總是很少數的。

現在這幾年，日本人學習國語的加多了，在各種外國語學科中，很占重要的位置。但是學國語不能明白中國語的心理，所以兩國的誤會，還不能掃去一切。

東京西京兩大學已經設立很好的國語科，但是要成為一種國語學的研究，還要費幾年工夫哪。

（八）國語的將來

國語的將來，當分作兩部分講。一部分是應用國語，一部分是國語學。應用的國語是什麼呢？恐怕知道的人很多，不用多說了。什麼是國語學呢？現在還在研究提倡時代，不能作一定的解說。照需要上看起來，國語學可分四部分研究，一言語學部，一語音部，一語詞部，一語法部。這麼研究下來，吾國國語在世界各國語言中佔的什麼位置？可以知道了。

二　國語的價值

朱希祖

昨天遇見一位老先生，與一位朋友談天，那老先生說道：『白話的文與文言的文，皆是不可滅的。譬如着衣服：做白話的文，就如着布衣；做文言的文，就如着綾羅綢緞的衣；着得起綾羅綢緞的，就是富人；那貧人着不起綾羅綢緞，只好着布的了。』我聽了，暗中笑道：我常常說人家都喜歡做『衣裳文學，』偏偏這位老先生又要講『衣裳文學了。』要曉得貧富本不在衣裳上區別。那富的人，固然也有着綾羅綢緞的衣，然而着布衣的，也儘有富的，並不爲着了布衣，就失了他富的資格，那安分守己的貧人，固多着布衣，然而也有貧的人，偏要假粧富人，着了綾羅綢緞，到人家面前去誑耀。試到我們江蘇浙江的街上去看看，着綾羅綢緞的人非凡之多；若到他們家裏去看看，十之八九都是窮得不堪的，也未見得因爲他們着了綾羅綢緞，就算他是富人。我們中國人只曉得假粧門面，這種貧無聊賴的人，偷竊欺騙人家的錢來，做了綾羅綢緞的衣裳，着了去誑耀『只認衣裳不認人』的下流人物，就可以代表中國大多數文言的文章了。

又有幾個人在那裏批評白話的文的價值，以爲總不如文言的文；

甲說道：『白話的文太繁穢，不如文言的文簡潔；白話的文太刻露，不如文言的文含蓄；所以白話的文是毫無趣味的。』

乙說道：『白話的文，今天看了，一覽無餘，明天就丟掉了，斷不能垂諸久遠；文言的文色澤又美，聲音又好聽，使人日日讀之不厭；所以孔子說，「言之無文行而不遠。」古人的文章所以能千古不朽者，就是用文言的緣故；所以我們雅人，只要學古；白話的文，由他們俗人作通俗文用罷了。』

丙說道：『白話的文，車夫走卒都能爲之；文言的文，非學士大夫不能爲。』

我以爲甲的主張，不過要製造僞的文章罷了。文章的好壞，不在繁簡，從前顧亭林的日知錄已經說過了，不必再辨。穢的一字，我不解，大約指着白話的文中罵人的語句，或批評人家說得太不堪的樣子；然而文言的文中，難道就沒有這種弊病嗎？你看論語孟子中，不批評人家則已，一批評人家，開口就是『禽獸』『盜賊』等惡毒的罵詈，『妾婦』『穿窬』『徒哺啜』『賤丈夫』等不堪的嘲笑，你們方且以他們爲聖賢，要崇拜他們的，不因此抹殺文言的文。所以這種弊病，不是白話的文專有的。若講到含蓄，要分兩層說。一對於字句的。作文言的文，以爲字句必須含蓄，不許直說，所以措詞或用古典，或用古字；造句或務簡短，或求古奧。所以他們的句語，也有如讖詞的，也有如燈謎的，也有如歇後語的矯揉造作，一副假臉，如同做戲的帶了假面具，把眞面目不露出來。到了這種地位，雖有很好的意思，含蓄在內，人家也看不出來了，從前田鳩說墨子的文，『多而不辯，恐人懷其文，忘其用，與楚人鬻珠，秦伯嫁女同類。』所以華辭巧飾，自託含蓄的，上者使人買櫝還珠，下者徒飾空櫝，竟無珠了。白話的文，把眞面目刻露出來，即無此種毛病。——對於意思的做文章時，意思含蓄不露，所謂引而不發，意在言外，使人自己去尋味，若豁然貫通，必如獲了珍寶，自是文學的上品。此種好處，不但文言的文有之，白話的文亦有之。試看現在歐美日本的白話小說，戲曲，及新體的白話詩，皆有此種境界。所以未曾細讀多讀白話的文學作品，而漫欲批評白話文全無是處。

乙的主張，不過要製造『古』的文章罷了。『古』的弊疾，我下文再講。若說白話的文不能傳諸久遠，試問尙書中殷盤周誥，多是古代的白話，何以能傳諸久遠呢？水滸紅樓夢，我敢說再過數千年，也是不能磨滅的。況且最古的時代，文章本是代語言的，我們做白話的文，實在是最古的法則。——然而人家不要誤會，我們並不因爲白話文是古的，然後要做他的。

丙的主張，不過要做『貴族』的文章罷了。（學士大夫即貴族的代名詞。）要曉得文學的事業，總以人的全部分爲標準。若以少數貴族爲標準，就是自私自利，這種文章，已無文學上的價值。我的朋友仲密君做了一篇平民文學，載在每週評論的第五期，講得非凡透徹，我也不必再說。至於貴族的心理，以爲『文章做到難懂，工夫就深極了，人家不懂，我獨能懂，所以可貴；白話的文，人人能懂，車夫走卒皆能懂，所以不足貴。』其實現在的新文學，非從科學哲學出來，卽不能成立；用極深遠的哲理，寫以極淺近的白話。所以就外面看來，學士大夫能懂得，車夫走卒亦能懂得；若就內容的理由講，不但車夫走卒不能懂，卽舊派的學士大夫何嘗能懂呢？

上文列的數家，不過中國的守舊派反對白話的文罷了。還有留學歐美，做外國的守舊派的，崇奉莎士比亞等貴族的文學，以爲『外國文言何嘗一致，』亦來反對白話文學。

某君中國文學改良論云，『語言若與文學合而爲一，則語言變而文字亦隨之而變。故英之 Chancer 去今不過五百餘年，Spencer 去今不過四百餘年，以英國文字爲諧聲文字之故，二氏之詩，已如我國商周之文之難讀；而我國，則周秦之書尚不如是，豈不以文字不變，始克臻此乎？向使以白話爲文，隨時變遷，宋元之文已不可讀，況秦漢魏晉乎？此正文言分離之優點，乃論者以之爲劣，豈不謬哉？且盤庚大誥之所以難於堯典舜典者，（按舜典已亡，今惟僞古文有舜典。）卽以前者爲殷也之白話，（按大誥是周人的，非殷人的。）而後者乃史官文言之記述也。故宋元語錄，與元人戲曲，其為白話，大異於今，多不可解；然宋元之文章，則與今無別。論者乃惡其便利而欲增其困難乎？抑宋元以上之學，已可完全拋棄而不足惜，則文學已無流傳後世之價值，而古代之書籍可完全焚毀矣，斯又何解於西人之保存彼國之古籍耶？』

某君攻擊白話的文，較之中國的守舊派，程度自然高出百倍。他也曉得白話的文可以傳諸久遠；惟慮白話的文傳諸久遠而後，語言代變，恐後人不能懂。此乃某君之謬，今為分析辨之：

文學最大的作用，在能描寫現代的社會，指導現代的人生。此二事，皆非用現代的語言不可；其理由，下文再說。假使作文的時候就要離却現代的社會與人生，而欲為千秋萬歲後的讀者計畫，則思想隱欲專制將來，文學上已無時代精神可表現。若要如此，則吾人不必再創新文學，只要死守舊文學已足。再進一步說，吾人之所以創新文學，實不滿意於舊文學；吾人今日的新文學，過了百年千年，後人的智慧日進，必不滿意於吾人所創的文學，而視為舊文學。所以一代自有一代的文學。却現代而欲預講千百年後的將來，與離却現代而欲實現千百年前的過去同一謬見。

文學的作家，與那供給現代人看的文學作品，截然是兩事。供給現代人看的文學作品，必須以現代的白話寫之。若文學作家所研究的文學書，自然不能限於現代的作品，必將自古以來文學的源流變遷，及自古以來一切語言白話的文學作品，細細研究，文言白話中因古今語言，有不懂的，必須研究言語學；我們中國亦有小學，即語言文字學；此皆所以通古今之郵者。蓋學術思想，是遞變而進化的，所以做白話文學的，一定也要保存古書，以觀察過去進步之跡，然後可謀現代的進步；換一句話說，就是觀察過去的不滿足之處，以謀現代的建設。惟此是文學專家的事，並非要使現代的普通人類都讀古書，現代的普通人，既然不是都要讀古書，讀古書讓之文學專家，則後代的文亦是如此，又何患白話的文後人不懂耶？且某君但慮白話的文代變，恐防後人不懂；然則某君所指為文言的，如堯典中之『於變時雍』『庶績咸熙』。法言中之『蠢迪檢押』，闕史中之『虬戶』『銑溪』，難道後人不通訓詁故事就能懂嗎？某君必以為『此是古人的書，自或不懂』；然今人中如章太炎先生劉申叔先生的文，皆是文言的，某君以為不通訓詁能全懂嗎？可見性質古了，無論語言或文字，皆不能懂的。然而普通的人，對於堯典法言闕史等書，章太炎劉申叔諸先生的人，皆不能懂，是不妨的；至於文學專家，若不懂以上所舉的文章，則對於文學上且慢開口，因為他的學問尚未到此地位。能懂以上所舉的文章，然後配講白話文學的短長。

不能辨別作家與作品的不同，中國守舊派與外國守舊派，皆有此病。現代的作品，務使現代人皆能讀之，如戲曲小說等是現代的作家，不能使現代人皆能爲之；蓋作家必須通科學哲學，然後能作文學的作品。某君謂『口語所用之字句多寫實，文學所用之字句多抽象。（這兩句講不通，我不值得駁）執一英國農夫，詢以 Percedtpon, conception, consciunsness, freedom of will, reflection, stimulation, trancc, meditation, suggestion. 等名詞，彼固無從而知之，即敷陳其義，亦不易領會也。』科學哲學上的名詞，文學專家自當深通其義，此乃作家的學問。農夫只要能讀文學作品，如小說戲曲等。外國現代的小說戲曲，豈專以科學上哲學上的抽象名詞敷衍滿紙嗎？若農夫必須懂了 Perception……名詞，然後讀小說戲曲，難道農夫必須自通幾何學、礦學、機械學等，然後用新式的耕田機器嗎？

我本來要說白話的文的價值，因爲人家反對白話的文，所以費了許多說話，未曾講到本題。今要講到本題，尚須分兩層講：一是白話的文功用上的價值；二是白話的文本質上的價值。

（一）白話的文功用上的價值分爲三條：

（1）我常常聽見學生們說：『中國文有三難：一難讀；二難解；三難作。所以學了十幾年文章，字句尚不通順。』此指普通文化的文說，我以爲作文如製器，同製一器，有學了一二十年幾能成功的，有學了五六年卽能成功的，其結果利益相等人必求其速的而舍其緩的作文亦然，學文言的文，須一二十年成功學白話的文，四五年卽能成功，其餘十數年，可騰出來專學各項科學及哲學，所以同是用了一二十年功，其結果，學白話的文的知識，超出於學文言的文約數十百倍。

(2)作文言的文，文章雖做得甚巧，往往有拙於語言，不能應對的；然言語的功用，有較勝於文章的時候。若作白話的文，不必用功於作文，只要用功於說話，演說談講，隨時隨地可以爲練習文章之用；所以有了思想，口可以達的，筆亦可以達的，說話與作文爲一件事的兩面，一舉而有兩利。學文言的文不注重思想，粗疏譾陋；所以他們的一生，作文固多不通，說話也更多不通了。

(3)作白話的文，照他的口氣寫出來，句句是眞話，確肖其爲人。作文言的文，雖寫村夫俗婦的說話，宛然是一個儒雅的人寫外國人的說話，亦宛然是一個中國辭章之士。中國文人多說假話，多粧點門面語，文章是全然靠不住的；所以文學之士，文家看起來，與倡優一樣。作白話的文不能粧點，比較起來，是眞一點。文章譬如美人：白話的文是不粧點的眞美人，自然秀美；文言的文是粧點的假美人，全無生氣。

(二)白話的文本質上的價值分爲二條：

（1）白話的文的本質，與文言的文的本質有廣狹之不同。文言的文，無論駢文散文，皆以典雅爲宗；世俗的語與外來的語，不典不雅，皆不許用於文章。桐城派的文人，往往譏蘇軾錢謙益輩用『釋典』語，則今世一切科學哲學的新語，皆在排斥之列。駢文的選詞，雖無桐城派之嚴，然必須用麗典雅詞，一切語言亦無從闌入。總之所謂典雅者，非古人已用的，斷不敢用入文章；『劉郎不敢題（糕）字』，即爲此二派的代表；不知人事一日進化一日，思想一日複雜一日，若使新語不許用入文章，則思想既爲古人所蔽，一切新事業就被他無形消滅，阻礙進化，其力甚大。所以舉國皆用『夏正』，則民國已無形取消；舉國皆崇古學，則新學亦無從輸入。日本維新四十年，已與歐美並駕齊驅，而吾國社會依然如故，皆因用舊日文言束縛的緣故。若打破古例，輸入外來的新語，則文學的思想界正如闢了數國的新疆土，又添了數國文學上的新朋友，豈不有趣？然此事，或謂『用淺近文言的文，亦可做得到，只要不做舊式的駢文散文能了。』不知一代的文學，總須表現一代社會的現象。文言的文只能爲飾貴族文人；至於社會全體的眞相，非白話俗語，不能傳神畢肖，社會全體的眞相不明，則文學家雖欲指陳他的利弊，亦無從開口。所以白話的文的領土，既能容納一國的全社會，又能容納外國的各社會，運用自在，活潑潑地；文言的文，既以古爲質，範圍又狹，與現代社會現代人生不相應，雖有文學而實無用，竟與死的一樣。

（2）文學之對於人生，與食物同食物的良否，視消化的難易與滋養料的多少而定。文言的文與白話的文滋養的多少，皆非一定。文言的文，滋養有多的，亦有少的。白話的文亦然；現在由科學哲學的見地所成之白話的文，滋養料的豐富，固無可比；若宋元明清的白話文錄，小說，戲曲，及現今無學識的白話文，滋養料亦不多的。所以從滋養料上講，白話的文與文言的文差不多。惟講到消化，白話的本質，彷彿就是粥，飯，麵包，牛乳，雞子。文言的文，消化的容易，遠不及白話的文了。一種食物既然不易消化，就有兩種毛病：其一，食了未曾溶解，即排泄而出，雖有滋養料，亦不能提出補益身體，其結果，必成為貧血病，精神日漸萎頓，不堪作事，漸致不能支持身體。文言的文即有此弊，作的人愈經鍛鍊，讀的人愈難溶解，囫圇吞嚥，消化力自不健全；所以雖有好文學，亦無補於人生，反使社會毫無活力。其二，食了不易溶解，且有積滯於胸而不化的，百病從此而生，壽命亦自然短促。文言的文以古為質，讀的人往往食古不化，作的人又必想盡種種方法，比喻他的句調，叫做什麼『擲地作金聲，』『精金百鍊』……無非叫人讀了凝積於胸，不易消去，致使社會上弊病百出，有人要做裨補滋養社會的事業，反而生出許多阻力。可見消化容易，為食物第一急要條件。文學中，白話的文之勝於文言的文，其最大要義，卽在此世有反對白話新文學者，難道是不要吃粥，飯，麵包，牛乳，雞子，而要吃陳古千年鋼鐵樣硬的糯米糰子，和糠粃糰子嗎？——就說白話的文不見得就是粥，飯，麵包，牛乳，雞子那樣的滋養料，也還可以說是新鮮的糠粃糰子，食了縱少補益，也還無害於身體；若陳古千年鋼鐵樣的糠粃糰子，不但無益而且有害！

三　國語的進化

胡適

（一）

現在國語的運動總算傳播得很快很遠了，但是全國的人對於國語的價值，還不會有明瞭正確的見解，最錯誤的見解就是誤認白話爲文言的退化。這種見解是最危險的阻力。爲什麼呢？因爲我們既認某種制度文物爲退化，決沒有還肯採用那種制度文物的道理。如果白話眞是文言的退化，我們就該仍舊用文言，不該用這退化的白話。所以這個問題——『白話是文言的進化呢？還是文言的退化呢？』——是國語運動的生死關頭！這個問題不能解決，國語文與國語文學的價值便不能確定；這是我所以要做這篇文章的理由。

我且先引那些誤認白話爲文言的退化的人的議論。近來有一班留學生出了一種週刊，第一期便登出某君的一篇『平新舊文學之爭』這篇文章的根本主張，我不願意討論，因為這兩年的雜誌報紙上早已有許多人討論過了；我只引他論白話退化的一段：

『以吾國現今之文言與白話較，其優美之度，相差甚遠；常謂吾國文字至今日雖未甚進化，亦未大退化。若白話則反是。蓋數千年來，國內聰明才智之士雖未嘗致力於他途，對於文字卻尚孳孳研究，未嘗或輟。至於白話，則語言一科不講者久；其鄉曲愚夫，閭巷婦稚，讕言俚語，粗鄙不堪入耳者，無論矣；即在士夫，其執筆為文亦尚雅潔可觀，而聽其出言則鄙俗可噱，不識者幾不辨其為斯文中人。……以是入文，不惟將文學價值掃地以盡，且將為各國所非笑。』

這一段說文言『雖未甚進化，亦未大退化』白話卻大退化了。

我再引孫中山先生的孫文學說第一卷第三章的一段：

『中國文言殊非一致。文字之源本出於言語，而言語每隨時代以變遷，至於為文雖亦有古今之殊，要不能隨言語而俱化。……始所歧者甚僅，而分道各馳，久且相距愈遠。顧言語有變遷而無進化，而文字則雖仍古昔，其使用之技術實日見精研。所以中國言語為世界中之粗劣者，往往文字可達之意，言語不得而傳；是則中國人非不善為文，而拙於用語者也。亦惟文字可傳久遠，故古人所作，模仿綦易；至於言語，非無傑出之士妙於修辭，而流風餘韻無所寄託，隨時代而俱湮，故學者無所繼承；然則文字有進化而語言轉見退步者，非無故矣。抑歐洲文字基於音韻，音韻即表言語，言語有變，文字即可隨之。中華製字以象形會意爲主，所以言語雖殊而文字不能與之俱變。要之，此不過爲言語之不進步；而中國人民非有所闕於文字，歷代能文之士其所創作突過外人，則公論所歸也。蓋中國文字成爲一種美術，能文者直美術專門名家，既有天才，復以其終身之精力赴之，其造詣自不易及。……』

孫先生直說『文字有進化，而語言轉見退步。』他的理由大致也與某君相同。某君說文言因爲有許多文人專心研究，故不會退步；白話因爲沒有學者研究，故退步了。孫先生也說文言所以進步，全賴文學專家的終身研究。他又說，中國文字是象形會意的，沒有字母的幫助，故可以傳授古人的文章，但不能紀載那隨時代變遷的言語；言語但有變遷，沒有進化；文字雖沒有變遷，但用法更『精研』了。

我對於孫先生的孫文學說曾有很歡迎的介紹（每週評論第三十一號），但是我對於這一段議論不能不下一點批評。因爲孫先生說的話未免太籠統了，不像是細心研究的結果。即如他說

『言語有變遷而無進化』試問他可曾研究言語的『變遷』是朝什麼方向變的？這種『變遷』何以不能說是『進化？』試問我們該用什麼標準來定那一種『變遷』爲『進化的，』那一種『變遷』爲『無進化的？』若不曾細心研究古文變爲白話的歷史，若不知道古文和白話不同之點究竟在什麼地方，若不先定一個『進化』『退化』的標準，請問我們如何可說白話有變遷而無進化呢？如何可說『文字有進化而語言轉見退步』呢？

某君用的標準是『優美』和『鄙俗。』文言是『優美』的，故不會退化；白話是『鄙俗可嗤』的，故退化了。但是請問我們又拿什麼標準來分別『優美』與『鄙俗』呢？某君說，『卽在士夫，其執筆爲文亦尙雅潔可觀，而聽其出言則鄙俗可嗤，不識者幾不辨其爲斯文中人。』請問『斯文中人』的話又應該是怎樣說法？難道我們都該把我字改作予字，他字改作其字，滿口『雅潔可觀』的之乎者也，方才可算是『優美』嗎？『夢爲遠別啼難喚，書被催成墨未濃』固可算是美。『衣裳已施行看盡，針線猶存未忍開』又何嘗不美？『別時勉語在心頭，那一句依他到底？』完全是白話，又何嘗不美？晉書說王衍少時，山濤稱贊他道，『何物老嫗，生甯馨兒！』後來不通的文人把『甯馨』當作一個古典用，以爲很『雅，』很『美。』其實『甯馨』卽是現在蘇州上海人的『那哼。』但是這班不通的一定說『那哼』就『鄙俗可噱』了。王衍傳又說王衍的妻郭氏把錢圍繞牀下，衍早晨起來見錢，對婢女說，『舉阿堵物去』。後來的不通的文人又把『阿堵物』用作一個古典，以為很『雅』很『美』。其實『阿堵』即是蘇州人說的『阿篤』，官話說的『那些』。但是這班不通文人一定說『阿篤』『那些』都是『鄙俗可噱』了！

所以我說，『優美』還須要一個標準，『鄙俗』也須要一個標準。某君自己做的文言未必盡『優美』，我們做的白話未必盡『鄙俗可噱』。拿那沒有標準的『優美』『鄙俗』來定白話的進化退化，便是籠統，便是糊塗。

某君和孫先生都說文言因為有許多文人終身研究，故不會退化。反過來說，白話因文人都不注意全靠那些『鄉曲愚夫閭巷婦稚』自由改變，所以漸漸退步，變成『粗鄙不堪入耳』的俗話了。這種見解是根本錯誤的。稍稍研究言語學的人都該知道文學家的文學只可定一時的標準，決不能定百世的標準；若推崇一個時代的文學太過了，奉為永久的標準，那就一定要阻礙文字的進化；進化的生機被一個時代的標準阻礙住了，那種文字就漸漸乾枯，變成死文字或半死的文字；文字枯死了，幸虧那些『鄉曲愚夫閭巷婦稚』的白話還不曾死，仍舊隨時變遷；變遷便是活的表示，不變遷便是死的表示。稍稍研究言語學的人都該知道：一種文字枯死或麻木之後，一線生機全在那些『鄉曲愚夫閭巷婦稚』的白話；白話的變遷，因爲不受那些『斯文中人』的干涉，故非常自由；但是自由之中，却有個條理次序可尋；表面上很像沒有道理，其實仔細研究起來，都是有理由的變遷：—都是改良，都是進化！

簡單一句話，一個時代的大文學家至多只能把那個時代的現成語言，結晶成文學的著作；他們只能把那個時代的語言的進步，作一個小小的結束；他們是語言進步的產兒，並不是語言進步的原動力；有時他們的勢力還能阻礙文字的自由發達。至於民間日用的白話，正因爲文人學者不去干涉，故反能自由變遷，自由進化。

（二）

本篇的宗旨只是要證明上節末段所說的話，要證明白話的變遷並非退步，乃是進化。

立論之前，我們應該定一個標準：怎樣變遷才算是進化？怎麼變遷才算是退步？

這個問題太大，我們不能詳細討論，現在只能簡單說個大概。

一切器物制度都是應用的。因爲有某種需要，故發明某種器物，故創造某種制度。應用的能力增加，便是進步；應用的能力減少，便是退步。例如車船兩物都是應付人類交通運輸的需要的。路狹的地方有單輪的小車，路闊的地方有雙輪的騾車；內河有小船，江海有大船。後來陸地交通有了人力車，馬車，火車，汽車，電車；水路交通有了汽船，人類的交通運輸更方便了，更穩當了，更快捷了。我們說小車騾車變為汽車，火車，電車，是大進步，帆船划船變為汽船，也是大進步，都只是因為應用的能力增加了。一切器物制度都是如此。

語言文字也是應用的。語言文字的用處極多，簡單說來，（一）是表情達意，（二）是紀載人類生活的過去經驗，（三）是教育的工具，（四）是人類共同生活的唯一媒介物。我們研究言語文字的退化進化，應該根據這幾種用處，定一個標準：「表情達意的能力增加嗎？紀載人類經驗更正確明白嗎？還可以做教育的利器嗎？還可以作共同生活的媒介物嗎？」這幾種用處增加了，便是進步；減少了，便是退化。

現在先泛論中國文言的退化。（1）文言達意表情的功用久已減少至很低的程度了。禪門的語錄，宋明理學家的語錄，宋元以來的小說，都是文言久已不能達意表情的鐵證。（2）至於紀載過去的經驗，文言更不夠用。文言的史書傳記，只能記一點極簡略極不完備的文概。為什麼只能記：

點文概呢？因爲文言自身本太簡單了，太不完備了，決不能有詳細寫實的紀載，只好借『古文義法』做一個護短的託詞。我們若要知道某個時代的社會生活的詳細記載，只好向紅樓夢和儒林外史一類的書裏去尋。(3)至於教育一層，這二十年的教育經驗更可以證明文言的絕對不够用了。二十年前，教育是極少數人的特殊權利，故文言的缺點還不大覺得。二十年來，教育變成了人人的權利，變成了人人的義務，故文言的不够用，漸漸成爲全國教育界公認的常識。今年全國教育會的國語教科書的議案，便是這種公認的表示。(4)至於作社會共同生活的媒介物，文言更不中用了。從闊官府的告示，『聖諭廣訓』一類的訓諭，爲什麼要用白話呢？不是因爲文言不能使人懂得嗎？現在的闊官僚到會場演說，拿出一篇古文或駢文或韻文的文章，哼了一遍，一個人都聽不懂；明天登在報上，多數人看了還是不懂！再看我們的社會生活——在學校聽講，教授，演說，命令僕役，叫車子，打電話，談天，辯駁，——那一件是用文言的？我們還是『斯文中人』，尚且不能用文言作共同生活的媒介，何況大多數的平民呢？

以上說語言文字的四種用處，文言竟沒有一方面不是退化的。上文所說，同時又都可證明白話在這四方面沒有一方面的應用能力不是比文言更大得多。

總括一句話，文言的種種應用能力久已減少到很低的程度，故是退化的；白話的種種應用能力不但不曾減少，反增加發達了，故是進化的。

現在反對白話的人，到了不得已的時候，只好承認白話的用處，於是分出『應用文』與『美文』兩種，以爲『應用文』可用白話，但是『美文』還應該用文言。這種區別含有兩層意義。第一，他承認白話的應用能力，但不承認白話可以作『美文』。白話不能作『美文』，是我們不能承認的。但是這個問題和本文無關，姑且不談。第二，他承認文言沒有應用的能力，只可以拿來做無用的美文。即此一端，便是文言報喪的訃聞，便是文言死刑判決書的主文！

天下的器物制度決沒有無用的進化，也決沒有用處更大的退化！

(三)

上節說文言的退化和白話的進化，都是泛論的。現在我要說明白話的應用能力是怎樣增加的，——就是要說明白話怎樣進化。上文我曾說：『白話的變遷，因爲不受文人的干涉，故非常自由；但是自由之中却有個條理次序可尋：表面上很像沒有道理，其實仔細研究起來，都是有理由的變遷：——都是改良，都是進化！』本節所說，只是要證明這一段話。

從古代的文言變爲近代的白話，這一大段歷史有兩個大方向可以看得出。(1)該變繁的，都漸漸變繁了。(2)該變簡的，都變簡了。

(一)該變繁的都變繁了。變繁的例很多，我只能舉幾條重要的趨向。

第一，單音字變爲複音字　中國文中同音的字太多了，故容易混亂。古代的字的尾音除了韻母之外，還有p，k，t，m，n，ng，h，等等，故區別還不很難；後來只剩得韻母和n，ng，h，幾種尾音，更容易彼此互混了。後來『聲母』到處都增加起來，如輕唇重唇的分開，如舌頭舌上的分開，等等，也只是不知不覺的要補救這種容易混亂的缺點。最重要的補救方法還是把單音字變爲複音字；例如師，獅，詩，尸，司，私，思，絲，八個字有許多地方的人讀成一個音，沒有分別；有些地方的人分作『尸』(師獅詩尸)『ム』(私司思絲)兩個音，也還沒有什麼分別。但是說話時，這幾個字都變成了複音字：師傅，獅子，死尸，尸首，偏私，私通，職司，思想，蠶絲：故不覺得困難。所以我們可以說，單音字變成複音字，乃是中國語言的一大進化。這種變化的趨勢起得很早，左傳裏的議論文已有許多複音字，如『散離我兄弟，撓亂我同盟，傾覆我國家，……傾覆我社稷，帥我蝥賊，以來蕩搖我邊疆』。漢代的文章用複音字更多。可見這種趨勢在文言本身已有了起點，不過還不十分自由發達。白話因爲有會話的需要，故複音字也最多•複音字的造成，約有幾種方法：

(1)同義的字併成一字•例如規矩，法律，刑罰，名字，心思，頭腦，師傅，……

(2)本字後加『子』『兒』等語尾•例如兒子，妻子，女子，椅子，桌子，盆兒，瓶兒，……

這種語尾，如英文之-let，德文之-chen,-lein，最初都有變小和變親熱的意味•

(3)類名上加區別字•例如木匠，石匠；工人，軍人；會館，旅館；學堂，浴堂；……

(4)重字•例如太太，奶奶，慢慢，快快，……

(5)其他方法，不能遍舉•

這種變遷有極大的重要•現在的白話所以能應付我們會話講演的需要，所以能做共同生活的媒介物，全靠單音字減少，複音字加多•現在注音字母所以能有用，也只是因為這個緣故•將來中國語言所以能有採用字母的希望，也只是因為這個緣故•

第二，字數增加　許多反對白話的人都說白話的字不够用•這話是大錯的，其實白話的字數比文言多得多•我們試拿紅樓夢用的字和一部正續古文辭類纂用的字相比較，便可知道文言裏的字實在不够用•我們做大學教授的字，在飯館裏開一個菜單，都開不完全！卻還要說白話字少！這豈不是大笑話嗎？白話裏已寫定的字也就不少了，還有無數沒有寫定的字，將來都可用注音字母寫出來。此外文言裏的字，除了一些完全死了的字之外，都可儘量收入。複音的文言字，如法律，國民，方法，科學，教育，……等字，自不消說了。有許多單音，如詩，飯，米，茶，水，火，……等字，都是文言白話共同可用的。將來做字典的人，把白話小說裏用的字和各種商業工藝通用的專門術語，搜集起來，再加上文言裏可以收用的字和新學術的術語，一定比文言常用的字要多好幾十倍。（文言裏有許多字久已完全無用了，一部說文裏可刪的字也不知多少。）

以上舉了兩條由簡變繁的例。變繁的例很多，如動詞的變化，如形容詞和狀詞的增加，……我們不能一一列舉了。章太炎先生說：

> 有農牧之言，有士大夫之言。……而世欲更文籍以從鄙語，冀人人可以理解，則文化易流。斯則左矣。今言『道』『義』，其旨固殊也。農牧之言『道』則曰『道理，』其言『義』亦曰『道理』。今言『仁人』『善人』，其旨亦有辨也。農牧之言『仁人』則曰『好人，』其言『善人』亦曰『好人』。更文籍而從之，當何以為別矣？夫里閭恆言，大體不具；以是教授，是使真意譌殺，安得理解也？（章氏叢書檢論五。）

話也不是細心研究的結果。文言裏有許多字的意思最含混，最紛歧。章先生所舉的『道』『義』等字，便是最普通的例。試問文言中的『體』字有多少種意義？白話用『道』字的許多意義，每個各有分別：例如『道路，』『道理，』『法子，』等等；『義』字也是如此。白話用『義氣，』『意義，』『意思』等詞來分別『義』字的許多意義。白話用『道理』來代『義』字時，必是『義不容辭』一類的句子，因為『義』字這樣用法與『理』字本無分別，故白話也不加分別了。即此一端，可見白話對於文言應該分別的地方，都細細分別；對於文言不必分別的地方，便不分別了。白話用『好人』代『仁人』『善人，』也只是因為平常人說『仁人君子』本來和『善人』沒有分別。至於經書裏說的『仁人，』『仁人』本不是平常人所常見的，（如『惟仁人放流之』等例）如何能怪俗話裏沒有這個分別呢？總之，文言有含混的地方，應該細細分別的，白話都細細分別出來，比文言細密得多。上文章先生所舉的幾個例，不但不能證明白話的『大體不具，』反可以證明白話的變繁變簡都是有理由的進化。

（二）該變簡的都變簡了　上文說白話比文言更繁密，更豐富，都是很顯而易見的變遷。如複音字的便利，如字數的加多，都是不能否認的事實。現在我要說文言裏有許多應該變簡的地方，白話裏都變簡了。這種變遷，平常人都不大留意，故不覺得這都是進化的變遷。我且舉這條最容易明白的例。

第一，文言裏一切無用的區別，都廢除了。文言裏有許多極無道理的區別。說文豕部說，豕生三月叫做「豯」，一歲叫做「豵」，二歲叫做「豝」，三歲叫做「豜」；又牝豕叫做「豝」，牡豕叫做「豭」。馬部說，馬二歲叫做「駒」，三歲叫做「駣」，八歲叫做「馴」；又馬高六尺爲「驕」，七尺爲「騋」，八尺爲「龍」；牡馬爲「騭」，牝馬爲「騇」。羊部說，牡羊爲「羝」，牝羊爲「牂」。又夏羊牝曰「羭」，夏羊牡曰「羖」。牛部說，二歲牛爲「㸬」，三歲牛爲「犙」，四歲牛爲「牭」。這些區別都是沒有用處的區別。當太古畜牧的時代，人同家畜很接近，故有這些繁瑣的區別。後來的人，離開畜牧生活日遠了，誰還能記得這些麻煩的區別？故後來這些字都死去了，只剩得一個「駒」字代一切小馬，一個「羔」字代一切小羊，一個「犢」字代一切小牛。這還是不容易記的區別；所以白話裏又把「駒」「犢」等字廢去了，直用一個「類名加區別字」的普通公式，如「小馬」，「小牛」，「公猪，母猪」「公牛，母牛」之類，那就更容易記了。三歲的牛直叫做「三歲的牛」，六尺的馬直叫做「六尺的馬」，也是變爲「類名加區別字」的公式。從前要記無數煩難的特別名詞，現在只須記得這一個公式就够用了。這不是一大進化嗎？（這一類的例極多，不能遍擧了。）

第二，繁雜不整齊的文法變化，多變爲簡易畫一的變化了。我們可擧代名詞的變化爲例，古代的代名詞很有一些麻煩的變化。例如：

（1）吾我之別。『如有復我者，則吾必在汶上矣。』又『如有用我者，吾其爲東周乎？』又『今者吾喪我。』可見吾字該用在主位，我字該用在目的位。

（2）爾汝之別。『……喪爾子，喪爾明，期罪三也。而曰汝無罪歟？』可見名詞之前的形容代詞（主物位，白話的『你的』）應該用『爾』。

（3）彼之其之別。上文的兩種區別後來都是漸漸的失掉了。只有第三身的代名詞，在文言裏至今還不曾改變。『之』字必須用在目的位，决不可用在主位。『其』字必須用在主物位。

這些區別，在文言裏不但沒有廢除干淨，並且添上了『余，予，儂，卿，伊，渠，……』等字，更麻煩了。但是白話把這些無謂的區別都廢除了，變成一副很整齊的代名詞：

第一身，我，我們，我的，我們的。

第二身，你，你們，你的，你們的。
第三身，他，他們，他的，他們的，

看這表，便可知白話的代名詞把古代剩下的主位和目的位的區別一齊刪去了；主物位雖然分出來，但是加上『的』字語尾，把『形容詞』的性質更表示出來，並且三身有同樣的變化，也更容易記得了；不但國語如此，就是各地土話用的代名詞雖然不同，文法的變化都大致相同。這樣把繁雜不整齊的變化，變為簡易畫一的變化，確是白話的一大進化。

這樣的例，舉不勝舉。古文『承接代詞』有『者』『所』兩字，一個是主位，一個是目的位。現在都變成一個『的』字了：

(1)古文。(主位)為此詩者，其知道乎？
(目的位)播州非人所居。

(2)白話。(主位)做這詩的是誰？
(目的位)播州不是人住的。

又如古文的『詢問代詞』有誰，孰，何，奚，曷，胡，惡，焉，安，等字；這幾個字的用法很複雜，（看馬氏文通二之五）很不整齊。白話的詢問代詞只有一個「誰」問人，一個「什麼」問物；無論主位，目的位，主物位，都可通用；這也是一條同類的例。

我舉這幾條例來證明文言裏許多繁複不整齊的文法變化在白話裏都變簡易畫一了。

第三，許多不必有的句法變格，都變成容易的正格了。中國句法的正格是：

（1）雞鳴。狗吠。

（格）主詞——動詞。

（2）子見南子。

（格）主詞——外動詞——止詞。

但是文言中有許多句子是用變格的。我且舉幾個重要的例：

（1）否定的外動詞的止詞若是代名詞，當放在否定詞與動詞之間。

（例）莫我知也夫！不作「莫知我」。

吾不之知。不作「不知之」。

吾不汝貸。不作「不貸汝」。

（格）主詞—否定詞—止詞—外動詞。

白話覺得這種格是很不方便的，並且沒有理由，沒有存在的必要，因此白話遇着這樣的句子，都改作正格：

（例）我不認識他。

我不赦你。沒有人知道我。

（2）詢問代詞用作止詞時（目的位），都放在動詞之前：

（例）吾誰欺？客何好？客何能？

問臧奚事？

（格）主詞—止詞—外動詞。

這也是變格，白話也不承認這種變格是有存在的理由的，故也把他改過來，變成正格：

（例）我欺誰？你愛什麼？你能做什麼？

（格）主詞—外動詞—止詞。

這樣一變，就更容易記得了。

（3）承接代詞『所』字是一個止詞（目的位）當放在動詞之前：

（例）己所不欲，勿施於人。

天所立大單于。

（格）主詞—止詞—動詞。

白話覺得這種倒裝句法也沒有保存的必要，所以也把他倒過來，變成正格：

（例）你自己不要的，也不要給人。

天立的大單于。

（格）主詞—動詞—止詞。

這樣一變，更方便了。

以上舉出的三種變格的句法，在實用上自然很不方便，不容易懂得，又不容易記得。但是因爲古文相傳下來是這樣倒裝的，做那些『聰明才智』的文學專門名家都只能依樣畫葫蘆，雖然莫名其妙，也只好依着古文大家的『義法』做去。這些『文學專門名家』因爲全靠機械的熟讀，不懂得文法的道理，故往往鬧出大笑話來。但是他們決沒有改革的胆子，也沒有改革的能力，所以中國文字在他們的手裏實在沒有什麼進步。──中國語言的逐漸改良，逐漸進步，──如上文舉出的許多例，──都是靠那些無量數的『鄉曲愚夫閭巷婦稚』的功勞！

最可怪的，那些沒有學問的『鄉曲愚夫閭巷婦稚』雖然不知不覺的做這種大胆的改革事業，却並不是糊裏糊塗的一味貪圖方便，不顧文法上的需要。最可怪的，就是他們對於什麼地方應該改變，什麼地方不應該改變，都極有斟酌，極有分寸。就拿倒裝句法來說。有一種變格的句法，他們絲毫不會改變：

(例)殺人者。知命者。

(格)動詞──止詞──主詞。

這種句法，把主詞放在最末，表示『者』字是一個承接代詞。白話也是這樣倒裝的：

(例)殺人的。算命的。打虎的。

這種句法，白話也曾想改變過來，變成正格：

(例)誰殺人，誰該死。誰不來，誰不是好漢。誰愛聽，儘管來聽。

但是這種變法，總不如舊式倒裝法的方便，況且有許多地方仍舊是變不過來：

（例）殺人的是我這句若變爲『誰殺人是我』上半便成疑問句了。

（又）打虎的武松是他的叔叔。這句決不能變爲『誰打虎武松是他的叔叔！』

因此白話雖然覺得這種變格很不方便，但是他又知道變爲正格更多不便，倒不如不變了罷。

以上所說，都只是要證明白話的變遷，無論是變繁密了或是變簡易了，都是狠有理由的變遷。該變繁的，都變繁了；該變簡的，都變簡了；就是那些該變而不曾變的，也都有一個不能改變的理由。改變的動機是實用上的困難；改變的目的是要補救這種實用上的困難；改變的結果是應用能力的加多。這是中國國語的進化小史。

這一段國語進化小史的大教訓：莫要看輕了那些無量數的『鄉曲愚夫閭巷婦稚！』他們能做那些文學專門名詞所不能做又不敢做的革新事業！

四　國語和國文

黎錦熙

這個題目我把他分作三段來說：一定義，二變遷，三聯絡。

（一）定義　就理論上言，國語與國文實在不能分別。因爲人類最初有語言時，只有「詞」；這些詞就是現在文法上所稱爲「八品詞」之「詞」。詞類的起源，孰先孰後？我們不得而知。照文字學家推測，六書第一是象形；那名詞自然是最早發生的。但是照語言學家推究起來，以為歎詞是發生最早的；接續詞是最後才有的。他的種種證據，現且不說。我們試就空間和時間一想人對語言的聲音，其傳播的範圍是很狹小的；其持續的時間是很短促的；要他行遠而持久，不能不有一種「符號」，這符號就是「文字」。文字就是使語言的能力可以持久而行遠的最好工具。簡括說來：語言是聲音，文字是符號；語言是靠着人體的發音機關而表示思想情感的，文字是靠着兩手和紙筆墨以及印刷等工具而表示思想情感的，這豈不是「二五」與「一十」的兩件東西嗎？

由事實上一看，現在中國通行的國文，其符號與結合的方法，和語言的聲音大不相同；即如嘴裏講的詞類，和作文所用的詞類，多半是截然兩樣。本來語言是隨時代而變化的；那講究古文的人，定要立一個板滯不變的法則去拘束他；語言本來是貴詳明透闢的；那一般能文的人，定要把「簡練隱括」的文字來記載他；因此使那些為代表語言而造的文字符號，失其一部份之效用。究竟他們所代表的，也是唐宋時代的一種語言；不過犯了時代錯誤的毛病罷了！要而言之，國語是現在普通所用活的聲音；國文是代表唐宋時代過去的語法和詞類。所以國語與國文，在事實上也只好下一個不同的定義：一是代表古代的；一是代表現在的；一是死的；一是活的。

（二）變遷　我講這一段以前，有兩個問題請諸位自己想着：（一）何以上古時代文言合一，現在反致分歧呢？（二）現行的國文，既然不能代表現代的語言，何以一般人視爲神聖，直到近兩年來才有改用國語的覺悟呢？這兩個問題，還請諸位自己去研究，今天所講的，恐怕不能完全解釋這兩個疑問。

文字的變遷，本來是師範學校「文字源流」和「文學史」兩科種目裏邊所要研究的；就這兩種科目中所述變遷之過程，我們可以歸納一個公式就是「由簡漸繁」。現在一般人指摘白話文的短處，就拿了繁複兩個字來作爲話柄；不知道由簡而繁，是世界文字進化的公例。中國三千年來的文字，原是依此公例而行，不過大家都習焉不察，所以聽說國語，就這樣的大驚小怪起來。本來人類思想，與社會上各種事物進化的公理，都是由簡而繁；文字既是代表思想與事物的符號，也當然是由簡而繁。試看許氏說文裏面的字，只有九千多個；到了康熙字典便添至四五萬字；他增多的緣故，固然有些是「推陳出新」而大多數還是因不彀用而增加的。

我因此想到文字和語言之分歧，不是偶然的事。考古代記載文字，係用刀刻於竹木，或用漆寫在帛上；用刀來刻，是難而不便；寫在帛上，乃貴而難得，因此秦以前的文字，多用歌訣和韻文，以便口授而易於記憶，試翻開尙書易經一類文字一看，他們多半是押了韻的；所用的介詞和連詞又特別少，就是爲了物質不發達，要求簡單，要使誦讀的緣故。等到戰國秦漢時，紙筆墨漸漸的發明，他們使用了便利的工具；做的文章，就和工具不便利的時代大不相同了。到了唐朝末年，印刷術又發明了；所以宋人做的文章，又和唐以前不同。我們比較其不同之點，就在一簡一繁。考究他所以由簡變繁，其主因固然是由於人類思想與社會事物的進化；而重要的助力，乃是受了物質文明進步的影響。因爲紙墨筆硯雕版印刷種種文具的發明，才使文字與文學有簡變繁的可能性。

假使有人問我道：物質文明進步以後，文字既經由簡變繁；那麼文字和語言，應該起遠大作用，復歸於一，何以既分之後不能復合呢？我想這其中有兩個原因：第一，由於歷代專制君主，把文字看作一歌功頌德，「鋪揚藻飾」的點綴物；相傳的政策又不外乎「愚黔首」。所以對於文字，甯可提之使高，不要求其普及；只求文字的典雅，不顧語言的實質；試看那唐宋以來，把詩賦，策論，八股，試帖，來取士，就可明白了。第二，中國的文字，原是一個形體代表一個聲音；聲音的變化很神速，而形體是固定的；所以不比拼音的文字，能彀變動無方。因此雖有物質進步的助力，而文字形體繁重難寫，不能隨語言的聲音而變化；要圖記述的便當，反不如用較簡較古的文言。

然而世界大通，物質上的勢力突然增進，思想與事物更加繁複，這兩層原因，也就漸漸取消了。中國自發明印刷術後來又發明聚珍版，所出的書籍已經是「汗牛充棟」。近來有了鉛字排版和機器印刷，即如上海的新聞報紙每日每份要出三四大張；從前雕版要費幾個月的工夫，現在幾點鐘就完了事，隨便說幾句閑話，書幾道符也可以書成萬本傳遍萬家；也沒有人說是『禍棗梨』了。所以文言和語體的繁簡，就這點關係看來，實在是差不多。改文言文而用語體文，詞類雖然稍複，因爲書寫印刷的方便，也不會繁難到甚麼地步；而普及的力量，傳達的速度，就比文言勝過百倍了，所以語體文是應運而生的，不是少數提倡新文學的人鬧出來的。綜合以上所講的變遷看來，語文的分合，得了一個循環狀的公式：

一最初的社會思想茫昧，事物簡單，故語文合一。

二其後思想漸進步，事物漸複雜，而物質文明（傳達語言文字的工具）趕不上，故語言分離。

三現代物質文明大增進，足以與思想和事物相應；故語文仍當漸歸於合一。這就是中國「文字源流」和「文學史」的一大概括

(三)聯絡　連絡是講國文與國語在應用上關係。我第一段中既經說過了國語是活的國文

是死的那麼舍「死」而用「活」自是當然。但第二段說到文言合一，是今後必然的趨勢。合一是彼此相讓，不是斥其一端；不是以言就文，也不是廢文用言；所以必須注意於國語與國文的聯絡。并且這種文言文，已沿用了千餘年，一部份國民的心理已經成了一種習慣，加之一般老成持重的人，恐怕通行語體不用文言以後，中國固有的文明，將至廢絕；這種論調，雖不能說持之有故，言之成理；但也是從千餘年來文章取士所養成的遺傳心理發出來的。我們從事教育的，不能不顧及心理的勢力，惟有將兩者聯絡起來，求其會通，自然可互相融化。十幾年前一般老先生看了外來的新名詞，也非常深惡痛絕，怪怕玷汚了我們的「幽」「雅」「典」「麗」的文學；現在約定俗成，習慣變遷，也就不知不覺的採用起來了。我預料幾年內中國就通行了語體文，那文言還要遍用於一部分。惟是要國文通順，也必須將國語作基礎。所以就目前實際而言，不得不將聯絡的方法，細心研究。連絡的方法，我們須注意的有二點：一基本的文法，二語文的對照。中國向來沒有文書，所以對於學生讀書作文的事，總說是『神而明之，存乎其人』；或者說『可以意會，不可以言傳』，這不是他們的吝教，實在是因爲沒有文法書。大家都不知道所以然的緣故。他們心中想道：『在說話時同是個「的」字；何以有些地方用文言的「之」字來代表，他有些地方用「者」字來代表他？譬如大學之道的「之」字作「的」字解民之所好者的「者」字，也作「的」字解；這就是可以意會不可以言傳的地方』這種誤會，豈不是因為缺少了基本的文法觀念麼？我們假使對他說：「的」字的用法有好幾種用作介詞的時候，譯做文言變為「之」；用作代名詞的時候，譯做文言變為「者」，如此依類推求也當自然領悟，所以基本的文法是聯絡國語與國文的最好工具。有了基本文法，再就國語與國文中所用不同的字，互相比較；並用文法上的詞性分類一一歸納之，便得了一個對照的通則，我們要發表那樣的語氣，就可那樣的文章去配合他，因此就可以打破向來所謂「不可言傳」的文法秘訣。這個文言對照的文法，不但可以利用國語來證明文法上詞類的觀念，使我們理解正確，并且可以使我們自然發現許多習慣上不合理的語法。換言之，就是可以訂正我們平常所用的方言俚語，增高語言的程度。列位既是師範生，對於此事更當特別注意，因為將來教授兒童，必先要使兒童能說正確的話，方能作通順的文字。倘使兒童對於一切詞類有明瞭正確的理解，有對照互印的方法，那麼當作文和說話之時，自然左右逢源，交相為用，得了許多便利，進步也當然神速；一般老先生那時候便要咋舌佩服起來了。不過我上面所設基本的文法，是廣義的文法，就是語文互相對照的文法。

五　國文的將來、

蔡元培

國文的問題，最重要的，就是白話與文言的競爭；我想將來白話派一定占優勝的。

白話是用今人的話，來傳達今人的意思，是直接的；文言是用古人的話，來傳達今人的意思，是間接的；間接的傳達，寫的人與讀的人，都要費一番繙譯的工夫，這是何苦呢？我們偶然看見幾個留學外國的人，寫給本國人的信，都用外國文，覺得很好笑；要是寫給今人看的，偏用古人的話，不覺得好笑麽？

從前的人，除了國文，可算是沒有別的功課；從六歲起，到二十歲，讀的寫的，都是古人的話，所以學得很像。現在應學的科學很多了，要不是把學國文的時間騰出來，怎麽來得及呢？而且從前學國文的人，是少數的，他的境遇，就多費一點時間，還不要緊。現在要全國的人，都能寫能讀，那能叫人人都費這許多時間呢？

歐洲十六世紀以前，寫的讀的，都是拉丁文；後來學問的內容複雜了，文化的範圍擴張了，沒有許多時間來摹仿古人的話，漸漸兒都用本國文了。他們的中學校，本來用希臘文拉丁文作主要科目的；後來創設了一種中學，不用拉丁文了；日本維新的初年，出版的書，多用漢文；到近來，幾乎沒有不是言文一致的；可見由間接的趨向直接的，我們怎麼能抵抗他呢？

有人說文言比白話有一種長處，就是簡短，可以省寫讀的時間；但是腦子裏繙譯的時間，可以不算麼？

有人說文言是統一中國的利器，換了白話，就怕各地方用他本地的話，中國就分裂了。但是提倡白話的人，是要大家公用一種普通話，借着寫的白話來統一各地方的話；並且用讀音統一會所定的注音字母來幫助他，那裏會分裂呢？要說是靠文言來統一中國，那些大多數不通文言的人，豈不屏斥在統一以外麼？所以我敢斷定白話派一定占優勝。

但文言是否絕對的被排斥，還是一個問題。照我的觀察，將來應用文，一定全用白話；但美術文，或者有一部分仍用文言。應用文，不過記載與說明兩種作用。前的是要把所見的自然現象，或社會經驗，給別人看；後的是要把所見的真僞善惡美醜的道理，與別人討論；都止要明白與確實，不必加別的色彩，所以宜於白話。

譬如司馬遷的史記，不是最有名的著作麼？他記唐虞的事，把欽字都改作敬字，克字都改作能字，其餘改的字很多，記古人的事，還要改用今字，難道記今人的事，反要用古字麼？又如六朝人喜作駢體文，但是譯佛經的人，別創一種適似白話的文體，不過宜譯印度文，與普通話不同能了。後來禪宗的語錄，就全用白話，宋儒也是如此，可見記載與說明，應用白話，古人已經見到，將來的人，自然更知道了。美術文，大約可分爲詩歌、小說、劇本三類，小說從元朝起，多用白話；劇本元時也有用白話的，現在新流行的白話劇，更不必說了。詩歌、如擊壤集等，古人也用白話；現在有幾個人能做很好的白話詩，可以料到將來是統統可以用白話的。

但是美術有兼重內容的，如圖畫、造象等；也有專重形式的，如音樂、舞蹈、圖畫等。專重形式的美術，在乎支配均齊，節奏調適；舊式的五七言律詩、與駢文，音調鏗鏘，合乎調適的原則，對仗工整，合乎均齊的原則，在美術上不能說毫無價値；就是白話文盛行的時候，也許有特別傳習的人。譬如我們現在通行的是楷書、行書，但是寫八分的，寫小篆的，寫石鼓文或鐘鼎文的，也未嘗沒有；將來文言的位置，也是這個樣子。小學校的練習文，不外記載與說明兩種，照這麼看起來，小學校當然用白話文；至於文言的美術文，應作爲隨意科，就不必人人都學了。

六　小學校與國語

勞澤人

中國提倡了三十年的教育，教育的效果怎樣？依我個人看來，社會和從前一樣腐敗，國民和從前一樣愚昧，說不出效果所在的地方。三十年以前，一般輿論，以爲中國懦弱，就是沒有敎育的緣故假如提倡幾十年的敎育；敎育就可以普及，敎育旣然普及，那百姓的知識程度，自然漸漸抬高，國家必有强盛的希望。不料到了今日，從前的理想，都成了泡影，這是什麼緣故呢？依我個人的觀察，原因雖然不止一端，而其最大的阻礙物，就是文字語言不能一致。

文字語言，旣然分歧，所以識字的人，未必能寫信看報。倘要能寫信看報，還要下幾年研究的工夫。從前科舉時代，一般功名心切的腐儒，從小到老，一生埋首在靑燈黃卷裏面，還有許多人，不能十分學像；如今義務敎育年限只定四年，這同年之中，也不是全然學習國文一科，還有各種科學，算術咧，體操咧，歌樂咧，都和生活方面，身心方面，有很密切的關係，不得不樣樣學習的。所以這國文一科，在四年之中，只能認識幾個生字，不但要他做文章，要他發表思想，是辦不到；就是要他解釋一篇文字，也是不能够的。那麼，常識怎樣能增進，本能怎樣能發展，受了四年敎育，仍舊是愚昧無知，和不受敎育的人，沒有怎麼區別。要他運用自己的力量，去改造社會，不是「緣木求魚」嗎？所以這種敎育，簡直可以說他是無效的。

文明各國，文字語言，都是一致。文字就是語言，語言就是文字。文言旣然統一，那灌輸知識，宣傳文化，自然容易了。所以他們的教育有這樣發達。中國沒有這種利器，文言不相一致，讀書人做的文章，一般人都看不懂，要使他們明瞭，必定要費許多解釋的工夫。這樣過去，任憑你教育如何提倡，要收普及教育的效果，是斷斷不能夠的。所以一般教育家主張小學校裏，改授白話文，使一般青年學生，容易了解，容易模仿。這樣辦法，四年之中，就可養成學生做文寫信看報的能力，不是比較從前教授文言好得多嗎？現在我且把白話文比較文言的好處，寫幾條出來，供大家研究一下子！

（一）文言深奧，一篇文章裏面，都有精密的結構，起承轉合的文法，不是亂七八糟做成功的。要明白裏面的意義，沒有十多年研究工夫，不能辦到。白話文容易明白，認識字的人，就可懂得裏面的意義。而且也容易學習，認識字的人，只消下半載一年的工夫，包管你學會。你看通文言的人，沒有不通白話文；通白話文的人，未必能通文言。這就是白話文容易學，文言難通的緣故。

（二）做文言的時候，終不免費一番思索的工夫。要想段落分明，句妥章通，就不免過意雕琢。白話文沒有這種弊端，只消直直爽爽寫下去，用不著雕琢。就此看來，文言是死的，白話文是活的。文言是深奧的，白話文是明白的。文言是雕琢的，白話文是自然的。

（三）文言深奧難通，既如上面所說•那學校裏的青年，腦力非常簡單，記憶力非常薄弱，用這樣深奧的文字，去教授他們，他們那裏能夠懂得呢？能夠認識幾個生字，已是十二分了，希望他「倚馬萬言咳唾成珠，」真是夢想的事•假如改授白話文，就可以免掉這樣困難；而且學生一望就容易懂得裏面的意義，還可以節省教授的時間•

從上面看來，足見白話文比變文言的好處，不止一端•我很希望各地方的小學校，趕快改授白話文，不要再像從前咬文嚼字，只會做個書獃子，反於實際上，沒有什麼用處•況且現在科學昌明的時候，日常生活，都和科學有很密切的關係•青年學子，應該用全副精神，去研究科學，還有什麼工夫，去研究不切實用的文學呢？比方今朝有人，要到一個地方，有兩條路可走，一條路要幾日工夫，才能走到；一條路只消半日工夫，就可走到•試問那人走那條路呢？我想那人倘不是瘋子狂人，沒有不抄捷徑的•白話文和文言，也是這樣；學白話文，只消幾年工夫，就可以應用；學文言須要十多年的工夫•就時間上論，不是學白話文節省得多嗎？從前蘇彝士運河，沒有開通以前，歐洲到亞東來的船隻，都要繞非洲好望角過•等到蘇彝士運河開通以後，歐洲到亞東來的船隻，都由蘇彝士運河，縮短了幾萬里的路程•試問還有從非洲好望角繞的船隻嗎？現在我們假如擯斥白話文，卻學那深奧難通的文言，和歐洲到亞東來的船隻，不抄蘇彝士運河，却遠遠地從非洲好望角繞過來，有什麼區別呢？

總而言之：文言是發表思想的，白話文也是發表思想的。二者那裏一樣容易學習；那裏一樣容易懂得；那裏一樣能夠發表正確的思想；我們就去提倡他。我上面白話文的怎樣容易學習，怎樣容易明白，已經詳細說過了，那麼，小學校裏，應該不應該提倡白話文，可見是不成問題了！

從前的學校，是貴族的，不是平民的；學校裏面的學生，都是些紈袴子弟，就是多費掉些工夫，也不打緊。現在一般平民，已經覺悟教育是不可少的，他們很希望求些普通知識。但是把從前的文言，來教授他們，他們不但沒有這許多工夫，而且也不耐煩。假如把白話文來教授他們，又用注音字母來做幫助，他們就容易懂得。必定與會淋漓，手舞足蹈，不上三四年工夫，他們就能夠看報寫信了。

但是那些頭腦冬烘的老學究，必定借著保守國粹的招牌，來竭力反對白話文。他們以為中國的文學，中國國粹之所繫，文學亡，中國就要亡了。這種論調，一唱百和，玩他的意思，好像中國的存在，全靠在幾個之乎者也的身上。我想前清科舉的時代，一般熱心功名的人，都搖頭擺腦，成日念些之乎者也，那中國應該有昌明的希望。為什麼外交層層失敗呢？良港要隘，都拱手送給別人呢？國家弄得有將亡的現象呢？簡單一句話，都是他們不講實學，專尚虛榮的緣故。他們國粹是什麼東西，還沒有辨別清楚，硬來反對白話文，難道要弄得一般國民愚昧無知，回復原始時代嗎？難道甘心把中華民國，斷送在他手裏嗎？我親愛的同胞呀！不要爲他們愚弄，迷惑，才好！

還有一派懷疑的人，以爲社會上現在還沒有改用白話文。學校教授白話文，必然和社會背馳，而且必定招一般學生的父兄的反對。這種現象，我知道也不能免的。但是學校裏教授白話文，如果有成效，從前學生受了四年教育，還不能看報寫信；如今改授白話文四年工夫，就能够看白話報，寫白話信，進步比較從前容易。那社會自然也漸漸兒信仰了。再加以懇切的勸導，使他們明瞭白話文的好處，那社會必定也漸漸兒改用白話文了。學校本來有改造社會的責任，不要因爲社會來反對，就灰心冷意了！

總之：白話文直接是平民教育的基礎，宣傳文化的利器；間接是增進文明的捷徑，改造社會的張本。中國不要教育普及，社會改造則已。要教育普及，要社會改造，最重要的事情，就是提倡白話文。熱心教育的諸君呀！看現在世界的潮流，和中國國民知識的幼稚，非普及教育不可。但要普及教育，必定用白話文去宣傳，以短少的時間精力，收巨大的效果，使他們都有處世的常識，豈不是一件最快心的事情嗎？

七　中等學校與國語

洪北平

小學校裏用白話文，江蘇各學校已經實行的很多，并且大有成效；我現在再進一步要討論中等學校用白話文的問題：

現在各方面對於這個問題的意見，各各不同，且分別下來看：

一、教師方面　現在中等學校的國文教師，大多數是科舉時代的時文家。他們腹中所有的，除去濫調爛墨以外，恐怕只有古文觀止唐宋八家文幾部書罷哩。他們用的教材，除去有評註的讀本以外，未必有甚麼新鮮材料。他們對於白話文，本來深惡痛絕的。有的說：『已經是白話了，還成甚麼文呢？又怎樣叫做白話文呢？這名目已經不通。』有的說：『白話文一覽無餘，沒有味兒，究竟不及古文耐人咀嚼。』有的說：『若用白話文，個個人總會做文了，學堂裏還要甚麼國文這一科呢？又何必要我們來教呢？』這一類，是完全反對白話文的，我對於這些先生們，眞是有話無從說起；只好請他們多看看討論白話文的著述，方有商量的餘地。

又有的說：『白話文二十年前早已有了，你看那些白話報，不是不久就停辦了麼？這便是白話文不能通行的證據。』這又是以為白話文不能通行的。但我以前所看見過的白話報，如安徽通俗白話報，杭州白話報，他們的內容都是很好，後來的停辦，也多半因爲經濟問題；—那時候社會很不開通，銷路不廣，—或是見解新了，受官廳之忌。—現在還有要禁止白話文出版物的長官哩。—這全不是白話文本身的罪過。請看現在這些白話文的出版物，不是一天多一天了麽？可見得『不能通行』這句話是不對。

又有的說：『小學校用白話文，爲普及教育起見，倘屬可行。至於中等學校，與小學校性質不同，怎麽能教這淺俗的白話文呢？』殊不知小學校既採用白話文，師範學生便應該學白話文。若使不學，如何能教呢？至於中學校，一是養成社會中堅分子的資格，一是豫備研究高深學問的基礎。若說養成社會中堅分子，則白話文將來在社會上很可應用。若說研究高深學問，或將來要專門研究文學；固然必須讀文言的書，學文言的文。但是在中學校只要有充分的豫備就可以了。我以爲中等學校講文法的時候，當以白話文的文法爲主，而附講文言文的文法，兩相比較，學生既易於了解，看文言的書，做文言的文，自然沒有大困難了。高年級也須講若干文言的文，但仍須注重他的文法及達辭法，和白話文比較著講。—我所說的文法，Grammar，不是作文法，Composition 不是修辭學，Rhetoric 不是話『筆法』『義例』『起承轉合』那些話的。

二、學生方面　現在中等學校的學生，除去小學校畢業的以外，就是在私塾或家塾受過『教書匠』的教育的了。他們讀的是四書五經或是古文觀止東萊博議，做的是闈墨式的論說。就是小學校，講唐宋古文，做『楚漢興亡論』『漢武帝唐太宗合論』『士先器識而後文藝說』『保存國粹說』一類題目的也很不少。可憐這班青年活潑潑地腦筋，受了戕賊，被了縛束。他們舊觀念深了，反以為講國文應當講那些材料，做國文應當做那些題目。對於白話文，每每有一種藐視的見解。教師向他講白話文，他以為必定這教師程度淺，不能講古文的緣故。又有的說：『不妨將白話文的講義發給我們，課外看看就了；何必要先生講呢？』其實他們懂的是白話；至於白話的文——文的內容，文的作法，——未必能夠全懂。我每每講一篇千字左右的白話文——如陳獨秀人生真義蔡元培杜威博士生日演說辭等——要用四五小時。若照原文念一遍，大約五分鐘便夠了；然而學生如何得懂呢？又有些學生，看見用新式字句符號，覺得麻煩，說：『中國文何必加西文的符號呢？』又須細細解釋，方才明白了字句符號的作用。總之，這些學生受毒深了，非切實將他們的腦筋洗刷一番，不能破除成見。我的新文談就是為他們做的。

三、社會方面　社會上一般人，了解白話文的價值的，格外少了。那些與教育沒有直接關係的，本來沒有研究教育的興趣；對於教育上特種問題，——如中等學校用白話文的問題——更是漠不關心了。只有學生的家長，因爲這件事與他們子弟的前途很有關係，也有發表意見的；但是大概反對的多。有的說：『現在社會上還沒有通用白話文，學了也不適用。』有的說：『將來寫信託人謀事，難道就用這種白話麼？』

學校是造就人材的，固然應當就學生將來應用上著想。但是教育是率領社會的，社會却不能率領教育。——惡社會更不能。——若說教育應當跟著社會走，那麼『教育改良社會』這句話，就不能成立了。現在社會上，白話文還未通行，正是受了科舉時代舊教育的毒。寫起信來，不是古雅的小簡，就是駢驪的八行；至於那些壽序，頌詞，祭文，輓聯，總是虛僞社會出產的虛僞文學。還有些學校特地請了書啓名家，敎這一類文字；美其名曰『實用主義，』眞眞可笑極了。

若要改革這種社會上虛僞的惡習，只有從教育方面著手；只有從國文教育方面著手。至於作現今要造就會『鑽營』的人材，除非特開一個『拍馬吹牛專門學校』方妥；若是單會寫寫八行書，用幾個『恭維』『栽培』的詞頭，恐怕也不能算得全才啊。

以上是各方面對於『中等學校用白話』的意見，——就我耳聞目見的而言——我寫了出來略附丁一點批評現在我再正式發表我個人的意見：

一）中等學校絕對的應當採用白話文。

一）中等學校高年級應當兼用文言文。

一）語法—即白話文的文法—應當另立一科教授，與讀文作文并重。

一）語法所講的是詞的種類，句的構造，字句的符號等。

一）選擇白話文的教材要注意的：

1）須選有文學價值的—有體裁，有結構—白話文。

2）須選『言之有物』的—有思想，有情感—白話文。

3）須選切近人生的白話文。

4）須選與學科或問題有關係的白話文。

5）以一篇為主，另選若干篇與他互相發明的做參考；或指定某某書某某報，叫學生在課外參看。

6）短篇或幾十字或一二百字的若有價值也可選—如語錄，短評，等。

7、長篇或幾千字的，若有價值也可選—如長篇記事，小說，劇本等。

8、長篇小說中自成片段的也可節選—儒林外史水滸傳中可以節取的很多。

9、長篇小說，確認為有價值的，可以叫學生備了課外看—但是要使學生知道拿研究文學的眼光去研究他，不可當做看閒書消遣。

10、敍事，說理，狀物，寫情的文當并重—大約初年級重事實，高年級重理想。

一、教授的方法應注意的：

1、講解之前，使學生有充分的豫習。

2、豫習的方法，參考的範圍，可以先行說明。

3、應以語法為基礎；除專講語法以外，講文時對於詞的分類，句的解剖，符號的用意，均宜隨時指點，與語法聯絡。

4、每篇先說明大意，再分段分節。

5、對於文的內容—敍的事，說的理，狀的物，寫的情—加以研究。

6、對於文的形式—體裁，結構，作法，修辭—加以研究。

7、研究時先令學生自由發表意見，再加以批評。

8、前後所講的文，形式與內容有相似的或相反的，當採用比較法去研究他。

9、令學生備筆記本，記錄教師在堂上所講所寫的。

10、令學生備筆記本，記自己的心得和課外的參考。

以上是我個人的主張。我研究白話文的程度還淺，教授白話文的經驗還少；不妥的地方，還要望同志們指教啊。

第二編　國語國音問題

一　主張京語京音的

其一

張士一

要辦到統一國語的地步，有兩種辦法：

(一)改變各地方言的一部　這是一種折衷辦法，把各地方言改變一部份，混台起來，成一種統一語理論看似很好，實際上還是不行。試問有什麽標準去改變各地的方言？有什麽勢力去强制各地土著改變有歷史關係的一種方言？主張這種辦法的，完全不懂語言的性質。語言根據本能經驗歷史而成功的，不能用政治手腕去改變；方言的壽命很長，只有自然的變遷，决沒有人造的變遷，可以强制執行的。

(二)在方言外另學第二種公共語言　方言不易變遷，一定不能取銷的，那末國語怎麽可以統一呢？有人說將來交通極便的時候，各地方的人容易接觸，各地方言可以自然同化，產出一種公共語言，這種現象總有發生的一日，但誰也不能確定那一時可有這種公共語言發生；我們怎麽可以坐待他的產生呢？所以要先定一種標準語，作為第二種公共語言。這事一定可以辦到，因為我們方言外另學一種或數種外國語都可以，何况學本國語呢？合全國人說起來，沒有語言上的聽不懂——並非意義上的聽不懂——就算達到國語統一的目的。有的人主張要全國人說出來完全一般無二，這是做不到，幷且不必的，因爲語言的統一不能像算術中「一百等於一百」，各人本能不同，經驗不同，即就一人而論，幼年的語言與壯年時不同，所以只求說出來大家聽得懂，就算達到目的。至於非意義上的聽不懂怎樣講呢？意義關於思想和學術，意義的不懂，因爲聽的人沒有這種觀念，所以不懂所說是什麼，連全句語言不懂了，這事與語言不關的，所以另外提出。

今先討論定標準語的方法。

(一)用混合語言
- 現成的語言……普通話
- 特定的語言

(二)用一種方言做標準

以上兩種方法，第一種的第二類我以前已經說過不可行，那第一類尙待討論。現行的普通話就是各地人聚在京師改變各自方言的一部底結果，沒有標準可定，故沒有標準語的資格。那末只有用一種方言的方法，但這標準又怎麼定？當用那一地方的方言？這標準應從客觀方面定，采方言做標準語須具備下面的條件：

(一)方言與文字最切近的
(二)向常用作書報的方言
(三)學習這種方言的人比學別種的多
(四)因自然交通平均傳到各地的方言
(五)要在教授上經驗最富的方言
(六)向來受各地人士信仰的方言
(七)說話最講究的地方底方言
(八)優美的方言
(九)全國人聽得懂這種方言的比別種多
(十)別地人最易學的方言

具備這幾個條件的惟有北京方言，所以標準語采取北京方言是很好的。有人說北京方言有粗俗不堪的地方，豈可一例采取？這一層很有理，但也不必過慮。我們先問標準語的定義怎樣？我且假定一條如下：

標準語定義　中華民國北京本地人受過中等教育的語言作爲標準語。更明白一些，可加一小註，就是無口病在常態時的語言。

有人說北京語音中無入聲，祇有陰平陽平上聲去聲四聲，總有缺憾。然而五聲不全於語言上並不發生困難，能使人家聽懂，語言的功用仍舊完全，不比人的五官不全有大困難發生呀。

有人說北京語中用辭很特別，選擇很難。這也不打緊，北京人怎麼說，我們也可以怎麼說。一句話說的人多，自然成一種時髦話，不必强迫選擇那一個詞句。那詩人因爲詞句長短聲調和諧與否的關係，當然另有選擇，那又是一個問題。

詞之選擇

(A)		(B)
洋火	自來火	老鼠
火柴	取燈兒	耗子

北京語中這幾個詞都用的，「取燈兒」和「耗子」用的比較得多，我們可隨各人喜歡用那一個詞就好了。有人語：「取燈兒和耗子」眞是奇特，這是心理作用，對於不經見的事物，都是這樣，我何嘗

不可說這兩個詞最有意思，取燈兒就是取火點燈的東西，耗子是專門消耗的東西，不是比別的詞好麼？

（廿）定標準音的方法　我先講教育部定標準音的方法。民國二年教育部召集全國代表，開讀音統一會，「聚訟紛紜莫衷一是」。後來用表決法，多數贊成讀什麼音就定什麼音？試問研究學術，可以用政治手腕的表決法麼？多數的研究定比少數的研究正確麼？定音的時候又不根據學理，定出以後會長還是自己的意見，加以增減改變，試想定出的音可靠不可靠？書賈看見有賺錢機會，就成千成萬部的印出什麼國音字典，行銷各省，再派人四處鼓吹，這兒開什麼注音字母推行會，那一處開什麼國語講習會，舉國若狂，其實都做了書賈的鉤上魚，替他們做活廣告，推廣營業罷了。我也曾做過書坊編輯員，洞悉此中的關鍵，並不胡說亂道，可惜大家被國字蒙混，不去細察，書賈的營業固然發達了，學術上的信仰可就遭殃了！

閒話休絮，且講正當的定標準音法。

（一）召集科學專家研究語言學的人定出標準音。

（二）召集各省人，加以訓練。

其二

周銘三

我們要討論國語國音這兩個大問題，最好用研究的態度，歸納的方法來解決的．現在我先拿各方面不主張京語京音做國語國音的話先說一下子，以後我們再做一種討論．

甲說：『我們現在提倡的國語，也有一個中堅分子，這個中堅分子，就是從東三省到四川，雲南，貴州；從長城到長江流域最通行的一種大同小異的普通話．這種普通話，在這七八百年中，已產生了一些有價值的文學，已成了通俗文學——從水滸傳西遊記直到老殘游記的利器——他的勢力，借着小說和戲曲的力量，加上官場和商人的需要，早已侵入那些在國語區域以外的許多地方了．』

乙說：『各種方言比較求適宜而有勢力者，其惟湖北方言乎？湖北之音，古夏聲也，未嘗直接北患之激變，常作南音之代表．顏氏家訓謂南方言雜吳楚，北方言雜建朔，固也．然吳楚當晉時，已同化於中國，非他可比．況夏口之音，由來擴張其勢，為他言他音所紛亂者少，所謂江漢之音，春秋時已見擴張之輪廓．至吳晉澎張衰落，晉室東遷，遂與中原翕合為一大勢力．邇來北音激變，湖北音獨屹然保障江左，南北朝之南部，宋之南渡，中原音流入於南，夏口實保障之，北方激變，閩粵沿海塊雜，中心其在斯乎？

丙說：「讀音統一會所定之音，是依據黃河流域最大多數人所發之音，即中國最大多數人所發之音，而與京音所差者，亦不過三數字母，故現在讀音統一會所定之音，非全是人造者。如欲請教員，即請北京人，再學習三數字母可矣，而兼有中國大多數人所發之音之妙用。」

丁說：「京音流傳至於今日，是否仍爲純粹中國之國音，抑或自五胡亂華以後，已有滿蒙音羼雜其間，而不能爲國音之代表，一也。京音京語與普通音普通語相同者，超過十之九。然其所不同之小部份，究以京音京語爲原物乎？抑爲普通音語之變體乎？二也。今請以歷代建都沿革證明京音京語，不足代表中國方言之組織。北京建都之時期，最久也不如河南山西山東陝西之先後迭爲都城，而其古又不如河南伏羲都陳，陳即今河南所屬也。且秦晉豫爲中國古代負戰之場，亦即文化交通最盛之地，故其方言，可認爲中國之普通話。

甲的說法，以爲國語的中堅分子，是什麼東三省，雲南貴州，什麼從長城到長江流域。這種規定的區域太大了。在這大範圍以內語言的大分別有七八種，小分別有幾十種。大的分別語言，可以幾乎完全互相了懂。小分別的語言，也有這一種和那一種幾乎完全不能相懂的。那麼這極大範圍裏，拿那一種話做標準呢？甲所說的有什麼水滸西遊記老殘遊記等早已侵入國語區域等等。由這麼看來，甲君是一個提倡國語文學的人，國語文學的標準是否應當依水滸傳等書作標準？這是語文學的話，不是語口語的話，是不在本題討論範圍以內的。至於口語的國語，是決不能拿這些書做標準的。因為口語是要口授的。我們向來學英語，也是要人口授英語的。不能專靠什麼撒克遜劫後英雄略，伊爾文見聞雜記這些英文書來學英語的。

乙的說法有什麼春秋時，有什麼晉室東遷，有什麼宋之南渡等話。他的原意，是要竭力推崇「湖北之音，古夏聲也，」這可代表復古派的心理。要知道提倡國語，須注重現世語，須注重活標準，活人的活語，就是活標準。為什麼德國，法國，撇開希臘語，拉丁語呢？就是注重自己的現世語，廢去沒有生命的希臘語，拉丁語呀。照這麼看來，我們中國應當拿一種活說做標準呢？還是拿一種古夏聲做標準呢？

丙的說法，指讀音統一會所定之音，是依據黃河流域最大多數人所發之音。我們想一想，黃河流域，有多麼長？發源在青海，經甘肅出長城，繞內蒙古又進長城，經陝西，山西，河南，直隸，山東各省；青海是吐番所住的，河套蒙古是蒙古人所住的。吐番的話，蒙古人的話，能和直隸山東人的話相通麼？就是山東直隸等省人的話，又各能完全相通麼？沿黃河流域的人數，或者是最大多數，要指黃河流域那一種話是最大多數人所發的，恐怕難說罷。並且長江流域，珠江流域的話，又怎麼辦呢？所以提倡國語，不能利用最大多數的好名詞的。要根據一種可做標準的方言的。再進一層講，這種方言雖是極少數人所用的，倘若有種種好理由，也當提倡做國語的。

丁的說法，是說京音從五胡亂華，已有滿蒙音攙雜其間，不能代表國音。又說北京建都之古，不如河南山西陝西等地。又有什麼伏羲都陳；且秦晉豫魯為中國古代角戰之場等話。這位丁君所說的話，極像歷史家考古家的話。民國二年的讀音統一會，大半所爭論的。大半是什麼古韻唐韻等韻的話，太偏於歷史致古一方面了。所以難合現世語的國語用處，這位丁君的話，也是偏於歷史致古一方面的。

以上所說的各種語言，既然多不能做國語。那麼那一種話能做國語呢？先當聲明能做國語的這種話，要有種種的條件：（一）這種語言，是一種現世的方言。（　）承認這種方言，可以做國語的人最多。（三）研究這種方言的所得的經驗最多。（四）這種語言，最好是首都的方言。（五）這種方言要有美感上的關係。

第一種條件，能做國語的話，要是一種現世的方言。那麼丙君所說的黃河流域最大多數人所發之音，決不是一種方言所發之音，是決定不能做國語的音的。乙君所說湖北方言，在北音激變的時候，能保障江左不錯，湖北方言，確然是一種方言，能合乎做國語的第一種條件；但是有另外各種條件，不能認做國語的。

第二種條件是這種方言，承認他可以做國語的人最多。要講這句話，雖說是難，也是不難，第一要丟開自己的地位和成見來研究的。現在各處大家都說讀音統一會會音和京音相差，不過百分之幾；有人說百分之九十幾，有人說不到百分之九十幾；這樣說起來，多數人對於京音，是沒有不承認的。

第三種條件是研究這種方言所得的經驗最多。我們調查看 Mocgillivray 的 Mandarin romanizod diotio-nary of chinese 書中所指的話，是那種話？所註的音，是那種音呢？Guernier 的 Notessurea pronenciation de la langue mandarine 這本書是講拿萬國音標來註我們標準音的。所謂標準音，是那種音呢？再看 Goodrich Pocket dictionary 和 P.W.Boller 的 Mardarin primer 都很出名的 Baller 書裏的一張 Pekingse sounds 的表，也很有價值的。這幾本書所指的話，都是北京話，所指的音，也是北京音。還有日本人石山福治的支那語獨習全書和支那語大辭彙，也指北京話北京音的所以我們倘若規定了拿北京話做國話，那麼這許多很有價值的書上研究所得的經驗，都可以利用的。

第四種條件，國語最好是首都的方言，爲什麼呢？（甲）首都是中央政府所在地，世界各國大半對於中央政府所在地，有種信仰心的。那麼他的語言，也容易得人信仰心的。（乙）首都是各省人士會集的地方，他們所說的話，是很講究的。（丙）首都是外交中心點，所以他們說話應當是很講究的。（丁）首都是研究學術的中心，用首都的語言演講學理，用音用字用詞都很講究的。所以他的方言，可以做國語的。

第五種條件，是要這種語言，有美感上的關係。（甲）語音要清高響亮。（乙）語調要抑揚頓挫。（丙）發音要經濟圓活。（丁）無急促難聽的聲音。大凡語言能合乎這三種美感上的條件，就有做國語的一種資格。

照上語的各種條件看來，除第三種（研究這種方言所得經驗最多）第四種（這種方言最好是首都的方言）是北京話最合於這兩種條件外。所有第一種條件是國語是要一種現世的方言；第二種條件，是承認這種方言可以做國語的人最多；第五種條件，是這種方言要有各種美感上的關係，我們想想看這（一）（二）（五）三種條件，中國那一種方言是最能合他們的條件呢？豈不是北京話麽？

有人說：『北京話北京音做國語國音，是可以承認的；但是有一種土話，土音，是不可以承認的。』這種說法也要研究的。胡適之的建設的文學革命論上說：『不避俗話，俗字。』一種文學，可以不避俗話，俗字。爲什麽國語緊避土話呢？講到俗音的問題，是讀音要本於習慣的。得意的（得）作ㄉ，必得的（得）作ㄉ供給的（給）作ㄐ，給出去的（給）作ㄍ，是我們國語異義異音的多解字，都是致古家所承認的。不是什麽俗音，無論那一種古音，都有一個時代做一種現世語的語音的。以現在人的誤解，古音也有一個時候做過俗音的。倘若說是古的發音是雅，現在的習慣音是俗，這未免太貴古賤今了。

有人說：『京戲也不是完全用京音的，比方說請坐，不說ㄗ坐，要說ㄘ坐。』這句話是很對的。要知道京調，是從漢調來的。用字的音，有許多是湖北音。比方說四郎探母，從楊延輝坐宮院起，一直唱至來到北番止，北字就讀湖北音，不讀京音的。還有空城計的說白，大胆的馬謖的馬字，也是湖北音，不是京音。所以現在談京調，不能離開漢調講的。

這篇文字的題目，是什麼叫做國語？什麼叫做國音？但是羊毛出在羊身上，金雞納霜出在金雞納霜樹上，有了國語，然後纔能有國音。什麼叫做國語知道了，那麼國音，是從國語裏分析出來的音，也可以知道了。

其二

張士一

聞全國省教育會聯合會；聽說各省代表所提出議案裏頭，有主張拿京音京語做國音國語的標準，吾極希望他成爲事實，所以把這種主張，用教育的眼光來做一個說明。

(甲)從國語不統一的困難上看。國語不統一的困難，是在全國各處的用口語，不能完全互相懂得；所以統一國語的事，是來全國的人，都能說一種能完全互相懂得的口語。這「能完全互相懂得」七個字，是很緊要的；裏頭的「完全」兩個字，又格外的緊要，因爲不是這樣，是決不能解除國語不統一的困難的。現在國音國語，原來還沒有明定的標準，不過人家就往往以爲「國音字典」裏頭的音就是標準音。普通話（或稱普通官話）就是標準語。不曉得這個「國音字典」實在是不能稱「國音字典」的，有人說不過可以稱個「會音字典」。因爲裏頭的音，不過是讀音統一會所定的。就是這個「會音字典」的名稱，也是很勉强的；

因爲所定的音，並沒有經全體會員研究到底，現在還有會員絕對不承認的。並且當時不過根據前清欽定的音韻闡微這一本書，定下來之後，又由會長一人隨意更改了一部分，這個「勉強的會音字典」，怎麽可以令他冒稱「國音字典」，去定標準音呢？這本書裏頭的音，據說是根據於普通話的。但是這個「普通話」的名稱，所指的東西，不能確定的。甲的普通話，和乙的普通話是不同的，當初做字典的時候，怎麽可以根據呢？並且這個各人所說都有不同的普通話，用的時候，還是有「不能完全互相懂得」的困難，這就是因爲普通話隨各人方言而不同的緣故。就是能彀根據他，也仍舊不能解除口語不統一的困難，是必不可用做標準的。這個混合的普通話，既經不能做標準，那麽祇有用純粹的方言做標準。純粹的方言，究竟用那一種呢？那麽自然是用京都的方言最適宜。用了京話做國語的標準，那麽京話裏頭的音就是國音的標準。標準音自然是從標準話裏頭來的，不必另外去求的。所以一定京話爲標準話，標準音也就不成問題了，這是最爲直截了當的辦法。祇要定標準話的時候，說明是北京有敎育的本地人（至少有過中等敎育）的話，那就可以免去一種極其粗俗不堪的話，而可以完全互相懂得了。

（乙）從語言性質上看。語言是活的，他的標準不可用死的東西來定的，要用活的東西來定的，就是死音不能定活語，活語是要用活人來定的話。若是不用純粹的方言，而用混合不齊的普通語做標準，那沒祇好用死音來定了。但是若是指定有一種說話的活人，用他們的方言，那麼既沒有包羅不全的毛病，又沒有呆板不能運用的困難。語言這個東西，是一個有機體，逐漸逐漸在那裏改變的，今日書裏頭所載的東西，就是完全和口裏頭所說的話符合，隔了幾時，也就不符合了。這個死音是沒有力量去阻止活語永遠不變的，所以用書為本位的標準，是不能持久的；祇有用人為本位的標準，是可以永遠適用。今日指定今日的北京有教育本地人的話做標準，隔了五十年一百年之後，北京這種人的話雖是改變了，但是這個標準恰是並沒有改變，因為仍舊祇要照這種人的話去說好了。這是個活人標準，可以永久生存不死的，比較那個壽命不長的死音標準，那一個是一勞永逸，是不言而喻的。

（丙）從語言的教授法上看。要教授一種口語，第一，要有這種口語說得純熟的教員。第二，要令學的人多用耳聽，多用口說。現在傳習國音的困難，就是在「國音字典」裏頭的音，實在全國找不到一個人是完全這樣說的；即使有人把字典裏的音完全讀熟，仍舊是沒有學到國語。

因爲單字的音，和成句的話，是不同的，成句的話，決不能靠幾個單字的音湊合而成的，這是在語言教授法一個極緊要的原理。譬如學英語的人，即使把韋白斯特大字典裏頭的字音個個讀熟，仍舊還是不會說英語。要解除這個困難，祇有完全拿一種方言來做標準。用他有教育的人的話，那麼他們怎樣說就怎樣說。初辦師範傳習所的時候，就可以利用這種本來說標準語的人做教員，用他們自然的說話去教人，也不必怕將來國語教員的置位都要給北京人占去了。說一個比方，我們教英語，雖是用英美有教育的人的話做標準，恰未必就要都請英美人來做教員，無論什麼人，祇要他所說的英語純熟，就都可以做英語教員，國語教員也是這樣。拿京語做標準，凡是本來不說標準語的教員補習國語，和視學員的批評國語教授，都有所依據了。這樣去傳習國語，還可以希望辦出一點兒實效來。

（丁）從研究國音國語的學術上看。現在國音國語的標準雖沒有確定，但是什麼「國音學」「國語學」「國語文法」種種的書倒已出來了。這是空中的樓閣，無論怎樣玲瓏，都是虛渺的。我們要曉得凡是科學都是要有客觀的實際的，有了一種現成的語言爲國語標準，那麼纔可以去研究他的音，成爲國語語音學，國語音典；研究他的詞，成爲國語詞；研究他的語法，成爲國語語法書；現在這樣拿了幾個中古式的註音字母，和一本冒牌的「國音字典」就糊亂做冒牌的研究學術的書，豈不是個夢見周公．空畫西施？最可笑的，是近來有自以為研究國音的書，東西鈔襲，畫了幾個不像樣的發音機關圖，不要說舌的高低前後都沒有畫得對，連到那氣息向內外都沒有弄得清楚，真是欺人之極。我們要曉得語音學裏頭的發音圖，不能要隨便畫的，要用科學的儀器，科學的方法，去從本來用這種音的人嘴裏頭量出來的．我國學術的缺乏，到這個地步，而欺人的手段，又這樣高明，真是可憐．但是國音國語的標準一日不定，就是真的能用這種科學方法的人，也無所施其技；因為他們雖是可以研究，叫他們去研究什麼東西呢？也祗有假定拿京音京語做標準，纔可以去研究了一些．

其四

易作霖

我們此時要研究標準音問題，要把一切成見丟開，全然憑客觀的觀察，去定國音的是非．這標準音的問題裏所包含的便是：

一為什麼要有標準音？

二標準音怎麼定？

我且分別討論下來：

第一問題現在已經不成問題了，因爲標準音我們都知道是全國公用的音，要想全國讀一種的音，必得用一標準；這是當然的。不過也有人主張用普通話，只要把土音刪除掉了，說下來的話自然大家都懂；不必立什麼標準。驟聽這話，好像是簡便易行；然而仔細一想，土音和普通音究竟有什麼分別？要把異地對話的都聽得懂做標準能，這地的界域又怎麼定呢？我國的話，縣和縣別，省和省異，在本省算是普通，到了別省到便說不通了。就讓這兩三省裏說得通，到了別幾省裏又是行不去。那麼怎麼叫「普通」怎麼叫「土」呢？

我們也知道國語統一的目的，無非是要人人都懂得，我也要想些簡便的途徑；不過像這種辦法是無用的。容或有人說從這種趨勢上，或者因爲交通便利的結果，南北各省漸漸的接近。經過長久歲月過後，便可一致相合。不知道天演的公例都是「由純之雜」，决沒有「由雜之純」的道理。縱讓有幾分接近，一致相合恐怕是妄想。

第二問題是本問題重要部分，應當詳細研究。一般的人對於這問題，大致不外兩種見解：一創造說。是要創造一種理想的語音標準的主張，此說的又有兩派：

甲演繹論派　這派是主張從語音的歷史上建立標準音的基礎的。他的方法有兩項：

（一）把古代的字母，規定現代的音素。

（二）把古代的字書，規定現代的語音。

這一派的唯一理由，是歷史上有根據。章太炎先生說，「彼土常言，多原羅馬，乃復雜以土風，雅鄭相貿。假使羅馬先民復生今日，聞彼正音，方當謂爲畔諺矣。以非正爲正，則正者譌矣；兩在非正之位，則一不獨正矣。」章先生這些話，儘可做演繹論派的代表。演繹論派大都以古爲是，以今爲非，這全是承襲前人的一種見解。不知道言語文字，是社會上適用的一種交通器具，決沒有千古不變的道理。吳稚暉先生說：「每一時期，必有特具之音聲，積漸而著，莫反其初，非人力所能制止而矯正之也。」他說聲音既常常變遷，決不能反古復始。第一：古代的字音，同現在的字音，迥然不同；必定要把天明讀成丁芒，全部都不對了，簡直是教人去說這國語，還行得去麽？第二：因爲古人已經死了，沒有對證；雖是一班考古學者，能從古代書籍中間考求古人讀音的方法，究竟是不甚靠得住的。段玉裁把「支」「脂」「之」三韻的讀法，去問江晉三，便是極好爲例證。第三：文字是代有增加的，古代的聲音，恐怕不能包括。第四：古的界限，是怎麽樣定？唐虞三代是古；漢魏六朝也是古；唐宋元明也是古，要求歷史上根據最牢固，自然是唐虞三代的音。然而有上面一二三各條的毛病，就不能不求最近的古音了。最近的古音似乎和我們接近些；然而近古的音，像平水韻的一百〇七部，和見溪群疑三十六字母，現今都能適用麼？現在大多數的人把「侵覃鹽咸」都能讀成閉口麼？「見溪」和「見溪」可以不分麼？「非敷」「東冬」可以分得清麼？第五古無輕唇音和舌上音等語，學者都把「類隔」的字，改成「音和」，假若要有歷史上的根據，爲什麼要改呢？所以對於現在的語音，決不可問他在語音的歷史上有根據沒有，只問他能適用於大多數地方不能，能適用——大多數的人都容易懂都能學——便有標準音的資格。要抱着古音做標準的空想，絕對是辦不到的。我們再進一步想，言語是人造的，不是天經地義不能搖動的；我們說話要依着古人，古人說話又依着誰呢？man 古人叫 nen，我們現在 Jen；fish 古人叫 Ngu，我們現在叫 Yii；還是 len Yii 對，還是 Nen ngu 對呢？還是 man fish 對，還是 Nus ngu 或是 Jen yii 對呢？我想決不會有一個人可規定什麼應當把什麼音來叫。中國也不錯，英國也不錯；古人也不錯，今人也不錯，這正是莊子所謂「彼亦一是非，此亦一是非」了。

乙歸納論派　這派是主張從語音的區域上建立標準音的基礎的。他的方法也有兩項：

(一)從各地語音中抽出共同的音素。收集各地方的音，採他大多數同具的音素，定爲標準音的原子。

(二)從各地方字音中抽出共同的語音。調查各地方的音，倘若多數具於某字讀同一的音，便把他採爲構成全部標準音的各分子。

從這個方法生下來的結果比較的要圓滿些，有三個優點：

(A)各地方的語音(一)叫全國人讀一種音，假若這個音各地方的人不能發，決計不容易推行的。他們的語音，假如占有標準音裏的小部分，其餘的叫他們修改，比較那全部不同的自然容易些。(二)拿某地方的語音做標準，不免有偏袒的地方；這個辦法，是不偏不倚，最爲平允的。

(B)是現代的語音(一)有活的對證，沒有不會發的音。(二)不受韻書的約束，沒有分不清以及當分不分的音。(三)沒有不能注出音的字。

(C)是大多數人的語音。(一)沒有難發的音。大概難發的音，僅限於小部分裏使用；大多數人的語音，都是容易發的。(二)沒有粗俗的音。粗俗的音，也是限於各小分裏使用；大多數人的語音，決計沒有的。

這三個優點，自然我們是承認的。不過我們試想一想，我們學外國話的時候，外國話和我們的語音，可算是漢不相關了；然而外國的語音，有幾個是我們不能發的呢？大概人的發音機關的形態組織相同，决沒有甲會發乙不會發的音；不過同一的音，甲的社會裏常用，乙的社會裏不常用；便覺得甲社會裏發慣音，乙社會裏不發的了。假若學習的人年歲大了，自然難矯正；然而不容易矯正，不能就說是不能發。而且語音的本身，沒有是非，也不必擺出「敝帚千金」的架子來；就說偏倚，也沒什麼不好，就是只要適用，不必問什麼平允不平允。況且既然依大多數的語音去决定，假若某地方的語音，竟不能有一部分和大多數的讀音相合，就是讓相合，也只合了極小的一部，試問這也算並平允麼？難道這種地方，對於這個標準，也不能承認麼？

再說這種調查統計的方法，極不容易，姑且不論。我只問問這一百家衣的語音標準一旦告厥成功以後，平素說話的時候，是一種什麼腔調？長短強弱，高下疾徐是怎樣？必定要憑幾個先導者潛思默想去勉强造成，然後拿來再教人。不知道這種語音和腔調，自然不自然，這種語音腔調的根本既然薄弱，——少數人的創造品，——在社會上能否不受動搖，是一個疑問。假若一傳十，十傳百的傳下去，實際上應用的時候，一定要受各地方語音和腔調的影響，恐怕結果是還是「人自爲政，」比較前面的不立標準，不過少勝一籌能了。還有一層，我們要知道的語，决不是從字母裏產生的；言語的學成，大部分是從模倣得來。假若單教他們的字母，他們把字母都會用了，不一定都能說話。你只看我們學西文，非得和外國人或是精於外國語的人—經外國人學來的—直接說話不可，假若單靠幾本 dictionary 去自修自修，無論成績怎樣好，决計不能應用的。譬如我們唱歌，「都類迷法沙拉西」我們一個個都唱得分淸，拍子調子，我們不明白他；不過隨便給一張五線譜叫我按着唱，那一定是不行的；我們必定要請一個已經會唱這歌的來唱一唱，我們跟他唱幾遍，那就行了。音樂的格律，我們可以用五線譜表出來，尙且要模倣；言語的格律，我們不能用什麽去表現—說話的時候用不着字母—那便要藉模倣的工夫了。你想：讀注音字母書報的人，能說國語的有幾個呢？這是不可掩的事實。

總之吐辭發音，絕對用不着思考；言語的成功，全持模倣。沒有可以模倣的「彝範，」言語决計學不成功。這彝範是什麽呢？自然不外下列的兩種：

(1)操這語音的社會。

（2）操這語音的導師•（不一定敎師）

我們所以能會說土語，全由於投身在土語社會裏過了好些日子，自然而然的模倣起來，並不是本於什麼理解記憶•一旦要學第二種語言，自然要投身第二個社會•假若這種理想語音的標準告成以後，有沒有操這種語音可以做我們「彝範」的社會實現呢？照理論上講，依着兼程並進的方法，就某區域內首先試辦，那是定要實現的•不過土音的基礎和這理想語標準的基礎，比較下來是那個強？我們一定要說是土音了•自身上既然不強固，要敎這小區域裏都把土音消滅去了•無論他區域怎樣小，恐怕都辦不到•社會通用一種語音，不知道經過好幾千年的歷史一旦叫他改變過來，談何容易•但是有兩種方法可以辦到•

a 甲地方爲乙地方的人所占領•

b 甲地方爲乙地方的人所移殖•

不是經過這種事情，決沒有操新的語音的社會實現•可是有兩個條件不可不注意•（一）人數衆多•（二）基礎鞏固•乙地方的人如若少，雖是占領甲地方或移殖到甲地方，也是要受他的同化•又或語音基礎不牢固，沒有經過若干年月的試用，也是要受甲地方的同化；縱或在語音上露一點痕迹，也不過留作後人的紀念罷了。

我們很相信社會上語音自己也會變的，也會吸收外界來的「舶來品」。Anglo Saxonr 音的語，也吸收了許多 Latin greek 的音；但是這是相離以漸的結果，並不是政府裏規定一本 bicvionary 上面要加上許多 Latin greek 的音，教全國的人用的。既然我不到這個社會又那裏有相當的導師去做我們的「彝範」呢？假如說：

a 系的音依照A地方……

b 系的音依照B地方……

這A B C D……各地方的說音，是否是我們已經習用的？我們對於各地的語音，既然如此嫻熟，那又何必學國語呢？就讓能造就出許多發音正確的導師，這些人的語音和腔調，又怎樣教他有堅固的基礎呢？所以說：「離了國音講國音，這標準才可用」。

主因翼說的，是要選擇一個現實的語音標準。他們的主張，是就現在各語音區域中選出某地方中的語音，一毫兒不更改，作為全國的語音標準；把他的音素分析出來，製定全國公用的音素。

他們選擇語音標準的標準，又是怎樣定呢？大概有下面五項：

1 發生在交通樞紐的地方。

2 比較的向來通行國中。

3 發音流利，沒有些不便發的音。

4 音的區別，比較的簡單些。

5 和大多數人的語音接近些。

前面歸納論派 b c 兩優點，這一派自然有的；他的劣點，自然沒有。而且這些語音，經過幾十百年的試用，我們決定相信他是適用的。有人說：把一地方的音做標準，歷史上地理上的關係，不很完美，我只問：一地方的音，一定不完備；把這些不完備的音做標準，不是一個十不全的語音標準麼？又那能舉以為法呢？請問：怎樣叫做完備？難道是按着人口能發的音，一個一個都用起來不成？我也不知道那一國的語音有這樣完全。假若單就我國說，難道要把大多數不讀的收 M K P K 的音都盡行採入不成？

語音的完備不完備，是理論方面的事；實際上只要敷用。說話同造屋不同，少一個音不是少去了一磚一石屋子，便殘缺不完；如果社會上已經敷用，所含的音素縱少，也决覺得沒有不好，我還要數一句，完全無缺，究竟有什麼好處？

攷察全國語音，含有上列各條件的，只有京音。

1 京都是交通的樞紐。

2 向來比較的能通行國中，往日各地方的行政官，無形中已播下了京音種子。

3 發音比較流利些。所謂「出於口言者以滑熟；入於耳聽者以為適當」正是極好的語音。

4 音的區別，比較的簡單些。例如別處有分成八聲九聲的，京音只分四聲，減少了一半，豈不容易學習？

5 和大多數的語，相差不遠。

不過京音沒入聲，頗受各方面的攻擊。我們要研究沒入聲有什麼不好，必得先研究四聲的來歷。古代沒有四聲，只有什麼「長短言」。

公羊傳春秋伐者為客，伐者為主。何休說：伐人者為客，讀伐長言之，齊人語也。見伐者為主，讀伐，短言之，齊人語也。

按「長言」是平上去，「短言」便是入聲。一「伐」字兩樣讀法，便分出兩樣意思。可見「長短言」

是變動不定，字音是跟着語音變的。後來人事日繁，單音字多，單是「長短言」不够用，於是孳乳出平上去入四聲來。——齊梁的時候，講究文字的聲調，才把平上去的名稱，限制文字的讀音，四聲本是可以移動的，例如蕭聲有蕭嘯，宵聲有宵俏，翁聲有蓊甕，都可證明；到了這時候，才規定出一個呆板板的譜兒來。後世只知道承繼前人，也不問他和現代語音符合與否。最有趣的，是從前北方人做詩，明明他沒有入聲，分讀成平上去，他紙面上卻分得淸淸楚楚。

所以四聲的歷史性，簡直沒有一毫兒的價值。京音缺入聲，並不是缺點；入聲沒有保存的必要，改讀平上去，也沒有什麼關係，不過我當我初想四聲觀念，是凡讀過書的無人不知道，將來改讀，障礙必多。後來想想，這話實在不對。現在受國語教育的，並不是舊日的知識階級，沒有這種舊的觀念。該怎樣讀，就怎樣讀，決沒有什麼障礙。我說到此地，才得到一個結論：『應該以京音為標準』。

我們再進一步去研究，現在這「國音」究竟是個什麼東西？他們製定音標準也是先審定標準音的。審定的經過，我們卻都沒有看見；揣想起來，決不是先調查大多數的讀音，用歸納的方法去定的，——因有許多字音大多數人不是這樣讀的——約摸是把京音作基礎，按歷史上條例改正他一部；因為某地方人的要求，也加入他們的讀音，七拼八湊，才產出現在所謂國音字典，不知道對不

對

把這標準音前面各派的方法對照，竟不知道他算那一派的作品，已沒有什麼成立的價值。此外還有幾點不能不說明的：

一他們都說國音是公有的，不錯。是有一部分的字，不是照的京音。入聲固然不用說了；此外如疑（一）惡要讀「ㄬ」，惡我（ㄨㄛ）要讀ㄫㄛ，愛「ㄞ」要讀ㄫㄞ，敖（ㄠ）要讀ㄫㄠ，這種有吳音裏的讀法，也羼入國音中間。在讀吳音的，自然以為國音是公有的了。然而吳音讀ㄬ母的字，像仁義之義，藝術之藝，相宜之宜，議論之議，也要讀音一；事業之業，要讀ㄬ一ㄝ；嚴厲之嚴，試驗之驗，研究之研，都要讀音一ㄢ；讀ㄫ母的字，子午之午，覺悟之悟，當讀ㄫㄨ；壓迫之壓，盲啞之啞，當讀ㄫㄚ；眼睛之眼，顏料之顏，淹水之淹，都要讀ㄫㄢ。試問所謂各地方都有的，是不是只用他幾個字的音呢？既然把京音我疑等字都改了，為什麼其餘的字都不改呢？這不能算公有的麼？

二有人說歷史上有根據。歷史上就竟十分有根據，也沒有什麼價值，前面已說過。就說有根據是頂好，他卻是限於一部；並且這一部裏也自相矛盾。疑母的字既讀ㄫ，為什麼合口呼午吾等字都讀成ㄨ？合口不問了，為什麼開口呼皚岸等字都變成ㄢ，雁顏等字都變成一ㄢ呢？既然有ㄨ

万从，爲什麼衆無罔勿這些字的都母的ㄨ系的音呢？這種从從前都音的明母，後來變了微母，都是歷來音韻學者承認的；於什麼微系讀万、而這些不讀万ㄡ，万ㄜ，万ㄣ呢？疑的合口，既混讀了影，影的開口哀（烏開）愛（烏代）矮（烏蟹）隘（烏懈）謳（烏侯）嘔（烏后）嘔（烏候）阿（烏何）奧（烏到），又爲什麼都變成疑的開口呼呢？爲什麼安恩不變，哀愛等字都變呢？這都是我不了解的地方。

三濁上聲，現在各地方的語音，多半讀成濁去聲；因爲濁上不好讀，所以大部分都變了。可是國音字典裏仍就說他是上聲。輕重之重，是直隴切，自然是濁上；不過就除去京音說，現在讀上聲的有幾處？運動之動，徒總切，也是濁上聲；現在讀上聲的又有幾處。我現在不厭煩瑣，再舉幾個例子：棍子我們不說袞子，跪下來我們不說鬼下來，是不是我們不說始不始，娼妓我們不說娼几，諸如此類的，非常之多。假若有人這麼讀，我們便覺得難聽。又那裏是「出於口以爲滑熟；入於耳以爲適當？」徒然依據歷史上的條例，不顧現代的言語，自然免不掉這些毛病。

總之現在所謂「國音，」受了地理上歷史上種種束縛，和京音出入的太多。吳稚暉先生說：百分之九十九是京音，我看不見得有這樣多。

現在一般的趨勢，也有許多人贊成把部定的國音改成京音，使得人有個現實的標準。不過為敷衍部令起見，不能不將計就計，相與委蛇。其實我們對於學術的研究，不該這樣含糊了事，要切實的討論一下子，謀一個正當解決！

其五

張士一

論標準語。第一。照陸君的意思『普通話實』際上就是我標準語定義裏頭所說的『北京本地人受過中等教育的所用的話，』所以他說「不過名目上稍微兩樣一點。」但是這兩個名目究竟是否就是指一個東西，要把『普通話』的意義確定而後纔可以斷定。『普通話』的意義，陸君承認就是『各地人聚在京師改變各自方言的一部的結果』這個結果我們要曉得是有許多種的；因為各地人自己的方言裏頭所改去的部份，和所採入的部份，都是各各不同，所以實在是有『蘇州人的普通話，』『漢口人的普通話，』『福州人的普通話』……種種。拿一個算式來表明他，就是

（普通話）＝（甲種方言式的普通話）＋（乙種方言式的普通話）＋（丙種方言式的普通話）＋……

所以『北京本地人受過中等教育的所用的話』一定不就是『普通話』。至於陸君所說的『他們與各地人聚在京師的交接日多，就把那北京的本地方言改變了一部分』那是多少總是有的

事。因爲一個地方和別個地方旣經有交通的，那麽他的方言，不無總有受別個方言影響的地方的，絕對的純粹方言就找不到的，不過不是就因爲這個緣故而『北京本地人受過中等教育的所用的話』就同於那個雜凑的『普通話』。

『普通話』和『北京本地人受過中等敎育的所用的話』旣經是兩個東西，那麽我爲什麽不拿『普通話』做標準，而要拿『北京本地人受過中等敎育的所用的話』做標準呢？這是因爲『普通話』像上邊所說的內容不一致而發生有兩種困難。一種是說『普通話』的人，有時彼此仍舊不能完全互相懂得，就是同是說『普通話』的甲乙兩人，甲的話有時乙不能完全懂得，乙的話有時甲也不能完全懂得。還有一種是無從去認別究竟說到怎樣的人纔算他是說『普通話』，就是凡把自己的方言改變了一部分的人，都可以自稱說『普通話』，而我們沒有方法去斷定究竟那一個能說，那一個不能說。這兩個困難是很大的。有了第一個，就不能達到語言統一的目的；有了第二個，就無從去選擇敎員；因爲有了這兩個大困難，所以祇好丟去了這『普通話』，另外去找一個可以完全互相懂得也可以認定能說的人的話去做標準。這種的話，實在無論那一種方言都是，不過我們祇能指定一種，所以我就指定國都的方言。國都的方言，比較的最爲適當，似乎不必多說。

再進一層，我又爲什麼不單說『北京有中等敎育的人所用的話，』而必說『北京本地人有中等敎育的所用的話』呢？因爲若是不加『本地人』這三個字，那麼就是說凡在北京的人，不管他本來是不是北京人，祇要有中等敎育的，他們所說的話，就都是標準語了。那仍舊是還到那個一國三公的『普通話』上面所說的兩個大困難，仍舊不能免除這兩個大困難裏頭『不能完全互相懂得』的一個，有許多人往往看不淸楚，所以我請在這裏再申說一回。

現在往往有人隨便的說『這普通話大致可以懂得，』『也差不多了，』『我想總可以懂得，』『這種主觀的『差不多主義』是不可靠的，是不適用於硏究學理的。我們仔細的看去，就曉得這各處的人因爲各有第一母語的關係，也沒有經過科學的第二語言敎授，他們所說的『普通話，』是難免不能互相懂得的；懷疑的人，我希望他們多虛心去觀察，也就容易曉得了。凡是說『普通話』的人，看他們說各種話的時候，究竟有沒有不能完全懂得的地方。不過用這種觀察工夫的時候，有兩點是很要留意的：一點是凡彼此已經認識有時的人，須要除開的；因爲他們的語言，雖是本來有不能互相懂得的地方，也許是因爲相識有時，已經逐漸從各種情景上互相學會了。又一點是所觀察的人，能不能說普通話，究竟怎樣去定，這是我上面已經說過無從認定的；既經無從認定，那麼祇有兩個辦法：一個是隨他們自己的意見，還有一個是隨旁觀的人空空洞洞的去懸揣，這兩個辦法，自然都是遊移得很不足爲憑的；不過無論去用那一個辦法，歸到底，總要發見祇有把『普通話』的意義，簡直假定爲『某一個地方，有某一種教育程度的本地人所說的話，』那麼你所認爲說『普通話』的人，纔是眞的完全可以互相懂得；這就是說『普通話』實在不能完全互相懂得，而祇有用人本位的辦法，指定地點，又指定教育程度，纔可以定出完全互相懂得的標準語。

第二。陸君的意思，標準語是不必先定的。他說他的理由，胡君適之已經在新靑年四卷四號『建設的文學革命論，』和新教育三卷一期『國語標準和國語』兩篇裏頭說過的了。要問我的意思怎樣？我的意思，以爲胡君適之這兩篇文字裏頭『國語』兩字實在的意義，我們先要認淸『國語』這一個名詞，現在用的人所指的東西，不是人人一樣，也不是處處相同；有時指『全國統一的口語，』有時指『言文一致的語體國文，』就是有時指『語言，』有時指『文字』的。胡君適之兩篇的文字，我們若是細細去一看，曉得他最大的主旨，是在提倡白話文學，就是提倡一種『語言』的文字，有文學價值的。』他叫人家趕緊去做語體的文字，不必等先有語體文字的標準出來，所以他裏頭所用的『國語』一個名詞，實在是指『語體國文。』他所說的『國語的文學。』就是『拿語體國文來做的文學。』『文學的國語，』就是『有文學價值的語體國文，』還有他所說的『國語標準』是『語體國文的標準，』所以他所說的據我看來，實際是個『文字的標準不必先定，』『文學的標準不必先定，』『語體國文的標準不必先定，』『用語體國文來做的文學不必先定標準，』這是我和他同意的。但是他恰不是說『口語的標準不必先定，』所引證的例子，也是在這個大主旨範圍以內，我們要曉得他是個文字專家，在那裏做提倡『白話文學』的文字。我們讀他的文字，要從全體的大主旨上去貫徹，纔可以看得出他所用『國語』兩字的眞義。我近來和人家討論國語問題，或看關於國語問題的文字，常常覺得有些困難是從『國語』兩字意義兩可裏頭來的，我們以後不可以不分別說明。

不但如此，胡君適之並不反對先定口語的標準，我還有一個不磨的確證在這裏。是什麼呢？就是我和胡君當面的談話。今年胡君來任南高暑期學校教課的時候，我曾經把我的標準語定義說給他，并且說明因爲要教授一種統一的口語不得不先指定一種標準的緣故。然後問他以爲怎樣，他回答說：『從教授法上說來，我不能有什麼批評你的地方。』可見得他是從文學上說，而主張『文學上的語體國文不必先定標準，』並非主張『教育上的統一口語，不必先定標準。』他以後并且聽我講到『普通話內容很不一致，不能完全懂得不能做標準』的地方，就說『這個南腔北調的普通話，就是毛病沒有標準』；并且又從他自己的經驗裏頭舉了一種的確有時不能完全懂得的例，這可以見得陸君不免有誤會胡君的地方．設或陸君所用『國語』的名詞，也是指『語體國文』而並沒有誤會胡君，那麼是誤會我了．因為我所說的『國語標準，』是『口語的標準．』

再進一層，即使我誤會胡君的文字，又誤會他的談話，而陸君並沒有誤會胡君，也沒有誤會我；那麼陸君既是主張『準標語不必先定，』何以同時還要說『現行的普通話可以說得有標準語的資格，』『我們主張採用普通話為國語，』『可以說普通話就是無形的標準語』種種的話呢？不是還是在那裏要爭個『做標準嗎？』既經主張不必先定國語的標準，那麼別人說拿無論什麼語做標準，都不成問題了，都沒有價值了，也就連到自己所說的拿普通話做標準一同推翻了，陸君在這個地方，不免自相矛盾．

論標準音第一．陸君說『京音也有讀音和俗音的分別，』就是說同一個字，北京人在文字裏頭讀出的音也有和在口語裏頭說出的音不同的．這是不錯的，不過他所舉『黑』『冊』兩個字的例，據北京本地人受過中學教育的說，不是完全像他所說的．這兩個字的音如下：

『黑』字京音
- 甲在文字裏頭的讀音作ㄏㄜ去聲。
- 乙在現在通用的文字裏讀音作ㄏㄟ陰平。
- 丙在口語裏頭所說的音也是ㄏㄟ陰平。

乙項的音，陸君把他混入甲項裏頭去了。

『冊』字京音
- 甲在文字裏頭的讀音作ㄘㄜ去聲。
- 乙在口語裏頭所說的音也是ㄘㄜ去聲。

乙項的音，陸君說是ㄔㄞ上聲，據上面所說的北京人說，這樣讀法，是帶山東人的腔調，不是真的京音。

從這裏看來，『黑』字『國音』作ㄏㄜ入聲，『冊』字『國音』作ㄘㄜ入聲，不能說單是和北京人讀書的音大同小異實在和北京人說話的音一樣的大同小異。因為『黑』字文字裏頭，也有讀ㄏㄟ陰平的，『冊』字口語裏頭也是說ㄘㄜ去聲的，所以陸君所說『可見國音和北京人讀書的音，本來是大同小異，』是未見得確這不過是拿陸君所舉的兩個例來研究，現在請把陸君所以舉例的緣故來說說。他說『為什麼不就用京音呢？因為京音也有讀音和俗音的分別。』他舉例之後，又說『諸如此類，可見國音和北京人讀的音本來是大同小異，大家聽得懂的；至於京話中的俗音，（作口語音解）就恐怕不能够都懂了。』

這兩段話裏頭，除了上節已經指出關於大同小異這一點外，還有幾點似乎不很正確的。第一點：爲什麼和北京人讀書的音大同小異的就大家聽得懂呢？爲什麼京話中的口語音就不能够都懂呢？這兩句話是要個理由的。『大家聽得懂』的『大家』是指北京呢？還是指各處人呢？若是指北京人，那麼和北京人讀書的音大同小異的，就是北京讀過書的人也不見得就能够完全聽得懂，因爲這個小異，例如『黑』『冊』兩字是四聲的不同，有時就要不懂的。祇有和北京人讀書的音完全相同的，那麼凡是北京讀過書的人都可以完全聽得懂，但是沒有讀過書的人，仍舊是有聽不懂的。若是『大家』指各處的人，那麼無論和北京人讀書的音大同小異的或是和他完全相同的，『各處的大家』都有聽不懂的地方，這是講和北京人讀書的音大同小異的究竟大家能否都聽得懂的話。再說京話中的口語音，那麼『北京的大家』是都聽得懂的，但是『各處的大家』是都有聽不懂地方的，從這裏看來，陸君這兩句話，是不很確的。第二點，陸君既經說『可見國音和北京人讀書的音本來是大同小異，大家聽得懂的』那麼他是認北京人讀書的音，是可以用做國音標準的，不過北京人說話的音，不可以用罷了；那麼不是就可以完全用北京人讀書的音嗎？爲什麼定要用這個和他『大同小異』的音呢？這個主張，也不免有一點兒牽強。

第二。陸君說『要叫國語眞正統一，那麼讀音的統一實在是根本問題。』拿讀音統一當作國語統一的根本問題，我是不承認的；陸君因爲我不承認，就說我『不會知道當初的歷史，以爲讀音是一件事，語音是一件事，所以就不免誤會了。』我當初並非是讀音統一會會員，那自然對於這會的歷史，不過是從會員書報，還有其他種種方面採取得來的，若是陸君是當初的會員，那麼還可以說我知道的沒有比他的詳細，但是簡直說我『不會知道，』是未免過分了。至於他所說的『以爲讀音是一件事，語音是一件事，』那實在正是我的意思。讀音統一會把這兩件事看作一件，我是知道的，我並沒有誤會，不過我正是要指出當初讀音統一會把他們看作一件事的謬誤。爲什麼謬誤呢？請照陸君所說『當初讀音統一會開會的宗旨』兩層上去說。

第一層照陸君說來是『言文統一爲目的，要叫紙上寫的就是口中說的，所以統一讀音就是統一語音，只要能把文字做練習語言的工具，那麼讀音統一了，語音也自然統一了。』這段話裏頭的第一句『言文統一爲目的，要叫紙上寫的就是口中說的，』是不錯的。但是下面所接的一句『所以統一讀音就是統一語音，』是接不上去的，這是個『跳浜的論理，』是硬渡過去的。必得要把上面的一句，改做『文字的讀音，就是口語的說音，』那麼纔可以接下去說『所以統一讀音就是統一語音，』但是這個『文字的讀音就是口語的說音』的前提，是不能成立的，爲什麼呢？文字的讀音，是眼睛看了紙上的符號，而後發出來的。在心理學上的結合是（看見的字，→發出的音；）口語的說音，是心裏頭要發出一個意思，而後發出來的，在心理學上的結合，是（要達的意思，→發出的音）這兩種結合，是不同的。學讀音是在腦筋裏頭做成第一種的結合，學語音是在腦筋裏頭做成第二種的結合，學成讀音不就是學成語音，所以文字的讀音，不就是口語的說音，統一讀音，不就是統一語音。

這第一層宗旨裏頭末一句的話，是『只要能把文字做練習語言的工具。那麼讀音統一了，語音也自然統一了，』這裏似乎也有幾個不妥的地方。第一，文字可以做一種練習語言的工具，是不錯的，但是這個工具，究竟有多少價值？究竟是應該怎樣用法？究竟是能生怎樣的效力？是要看淸楚的。照現在最新科學的語言敎授法，（就是普通叫做直接法的）學語言就是先學語言，不是先學文字。新材料先要從耳口學，學到有了把握，那麼纔去覗文字，使他補助記憶的不足。這不但是學口讀的方法，就是單要學著一種外國文字的人入手也是要這樣要口語有了把握纔去看書。這種的語言教授法，是根據於語言學心理學來的，在歐美早已通行，不過在我國學外國語的人，大概還是用讀死書的辦法。我看現在一般人講國語教授的時候，有許多不正確的觀念，或者就是從這種讀死書的英語教授法上來的，以為除此以外，沒有再好的方法了，這是由於少研究的緣故。從這裏看來，這個文字的工具，是應該用在口授以後的，就是語音先學，讀音後學的辦法。讀音是跟了已經學的語音而來的，不是語音跟了已經學的讀音而來的，所以要說語音統一，讀音自然統一是可以的。要說讀音統一，語音自然統一，是不可以的。第二。用陸君所說這『種大同小異』的音，用一本『國音字典』去做標準，就是單求讀音統一也辦不到的。為什麼呢？這個一種雜湊的『國音』是全國找不到一個人完全這樣讀的，怎麼能去教呢？有人說這個一種音，祇可以稱他是個『口音』就是一個空無人焉的國音，或是稱他是個『或音』，就是或有人把他強定出來，而不成其為國音的，這個話雖是帶一點詼諧，卻是含有真理。總之死書不會開口，活人又沒有這樣讀法，怎麼可以去教這個統一的讀音呢？

現在再論第二層的讀音統一會開會宗旨，照陸君說就是『語音固然要憑着口授，但是各人的口音不同，若是一點沒有憑藉，請問是不是聽各人把自已的音做標準，那還講什麽統一呢？既然要整齊那參差不同的口音，除掉把文字的讀音整齊一下，請問還有什麽好方法可以作整齊口音的工具呢？』這一段話又可以分作兩小段去討論。第一段，我看陸君的意思，因爲各人（譬如蘇州人或福州人）本來的方言口音不同，所以教統一的語音時候，不可就他們去用蘇州口音福州口音去做標準，這是不錯的。不過他所說的『憑籍』是不可靠的，他的憑藉，就是個文字的讀音，這個文字的讀音，還有一個憑藉，就是個『國音字典』；轉輾去憑藉，仍舊是憑藉到一本死書，死書看起來是好像固定不變最可靠的，不曉得就是讀熟了字典，仍舊是不會說話的。語音是要在語言裏頭學的，不能脫離了語言而學的，學了語言，那麽語音也就學在裏頭了。請問全國的教員裏頭，有幾位能用這樣的苦功去讀字典，把一個一個字都死記熟的，就是記熟了，仍舊是不過脫離語言的語音，并且這個脫離語言的語音，全國沒有一人完全這樣用的；那麽這個『國音字典』也毫無憑藉的，憑藉憑藉，到底仍舊落空，其實最可以憑藉的，是一種說話的活人，這所以我要指定『北京本地人有中等教育的』作爲是說標準語的人；凡是蘇州人，福州人，無論什麽北京以外的地方人，要去學習國語，祇要去憑藉這一種本來說標準語的人就是了。他們怎樣說，就怎樣說，那麽語也學到，音也學到；同時再有研究語音學的人，把這個標準語裏頭的音，用科學的方法記下來，成了音典，使人家在已經從人學了之後作爲參考輔助記憶的不足，那是可以的，但是决不可以就拿字典的讀音去做憑藉的。

這第二層宗旨裏頭第二小段的話，是問除了統一讀音以外，還有什麼好方法可以作統一語音的工具？我的回答，是還有傳習一種標準語的方法，就是傳習『北京本地人受過中等教育的所用的話』的方法，這是個直達目的的方法，不必轉灣曲的。我們的目的，不是求語言統一嗎？那麼就去教一種統一的語言學一種統一的語言，國語講習所就是應該根據這個方法辦的，要多數有目前應用價値的語言，少掃無目前應用價値的音韻歷史一類的東西，要講習時期放長，要在各地方辦長期的傳習，這種種辦法，我將要在新教育裏頭發表的文字裏說得詳細些，這裏祇好說個大概。

第三陸君說『國音的範圍很大，其中固然有一大部分包含京音再有一小部分包含黃河流域最多數最流行占地最廣的普通音』；這個一種論調，我常常看見人家用來爲這個大牌子的『國音』辯護的。分析下來，就是說這種音用的區域最大，用的人數最多，所以是最深行，最普通，最宜做標準；不曉得這種音用的區域最小，用的人數最少，並且小到等於沒有，少到等於沒有，這不是奇怪嗎？但是實際上是這樣的，因爲這個『國音』的總名詞，是包含許多字的音而合起來說的，若是這全數的字在這個區域裏頭各人都是這樣讀的，那是的確是好的，但是這個區域裏頭，找不到一個人這全數的字是完全這樣讀的，就是全國也找不到一個人完全這樣讀的，那麽這個『國音』是的確沒有區域而沒有人數的，是的確最不流行，最不普通，而最不宜做標準的，凡是用無論那一個方言做標準，比他都還要好些，實際上還能找得到幾個人是完全這樣說的，所以這個一種『最普通』的語法，不免是掩耳盜鈴。陸君根據了這個說法畫了一個大圈，代表國音，拿這個大圈的一部分，去套在代表京音的一個小圈上，表明他們公共的地方；好像這個『國音』是很大的，京音是很小的，這實在不過是好看罷了，沒有什麽正確的意義的。

第四。陸君論標準音末了一層，是承認『國音字典』裏頭的古音不可以用，說是教育部已經請汪錢黎三君『詳細修正，一律採用最多數最流行的普通音。』並且希望我在這個修正的國音字典出版之後，『如有不對的地方，儘管糾正。』我對於這個意思也有兩點要討論的。第一點，修正這本字典，若是仍舊根據了那個沒有根據的最多數最流行最普通的說法，那麽無論怎樣的修正，仍舊在客觀而是落空的，就是讓我說全國找不出一個人是怎樣說的緣故；就要用人本位去指定一種言語做標準語，那麼可用客觀的法去修正音典的第二點。修正這本字典若是仍舊根據了那個沒有根據的最多數最流行最普通的說法，那麼出版之後，我也無從去糾正他。譬如一個畫像，要看他畫得對不對，必要有個眞的人，那麼纔可以對照；沒有這個眞的人，怎麼可以曉得這個像畫得對不對呢？這個『國音』既經不是從一種完全這樣用音的人的語裏頭去研究來的，那麼怎麼可以曉得他對不對呢？所以這個一種糾正的事情雖承陸君不棄，我也祇好敬謝不敏了。

總論。第一。陸君說『我們現在所希望的就是語體文的普及，使兒童容易懂容易學，把學習國文的工夫減省一點，來去研究有用的科學，這是改國文爲國語的主旨；至於讀音的準不準，我以爲暫且不必苛求，因爲國語統一的問題很大很大，必須要等將來教育普及之後才可以有一點希望，不是現在馬上可以辦得到的。』原來陸君所希望的，不過語體文的普及。但是我所講的，是口語的統一。這個語體文普及問題，和口語統一問題雖有關係，恰是兩個問題；我們討論，先要認定問題的，若是單講改文言的國文爲語體的國文，我也是十分贊成的。不過我們要曉得語體文是要根據於一種有客觀的標準口語的國民學校兒童所應該學的語體文，不是那『紅樓夢』『水滸傳』的白話文學，是他們口裏頭說得出手裏頭就寫得出的語體文；要教這種語體文，若是不從根本上去先教一種統一的口語，那麼或是照兒童的方言去寫而發生語體文不統一的結果，或是不照兒童的方言去寫而語體文仍舊有文言文的困難，兩個裏頭必有一個。所以從根本上講，要得到語體文的好處，也是要先教統一的口語；現在的毛病，就是還沒有確定一個統一的口語。

還有一層。陸君所謂『改國文為國語』的說法，又是有名詞上的關係了；這個『國語』兩字，忽而指語體文，忽而指國語，是最可以使人誤會的，我上面已經說過。現在人家觀念裏頭，往往有弄不清楚的，因此以為教了語體文，就是教了口語的國語了，這就是一般講國語問題的人，沒有處處把他們所指的東西說明的緣故。實在教育部所謂改國文為國語的話，並非改去了國文而祇有了國語，國文還是國文，不過他的體改做語體，而不用文言體罷了；所以實在是『改了文言體的國文，為口語體的國文』。『國語』兩字，若是要用得沒有誤會，我的意思還是單指口語的好，凡是文字，應該仍舊稱他國文。上面兩節，都是講我所引陸君一段話裏頭的上半段，

下半段陸君所說的話有一部分是很對的，就是真的國語統一，要在教育普及之後，這個話我將要在新教育發表的一篇文字裏頭，已經特別提出請大家注意好了。但是陸君下面所說『音的準不準，暫且不必苛求』，是未免有可以斟酌的餘地。第一，若是說到『苛求』，那麼不但『暫且不

必，』並且將來也不必。第二。『音的準不準』若是作口語裏的音說，那麽在教授口語上是一個極重要的問題，現在不教統一國語那麽罷了，若是要教，那麽音當教得準的。這個所謂『準』就是合乎客觀的標準，照同一的音去教，教出來的結果，至少要彼此說出來完全沒有誤會的。現在統一的口語，既是還沒有人本位的標準，那麽自然也無從去講『準不準』。再說『音的準不準』若是作文字的音說，那麽陸君既是要拿文字的音去統一語音，怎麽可以不講音準不準呢？豈不是自相矛盾嗎？

第二。陸君引那學生筆記裏頭說的『語言只有自然於變遷，决沒有人造的變遷可以強制執行的』一句話，就說我『要把北京方言做標準語，未免有人造的強制執行的痕跡。』要討論他這個話的價値，我第一請指出筆記裏頭是說『方言的壽命很長，只有自然變……強制執行的，』並不是『語言只有自然的變……強制執行的；』兩句話雖說是大同小異，但是我們研究學術，不能拿大同小異的東西就當他同的。第二。我所反對的，是改變方言而成爲統一語言的辦法，因此主張把各地的方言聽其自然，而在其外另教一個指定的言，作爲標準語，去統一國語，豈不是在兩方面的方言上，都毫無人造的強制執行的痕跡嗎？若是我也照陸君的辦法，拿這個全國指不出一個人完全這樣說的所謂『國音，』依據了一本死書，從文字裏頭的音去統一語音，是眞正人造的强制執行了。第三這個統一國語的總題目是總帶一些人造的性質的，陸君是主張簡直不人造，那麽也不必求國語統一和音統一，總是聽其自然好了。我們曉得統一國語是不免帶人造性質的，但是方言是不能拿人造的變遷去强制的，惟其方言不能拿人造的變遷去强制，所以我主張聽方言去自然，不但聽方言去自然，并且所用的標準語，也就是用一種自然的方言，這不是沒有絲毫去改變方言嗎？

第三．陸君說『我國的語言最通行的，受過中等教育的人以為最優美的，容易學的，不是北京話，是普通話，』這仍舊不過是在『普通話』這三個字面上做文章。這個所謂『普通話，』是各人所說不同的，怎麽可以叫他是『普通』呢？實是『最不普通』的；這是和『音』字上面加一個『國』字，『語』字上面加一個『國』字，那麽就用演繹的論理去講『國音』『國語』一樣的毛病，我們切不可以用這種不切實際的空詞。現在陸君竟拿這個實際上『最不普通的話，』來說他是『最通行的，受過中等教育的人，以為最優美的容易學的，』是不免給空名詞所蒙混了。受過中等教育的人究竟以為怎樣，陸君又這麽曉得呢？況且這個『最優美的，』未必就是『的確最優美的，』『以為最易學的，』未必就是『的確最易學的』。要曉得『易學不易學』的問題，和『有客觀標準沒有客觀標準』的問題，是很有關係的；有標準就容易學，因為照心理學上看來，學就是做成結合，要做成一種結合，先要明白這個結合是怎樣的；所以有標準的『北京本地人受過中等教育的所用的話』容易學，而沒有標準的『普通話』不容易學。

第四．陸君說『受過中等教育的人，多數承認普通話，他那寫出的白話文，也定是普通話，可以說普通話就是無形的標準話；我以為做這種無形的標準語已經通行多年，的確自然變遷的結果，所以簡單說我們的標準語不必再定，只要盡力推行使全國人個個能彀使用，就可以達到國語統一的目的，也未始不可。』這一段話也請分開來討論。第一點『受過中等教育的人，多數承認普通話；』大概就是說承認他做標準的話。請問怎樣曉得這種的人多數承認他？就是曉得，那麼這個話是各人所說不同的話，有時仍舊不能完全懂得，不能做標準的；并且多數人承認的不必定是不錯的，真理是不能單拿多數表決法來研究的。第二點『他那寫出的白話文，也定是普通話』一句話，想是說也定是普通話體文的話；這個普通話既經是沒有一定的，那麼自然無論什麼不寫出來都可以叫他普通話體文了。這種的語體文，陸君要去拿來統一語言，即使做去，也不過是叫全國兒童背不統一的白話文能了。但是背書的說話，是教不成的，否則我們也不必叫語體文了，祗要教全國的兒童去照文言說話好了。要說『你那裏來，』就說『君從何處來。』要說『就是這樣了嗎，』就說『如是而已乎。』這樣不是語言又統一言文又一致了嗎？可惜就是這個背書的說話是教不成的。兒童所需要的，第一是統一的語言，第二是照統一的語言寫的文字，並不是照不統一的語體文說的語言。語言究竟是個本體，文字不過是他的影像，叫影像去照本體是可以的，叫本體去照影像是不可以的。第三點『可以說普通話就是無形的標準語，已經通行多年，確是自然變遷的結果。』這兩句話也是似是而非的。為什麼呢？先問他所謂『自然變遷的結果，』究竟是一種怎樣的結果？實在是一種各人所說仍舊不同的結果，是彼此有時仍舊不能完全懂得的結果。這個結果，就可以因為他『自然變遷的』而作為標準嗎？這是硬把『自然變遷』的說法拉過來用了。再說所謂『無形的標準語，』那麼從上面所謂結果上看來，實在就是『無定的標準語』但是我們是要個『有形的標準語』『有定的標準語』去教統一的國語，單以為無形之中已經有了一個標準語，而並不去看看他是否能夠做標準語，那是不可靠的意思。第四點，陸君說『標準語不必再定，』這是和他前面所說『標準語是不必先定的』一句話自相矛盾的。『標準語不必再定，』明明是說已經定了，『標準語不必先定』是說還沒有定•究竟是已經定了，還是還沒有定，若是要把他的兩句話解釋得沒有矛盾，那麼似乎祇有說陸君的意思，實在並不是在不必先定或是不必再定，我們祇要拿這個大牌子的『普通話』做標準語，那麼不必先定也好，不必再定也好，否則我竟不能懂得他的意思•

第五•陸君又說『張君欲把北京方言做標準語，我怕未必能彀得多數的同情能！』這種事本來是不能必的，所以不能就拿他來做反對的理由的，況且多數未必就對，我早已說過•至於同情，那麼我們研究學術祇求理性不錯，不能顧到感情，否則祇好噤口不言了•我很曉得我的主張不免有人要反對的，不過我却不願人家來盲從我，反對而理由充足，那麼我情願給他折服的，贊成而理由不充足，那麼我也不情願受這個同情的•我以為我們研求眞理的態度應該這樣，不曉得陸君以為怎樣？

第六•陸君引用我『語言統一，不能像算術中一百等於一百，所以祇求說出來大家聽得懂就算達目的』的意思來做他的結論，并且承他說『眞是先得我心，』我很欣幸似很有和我同意的地方，我們兩人都是說祇求說出來大家都聽得懂就算達到目的•不過他以為『普通話』說出來大家都聽得懂，而我以為他不免太信仰這『普通』的名稱，而沒有細考他的實際•還有一點很緊要的，他也和我同意的；那就是他這篇文字裏頭開首就拿我的標準語定義去引證他所主張的不錯，實在就是承認我的標準語定義，不過他以為『普通話』就是我所說的『北京本地人受過中等教育的所用的話』，而我以為他也未免沒有細考『普通話』的實際而弄錯了。

二　主張混合語的

其一

劉孟晉

現在國語教育上陡起一個大問題，就是確定標準音的問題。這個問題，差不多在江蘇籌備國語統一會開會以前，就有些發動；大概是『統一國音速定國語標準音；以京音京語為標準音標準語』幾項。到了開會的時候，便有幾個人把他提出來了；同時本報上也發表張士一君講演『國語統一問題』的文字。這篇文字的結論，就是『把北京話作為標準語，把北京音作為標準音；隨後造字母，師範傳習，社會傳習』，並囑一班同志『都應該鼓吹，促人家猛醒！』隔了幾天，張君再發表對於拿京音京語做國音國語的標準的意見；又說『研究學術的人，實施教授的人，應該據理做去，竭力提倡！』最近我的同事易作霖君，也發表對於確定標準音問題的意見，見地差不多和張士一君是完全一致的。我對於這個問題，雖不敢有所主張，卻略有一些意見。這些意見，都是由於讀了張易二君

的文字發生出來的現在且寫在下面供大家討論討論，

現在標準音雖沒有公佈可是國音字典已為一般人所採用，因為他自身上有許多不能令人滿意的地方，所以纔會有改定標準音的反動。再有一層，就是起初傳習國音的人，未能正格的完全的使用國音，在這個已定而未公佈的國音當中，參雜了許多京音；因此學習的人便得了一個『似是而非的國音』或『似是而非的京音』的結果，這個結果也是令人懷疑國音的所在。我想注音字母，雖經過了『數百年之醞釀，百數十人之討論』纔能產生出來，現在還不免有些缺點，這正是一研究學術和實施教授的人』應負合謀修改的一件事，斷不能因為他發現了一些缺點，就說他是根本不能成立，便立刻推翻掉。譬如請了許多工人，建成一所房屋，所有光線，空氣，都沒有什麼窒礙，不過形式上稍有商量，并有點透雨；我們如感於這點小故，便主張把他完全改造，豈是道理？形式固然沒有一定的標準，你要這樣，他要那樣，以全國人數之多，自難趨於一致；透雨也只要修補一下，用不著大聲疾呼；換句話說：『著力只在修改上就是了，旁外是沒有什麼問題的。』

要說：『語言這個東西，是活的，他的標準不可用死的東西來定的，要用活的東西來定的，就是死書不能定活語，活語是要用活人來定的話；若是不用純粹的方言，而用混合不齊的普通話做標準，那祇好用死書來完了。」那麼『這個普通話的名稱，他所指的東西不能確定的；甲的普通話和乙的普通話是不同的，用的時候，還是有不能完全互相懂得的困難。』我以爲用一個地方上的方言，做統一全國語言的標準，自是一個說法；這個說法的長處，在能找出一個活的模範來，當然很有道理。不過理論上雖是如此說，實際上假定同時有兩個標準—如京音與國音—決定採用一個標準的時候，是先要懸揣大多數人的心理的，這個不能以理論爲本位，要以事實爲本位的。究竟大多數人對於所要採用的這個標準，感情怎樣？信仰怎麼？這是我們所要知道的。如果感情很好，也非常信仰，那是當然要採用這個，犧牲別個。現在各處傳佈注音字母和未經公佈之標準音—將來之國音，大有一日千里之勢，感情上不爲不好，信仰上也不爲不誠，那麼我們就不能推翻這個標準，去用那個標準。

要說那個標準有活模範在，我們可以直接模仿；這個是混合不齊的普通話，我們無所根據。我却不以爲然，因爲這個裏面有三種原因：

第一—音素（注音字母是可以用爲國發音學符號把他注定的）既然確定，標準音又依音素而產生，這是定標準音的一個方法；我們只要依標準音去讀，自然沒有讀不準的道理。

第二—標準音既是用各處混合的普通話定出來的，自然有大部分是合於各地方的；那麼各地方去讀標準音，當然要遷就一些，以期統一。

第三—他們言語的格律，自有他本來的基礎存在，用不著什麼模範；只要一方面把各字完全讀成國音，一方面拿這國音去合他們的舊格律，一時自然不能十分純熟，漸漸地習變過來，自有必然順利的一天。

確定音素，要準乎全國的大部分定的。雖然「語音的完備不完備，不比造屋一樣，少去了一磚一石，便殘缺不完的；」但是全國大部分既然有了這個音素，必要把他滅絕，去遷就那個小部分，究竟對不對呢？

現在的國音字典，我很承認有許多急需改正的地方，因為有好些不合大多數地方的音，參雜在裏面；這些不合大多數地方的字音，我們還要求改正，那麼一旦把他推翻，去採那個一地方的方言來做標準，就是已往的一概犧牲罷，但困難又是怎樣呢？『中國北京本地人受過中等教育的語言作為標準話，』這話聽來實在好，資格實在老，實在是一個很好的活模範；但是能當得這個標準資格人有多少？怎麼使得全國一大羣的人去學習？理想上的京音，是完全一致的；實際上的京音，以本城內部而論，居住東門人的音，和居住西門人的音不同，居住南門人的音，和居住北門人的音不同，『冊字有讀ㄘㄜ去聲。有讀ㄔㄞ上聲，黑字有讀ㄏㄜ去聲，有讀ㄏㄟ陰平』就是一個好例；這是因爲北京地方的音，不是純粹爲北京人的地域，實在是各省區人民雜湊的地域，這種雜混的語言，無論他本身上能不能統一，卽是起初到北京去的人，也辨不去誰是眞正的京音，誰是冒牌的京音，習久下來，稍能辨別一下；但是他們的困難，正和我們起初聽着非純粹京音非純粹國音的說話，很難辨別他是京音還是國音一樣。所以我說實際上的北京音，非常煩雜，不能確定爲標準音。要最純粹的地方土音做活模範，只有到極鄉僻的地方去找；五方雜居的北京，是找不得的。然而我們竟去找那鄉僻地方的方言做活模範，豈不笨極？況且『語言根據本能，經驗，歷史，而成功的，不能用政治手腕去改造』又誰有專制的能力，去强制一般人執行？照這樣說來，也是不可通的了。

『語言這個東西，是一個有機體。逐漸逐漸在那裏改變的，』這話很對，自然沒人有阻止活語不變的力量。但是『北京語五十年一百年之後有了改變，』而那各地傳習的北京語還沒有普及，究竟要不要再改呢？不再改又怎麼講統一呢？因此由將來迴顧現在，由現在顧慮將來，這標準語又怎麼定呢？我的意思，現在注音字母和國音的本身上，只需小部分不改正，就現在已做的一成績，把他漸漸推廣下去，自然很順利。言語的格律，既有現成的活模範在，是再好沒有，何必他求？比方「你是上海人」一句話。各地方有各地方的格律。自然不比讀英文和唱歌；我們的希望，只要一般人把這五個字完全讀成國音便是。雖然一時做不到，若干歲月之後，一定可以做得到的。張士一君主張的標準語，不但使全國的人改了京音京語，並且各人的心理也要改變，一一去說那一類的「取燈兒，」「耗子，」我說眞是不對；我們望文生義，「取燈兒」自然是把燈兒取過來，怎麼說到火柴上去？「耗子」更沒意思，難道專門消耗的東西，就是老鼠一樣嗎？別的詞好不好，我且不問，這兩個詞，我敢大膽說一句「不通！」不用說沒得充分理由，國音不必根本上推翻；就是要根本上推翻也不妨；要是推翻了，改用這種「用詞很特別」的話，我們不管他再是什麼好的活模範，也是不歡迎的。雖說「這也不打緊。北京人怎麼說，我們也怎麼說；」我以為張君一個人是可以這樣做的，強中國四萬萬人，除去北京一小部分——也都這樣來演，人數那麼衆，事實上可以辦得到罷？恐怕非請專制魔王強制執行不可罷！

張君說「把各地方言改變一部分，混合起來，成一種統一語，理論看似很好，實際上還是不行。試問有什麼標準去改變各地的方言？有什麼勢力去強制各地土著改變去有歷史關係的一種方言？』這正是我要反過來提出問張君的。各地方改變一部分方言去還就國音，既是很難，然而完全改變去學習北京方言其難度比較如何？有什麼方法去使他容易？我們腦子裏已經有了國音的影子，雖然因為經過的時間不多，容有幾分不合；但是一旦完全改成京音，不論舍此就彼，已成之功完全犧牲，而其不合之度又是何如？我想有這種觀念的人一定很多，這是因為國音已有了幾分基礎的原因，要犧牲這幾分的基礎也可以，但是除已說的理由不能成立之外，還要提出真的道理來，假如用京音一方面只唱採便足以統一國音的高論，他方面並不就事實上考究得失，辨別難易，權衡非是，這個高論再玄妙，再新穎，我不敢信！

張君是研究語音學最深的人，『照語音學上講，一個字母祇代表一個音，一個音僅有一個字母代表，』自然很反對注音字母。張君口頭還對人說，要依這個原則，造成很多的字母。我說這個儘可不必造的字母多了，人沒有許多工夫去記憶；讀一個字記憶兩個字，其難較識兩個文字少多少？況且字母多了，自然不便記憶，自然有人把漢字去注釋他；這樣去展轉的注，字母的功能，便可想見。至於現在的注音字母形的方面，我前面已經說過，是沒有什麼一定的格式的；就是『相似的字母容易纏誤，兒童更能辨認，用點記出四聲，不惹人注意，容易誤認為汚點；』這也不必顧慮，相似的字毋，不僅中國是這樣，英日又何嘗不是這樣！只要我們實際教學的人，不覺得感什麼困難就是了。如有人再造出一種更好的來，自然很歡迎！要說記出四聲容易使人誤認為污點，又何妨呢？

『學習一種語言，至少要三五年的訓練，』這話或者是合理的。但是我一個人走到北京社會裏去，學習起來，自然是很容易的。假如從北京社會裏請出一位教師，到我別一個社會裏來，那他教下來的結果是怎麼樣呢？恐怕教師本身的語言也要受一些影響了。然則從北京社會裏學回來的人，自然更加要變了，這都是事實上可以證明的，不是專講理論所能奏功的呀！况且福建，廣東，浙江，安徽和江蘇的一部分，這些東南沿海各省的地方，已是和國音相若很多；但還能受他鄰近地方的影響，漸漸可以改變過來；如再把北京話做他的準標，恐怕北京語學成了功，北京話的本身到又變了。附近的語模範，還可潛移默化，漸漸地轉變過來；這種遠距若千千重的活模範，怎麼教他學成功？這倒也是一個困難呢！我們鼓吹一種理論，最忌的是不顧事實，事實是有時可以不顧的，但是這個問題不顧事實，就簡直不成問題了。所以我前面說：『强全國以服從，自是一個法子，』可是現在已經不適用了。

『現在教人的人音不準，』這是一個事實。教學的人既無修練的工夫，發的音自然不準；但豈是國音本身上的不是呢？『一兩禮拜，三五個月，就畢業了，』這事太鄭重，我們儘可反對，但也無須涉及他的本身。『小孩子見著注音字母在漢字旁邊以爲奇怪，』這也是一個事實；但是我要問，這奇怪有什麼要緊？比較『取燈兒』『耗子』教小孩子的奇怪，又是怎麼樣呢？在稍識文字的人學習注音字母，把文字去注字母，雖不免有『不是注音，簡直音注，』的不是；但這種事實是一時的，其數亦有期；他明白了，斷不會永久如此，是無須顧慮的。況且初入學的小孩子，先把注音字母教學他，有許多的興趣和好處，此處不必細表，但也是研究注音字母的人所不可不知的。

張君因反對已定未佈之國音，便連類而及於注音字母。『那標準語既沒有定出，注音字母無從注音，注音字母就失了效了。』我的意見却不如此，音素是可注任何字的，難道除了國語，其餘都不可注麼？要曉得小孩子從前有許多的字因爲反切不明，不能得一個正確的音，現在這個困難很容易解決了。國人對於注音字母的傳習，非常奮勇，也許有這種意味在裏面。所以有人說：『注音字母祇能作改良反切的一種工具，不能代表國語，』是很不錯的。試問張君對人主張一字注一音的字母，能不能有這樣的效能？『拿前淸的一本音韻闡微做藍本，定出注音字母來，什麼國語國音都是冒牌。』這倒不算得什麼希罕！我們現在不問冒牌不冒牌，冒牌就怕完全不適用，或者比較的不適用，如果是完全的適用，或是比較的適用，我們當然歡迎牌子無論怎麼正大，如果實在不適用，我們當然要反對•那歡迎與反對，全是客觀的，他本身上是毫無能力去干涉的•國音雖未經教育部公佈，只要大家歡迎，也沒什麼不可用的•無論那一種出貨，既然有人歡迎，總需力求改良；改良好了，自然牌子會正大的•如今沒有國音字典，會音字典也傳佈得很廣咧！

總之只問能不能適用於大多數的地方，能適用於大多數人—都容易懂都能學，便有標準音的資格•要抱著拿一小區域做活模範，理論上固然不成立，事實上也做不到•現在的國音，已有了小小的一個基礎，已與教育界結成了若干之感情，只要從事修改，使他日趨完善；幷不用著大厥詞，把他根本推翻！

其二

陸基

張君士一演講的國語統一問題一篇；論議旨趣，大半跟我們所研究的，沒有什麼不同的地方；只是入手的辦法，進行的程序，稍微有一點歧異罷了•他所主張的辦法……

（一）定標準語•（二）定標準音•（三）造字母•（四）師範傳習•（五）社會傳習•

我先把對於第一項標準語的意見，略述如下：

張君的標準語定義：『中華民國北京本地人受過中等教育的語言，作為標準語。』又說：『現行的普通話，就是各地人聚在京師，改變各自方言的一部底結果，沒有標準可定，故沒有標準語的資格。』張君的定義，既然如是，那麽我們的主張，就並不錯誤了。何以見得呢？因為北京本地人的方言，本來很不普通，及到受過中等教育之後，他們與各地人聚在京師的接交日多，就把那北京的本地方言，改變了一部分；他所說的語言，就是現行的普通語。他的內容，文話也有，新名詞也有，可見已經不得純粹的北京方言了。張君既然認定這種語言是很好的，可以采取的，我們也以為是很好的，可以采取的，不過名目上稍微兩樣一點。我還記得六年分，教育部派陳僉事懋治到日本去，調查日本統一國語的經過；他們的教育家也說：『宜就貴國現在適用之官話，整理出一種語法來。』又日本文部省國語調查會補助委員保科孝一氏也說道：『貴國官話，實係一種普通語，且極有權威，惜未普及於一般人民；今為國民教育計，自以用官話為宜。』他們所稱的『官話』，就是我們現在采取的普通話，也就是北京中流以上的人所說的語言；照這樣看起來，現行的普通話可以說得有標準語的資格。現在教育部國語統一籌備會會員黎君錦熙沈君頤已經把普通語法，整理出來了，定名叫國語文法表解草案，但是不能就定為標準語；因為標準語，是不必先定的。這個理由，胡君適之早已說過。見新青年四卷四號建設的文學革命論，及新教育三卷一期國語標準與國語。這兩篇文字，都是說這標準的國語，不必就定的緣故，引證極多，我可以不再說了。鄙見如是，不知道張君以爲怎樣？

第一個問題，張君如果不以我言爲非；請再把第二項標準音討論一下：

我們主張采用普通語爲國語，既如上節所述；標準音與普通語，自然有聯帶的關係，一定要采用最普通的音了。爲什麼不就用京音呢？因爲京音也有讀音和俗音的分別：例如

黑字京音 { 讀音作ㄏㄜ去聲 / 俗音作ㄏㄟ陰平 }　國音讀作ㄏㄜ入聲

冊字京音 { 讀音作ㄘㄜ去聲 / 俗音作ㄔㄞ上聲 }　國音讀作ㄘㄜ入聲

諸如此類，可見國音和北京人讀書的音，本來是大同小異，大家聽得懂的；至於京話中的俗音，就恐怕不能夠都懂了。若如張君所說：『語言須口授的，不可照書本讀的，要讀音統一有什麼用？』這句話，我實在不敢贊成。要叫國語眞正統一，那麼讀音的統一，實在是根本問題。第二，言文統一爲目的，

要叫紙上寫的就是口中說的，所以統一讀音，就是統一語音，只要能把文字做練習語言的工具。那麼讀音統一了，語音也自然統一了。第二語音固然要憑著口授；但是各人的口音不同，若是一點沒有憑藉，請問是不是聽各人把自己的音做標準？那還講什麼統一呢！既然要整齊那參差不同的口音，除掉把文字的讀音整齊一下，請問還有什麼好方法可以作整齊口音的工具呢？這兩層就是當初讀音統一會開會的宗旨。張君不曾知道當初的歷史，以為讀音是一件事，所以就不免誤會了。還有一層，國音的範圍很大，其中固然有一大部分包含京音，再有一小部分，包含着黃河流域，最多數，

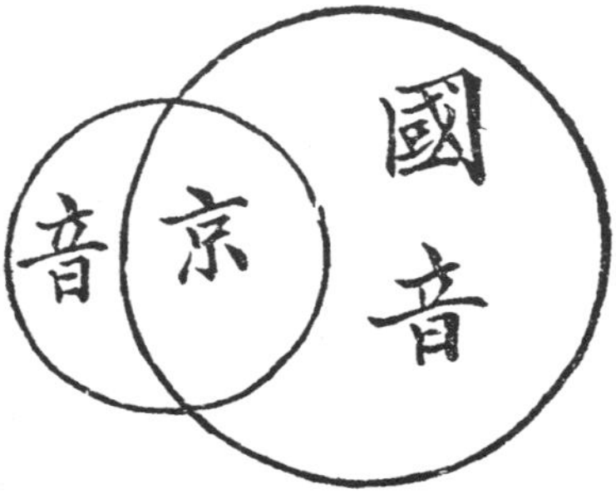

最流行，占地最廣的普通音，也可以叫做北音。內容的比例，略如上圖：

讀音統一會公决的音，大半以普通音爲主。不過中間兼有一部分采用古音，不甚通行的。現在教育部國語統一籌備會，委托審音委員會委員，汪子怡錢君玄同黎君錦暉等，公同把國音字典，詳細修正，一律采用最多數最流行的普通音。這部修正國音字典出版頒布之後，那麽國音的標準，就可以有所依據了。請張君少緩須臾，等修正的國音出來，如有不對的地方，儘管糾正就是了。

總而言之：我們現在所希望的，就是語體文的普及；使兒童容易懂，容易學，把學習國文的工夫，減省一點出來，去研究有用的科學，這是改國文爲國語的主旨。至於讀音的準不準，我以爲暫且不必苛求，因爲國語統一的問題，很大很大，必須要等將來教育普及之後，才可以有一點希望，不是現在馬上可以辦得到的。張君所說：『語言只有自然的變遷，决沒有人造的變遷，可以强制執行的，』這句話眞是確論。但是張君要把北京方言做標準語，未免有人造的强制執行的痕迹，我以爲大可不必。因爲我國的語言，最通行的，受過中等教育的人，以爲最優美的，容易學的，不是北京話，是普通話。國家固然沒有確定什麽話是標準語，但是受過中等教育的人，多數承認普通話；他那寫出的白話文，也定是普通話；可以說普通話就是無形的標準語。我以爲這種無形的標準語，已經通行多年，的確是自然變遷的結果。所以簡單說：『我們的標準語不必再定，只要盡力推行，使全國人個個能彀使用，就可以達到國語統一的目的，也未始不可。』張君要把北京方言做標準語，我怕未必能彀得多數的同情罷！張君又說道：『合全國人說起來，沒有語言上的聽不懂，就算達到國語統一的目的；有的人主張要全國人說出來完全一般無二，這是做不到，幷且不必的，因為語言的統一，不能像算術中『一百等於一百』，所以只求說來大家聽得懂，就算達到目的。』幾句話，真是先得我心。我所以特地提出來，作為我的結論，還以質諸張君。幷且要請閱者諸君下一個批評，那是我所很盼望的！

其三

何仲英

我對於國語國音的具體意見，寫在下面：

一方面竭力推廣似是而非的京語——即普通語——為縱的發展，地方愈廣愈好，使用的人愈多愈好。儘量的自由的聽人各用其所謂普通語，一時之間，儘管同一字義而字形歧出，並不要緊，到後來，勢力大者，自然擴充；勢力小者，自然消滅；證之語言進化公例，大概這樣。

一方面傳習京語，除國家地方特設永久機關培養教授人才外，各學校應於教師中選擇能京語的，酌量時間，教授學生京語，分學生語言程度為兩三級，畢業期限，儘管不同。至於師範學校，尤當列爲主科，聘請專門教員專司或兼司其事。

一方面：國語統一調查會內，應該定全國方言調查條例及表式，頒發各省各縣籌備會，委託調查，不論屬何詞性，以詳備爲主。還有有音無字的詞及語尾語氣等，概拿音標來表明他；等到各地彙齊，再作總表。然後依調查總表，就各詞類及成語中選其流行較廣及接近文言的定爲標準詞類。標準詞類既定，標準語就不難定了。這是長久的計劃，但決不是一時能彀辦到。

一方面暫時救濟的方法：

（1）拿京語做個大底子，介連助歎四種詞類，概用京語，毫無疑義；代名詞形容詞副詞及其語尾，亦可用京語；惟名詞及動詞，有許多詞類，稍嫌特別，不得不酌采別地方言的供獻，取其接近文言，易於明了者爲準。

介詞如：給，到，望著，拏，跟，趁，替，對，同，由，照，依，被，比，過，這些詞。

連詞如：和，并且，不過，就是，順便，說到，只有，與其……索性，到底……呢，到底……呢，還是……呢，還是……呢，既經……何苦，起先……後來……頂到現在，並不是……實在是，難道……就是，什麼緣故呢，恰巧，剛要，簡直，好像，越發……越發，倘或……那麼，只要……自然，若然……也就，明知……只好，這些詞。

助詞如：麽，呢，罷，了，咧（哩），的，哪，不成，沒有，啊，呀，吓，哇，看，這些詞。

歎詞如：哈哈，呵呵，呸，咄，啐，哼，哎喲，噯，啊呀，喂，這些詞。

代名詞如：我，咱，你，您，這個，那個，這樣，那樣，這些，那些，或者，有的，誰，什麽，這些詞。

形容詞如：許多，好些，一點兒，一種，兩種，三倍，幾回，明明白白，三三兩兩，這些詞。

副詞如：很，甚，極，如今，立刻，隨卽，近來，當初，剛纔，好久，到底，時時，儘管，特地，另行，好生，故意，更加，尤其，好不，格外，越發越可以，好容易，差不多，究竟，爲什麽，通共，一齊，簡單，一方面，兩下裏，怎樣，幾乎，只怕，也許，容或，幸虧，這些詞。

以上皆可用純粹京語爲標準語的。

名詞的固有名詞（卽代表特種事物名稱的詞）於京語不京語，無甚關係；惟普通名詞和抽象名詞（卽表示事物的性質狀態與動作的）殊不一致，須加商酌。

動詞的同動詞，如有，無，在，爲，叫做，像，似；助動詞如能，會，能彀，打算，應該，理應，必定，不得不，這些詞，皆可用京語。惟自動詞他動詞所用的詞，京語未見得完全明瞭，亦須加商酌的。

略舉例如左：

標準語	京語	方言	文言
?	寃桶；寃大頭。	儍子；老戇。(天津)瘟生；書頭；阿木林；戇大；土頭土腦。(上海)獃子。(揚州)(瓦老爺。(蘇州)	鄉愚
?	沒有樂兒	蹩腳；癟三；拆老；鴨矢臭。(上海)	落魄
?	混混	光棍(杭州)青皮(揚州)拆梢(上海)	無業之人
?	毛	角(江蘇)毫(廣東)	小洋
?	瞎撩	嚼咀(揚州)瞎三話四(上海)	妄語
?	溜達；遛灣兒。	兜圈子(上海)逛逛(揚州)	散步
?	別(不要省稱)	弗要(蘇州)	無須
?	琉璃蛋	滑頭(上海)	圓滑之人
?	開頑笑；開著頑兒。	白相(上海)頑頑(揚州)	遊戲
?	裝糊塗；裝著頑兒。	呀呀糊；馬馬虎虎。(上海)糊裏糊塗；昏天瞎地。(揚州)	糊塗
?	搭架子	拆爛汚；像煞有介事(上海)	裝腔作勢

我之爲要解决這個疑難，只有取其較明瞭的一法，不能限定京語。

(2)表示特別情態有應用死語及方言和方言的諺語之必要時，儘管應用。

(3)合於訓詁而通行的方言，如呼腰就是喓腰，歡門就是和門，鞔在鼓裏就是謾在兜裏，打飯就是炊飯，打卦就是貞卦，打聽就是偵聽，可以作標準語的。還有如狀物之短的稱爲短𡰪𡰪，或禿簇簇；狀物之圓的稱爲圓溜溜，或圓杲盧都；狀物之大的，常帶個「馬」字，如山東叫大棗爲馬棗，廣東叫大豆爲馬豆，通言叫大蟻爲馬蟻，似乎這些詞，也有入標準語的價值的。

總之詞類沒有標準，標準語無從定起，定亦徒然。我們現在當搜羅詞類，多多發表意見，供編輯國語詞典者的參考；一面我們說話的時候，應當避去土詞僻語，大部份採用京語，小部份斟酌應用：這是統一國語的第一步。編輯國語會話讀本的人以及敎授國語的人，也該明白這個意思。倘若明白這個意思，說北京語爲標準語可，說普通話爲標準語亦可，名義上有何爭執呢？

其四　黎錦熙

鄙人在杭，臥病月餘；回上海以後，各處講演，如萬不能辭，也只以半小時爲限。所以今天祇能約略報告此次南來考察國語敎育的感想。在這感想裏邊，提出一件大一點的問題，就是江南一帶，於國音之外忽又發見一面「京音」的旗幟，這是很可怪異的事情。我且將此事的經過，就所見聞，一一道來。

今年夏間，高師的「張士一」先生到了北京，曾提起這個「京音問題」。當時我就對他說，「取法乎上，僅得其中；南人摹倣京腔，多只能學成一種藍靑官話，若是取法乎藍靑官話，那還成一種甚麼腔調呢？」這段話我昨天會了他的時候，他還談及。本來民國二年所開的讀音統一會，顧名思義，不過是統一讀書的字音。現在是把他作爲國語體文的標準音。若是要練習口頭上的活國語，誰不知道要選擇一個活地方的活人來作客觀的活標準？這種活標準當然是「活北京人」。試看各處國語講習所所敎的「會話」，誰不是摹倣「京腔」？但是學幾個月的京腔，學不會，變成了一口的藍靑官話；這種藍靑官話，只要大家能夠通詞達意，也就算是國語了。難道要逼肖北京人的說話才算是國語，藍靑官話就要排斥爲外國語嗎？須知國語的標準是很嚴的，國語的範圍是很寬的。範圍放寬，全國的人便覺得容易學，容易統一。標準立定，大家才好摹倣一種腔調，才能夠說出一種「漂亮話」。現在事實上已經把「京腔」放在這個位置上了。只要南方人大家願意去摹倣他。

我此次南來，動身的時候，有朋友對我說，「你要趕快到南京去，他們南高師極力在那傳播京音。」說：「你好呵！江南人能犧牲他們自己的方音，而服從北京音，豈不是國語統一的好消息嗎？」及至到了杭州，害了病，許久沒有看報，有一天，一個朋友來說，「南高師京音的主張，大擴張起來了。各縣小學的京音教員，常常的和國音教員發生衝突。」我聽了很為詫異，就問他道，「南高師主張『京音』，是南京的音嗎？」他說「不是！是北京音。」我更詫異：怎麼北京音會和國音發生衝突呢？原來民國二年讀音統一會所以打架的緣故，就是因為通過的注音字母三十九，和六千多字的國音，都是以北音為標準；所以南方各省的會員，多半氣憤憤的，說照此說話，豈不是使我們家人父子之間，不能通詞達意嗎？因之延擱了七八年之久。現在依舊案頒布，正是北京音占了優勝。當時不敢說他是北京音，就是因為怕江南人的反對。現在江南人自己服從了京音，就是服從讀音統一會舊案，就是奉行國音。何以反和國音發生衝突呢？難這他們另是一種「本店自製的京音」嗎？過了幾天，我的病好了，打算回上海來。忽又聽見朋友說，「上海的全國教育會聯合會，擬定北京音為標準音議案通過了。」我想北京音在事實上早已成了標準音，何以又要重行通過？到了上海，就向省教育會討了這個議案的原文一看，他那大會通過的案上，加了一句修正的文字，說是「請大部廣徵各方之意見，……照此旨修正國音字典，即行頒布。」我想現在國語統一籌備會，就是在那裏廣徵意見，從事修正。這倒不成問題。後來又聽見常州的全省師範附屬小學校聯合會議，也把這議案通過了一番；我想這種「陳陳相因」的話，何以值得這樣的「鄭重?」漸漸的各方面又來報告，說：是某縣的小學，京音教員和國音教員相打，把勸學所的大菜檯子推翻了。某縣開一個甚麼國語會，也是京國兩音的教員相打，縣知事出來作揖勸解，某鄉的小孩子，兄弟兩人在一個學校裏，各人學了一種國音，回家溫課，很有幾個字的音不一致。他們的家長大疑惑起來，去質問校長先生，校長先生只好說「都不錯！都不錯！」我聽了這些報告，真是大疑惑起來，便趕快來到南京。

到了南京，就向高師出發，拜會張士一先生，談了大半天，昨天又和他，還有幾位先生一塊兒談了半天一晚。我起首就和他「打開窗子說亮話」：「先生所主張的目的和方法，在理論方面，我向來是完全同意。不過在實行方面，行政上的手續，是不能照你這樣辦的；可是也還容易商量。但外邊的情形如此，請問先生：你這裏是否要另豎一面『京旗?』」張先生再三相告，「我們完全是研究的態度，完全是主張用科學的方法，決無另豎『京旗』之意。如外邊有以此懷疑的，必須大家解釋，萬不可生此誤會」我聽了這話，才知道學理上的主張，是顧不到事勢上的變幻的。所以今日我和諸君談談，就是要說明這國語內容的大範圍。從這大範圍中，看明白這京音和國音不同的問題，不過占了一個很小的部分．只要幾點鐘就可以解决的．爲甚麽一般人要把這小問題鬧得這樣大？我眞不知其意之所在了！

未說正文以前，我還要預先聲明一句話：我以後所引的例，所駁的話，絕對不是指定某人和某文章．不過覺得社會上總不免有盲從瞎說的人，並不知道京語京音是什麽東西，也要張開嘴來主張京語京音，反對國語國音．如有這種人，我們要認定他的學理是假托的，他並沒有在京語京音的實際上去做工夫，只是打着一面「旗」罷了．

國語的大範圍是包含聲韻詞類語法三部分的．我想諸君一定聽人家說過：語言這樣東西，是先要有客觀的標準，然後可以作部分的分析，那是自然．現在的國語，又何嘗沒有客觀的標準呢？他的標準，原來有一個廣汎的區域；從東三省，黃河流域六省，江蘇安徽的北部，一直往西南，包括湖北四川雲貴廣西等地，占了全國五分之四的面積，大致都是官話系統．他們的普通話，只要除開土音，和有音無字的土話，大致是可以彼此互相了解的．所以爲統一的便利，計定爲國語的大區域．可是這樣大的區域，自然要指定一處地方作代表，學國語的，才有一個目標，這就是所謂「活標準」．現在的國語，是拿甚麽地方做代表呢？自然就是北京．因爲北京的普通話，就是這個大區域通行的官話的混合體說到這裏，必有人以混合語是靠不住的，一定要北京的純粹方言，才可算數。這話全然不對。北京語所以有價值，就是因爲他是混合語。混合的成分漸漸的用得純熟了，自然起了化合作用了。這種語言，才有作標準的價值。至於他的純粹方言，（就是土話）僅僅保留在一般不交通而沒有受過教育人的口裏，難道也可以算數嗎？就依張士一先生所定的資格，是受過中等教育的北京本地人。本地人固然要緊，因爲他處人在北京說的京話，總怕帶有幾、藍靑官話的臭味；我們是不能「取法乎中」的。可是受過中等教育這項資格，尤其要緊。並且還要加上一個條件，就是「在交際時講學時等所用的普通話。」何以呢？我住在北京很久了，和合於這種資格的人熟識的很多。深知他們說話，是可以分爲兩種的。一種就是講學時交際時所用的話，一種是對他們家裏的廚子，老媽子，街上的洋車夫所用的話。前一種，是他們的普通話。——要注意，並不是專對南方人用的。——後一種是他們自認爲土話，自願淘汰的。我們要定客觀標準，不能不按照這些條件，嚴加選擇。

客觀的標準定了。再按科學的方法分析起來，實證起來。我且照我所分的三大部分，列一個圖來：

「大區域

「（一）聲韻（字音）（與京音不同者百分之五）

國語（北部中部西南的官話區）
（標準語）— 代表語（北京受過中等教育的人交際講學所用之普通話）
- 一 國音 —（2）腔調（高低長短輕重—五聲）（可以全用京腔）
- 二 詞類　普通話中大致統一。
- 三 語法　向來統一，不成問題。

先從後兩項說起。詞類在中國語言中，是最複雜的；但是限於土語。若是就現在通行的白話文告，通俗講稿，語體小說，和各省人士互相交接的普通話，仔細考察起來，却是沒有大相差異的詞類。現在不懂北京話的「京旗派」硬說北京的普通話，和現在語體文中所用的詞類不同。那知道他自己只學得北京一兩句土話，就這樣的武斷。即如現在大家打筆墨官司常舉一個例，就是「老鼠」同「耗子」。就語言的本質看來，這兩個詞本來沒有甚麼優劣可分，不過要問「活標準人」常用的是那一個？他若說「都常用」，那就要問他「你願意選擇那一個做標準呢？」我就敢代表全體合資格的北京人，說一句硬話，「我願意要老鼠，不願意要耗子。」假若南京人一定要「矜奇主異」，選擇了「耗子」做了標準詞，傳習起來，不到十幾年，北京的教育普及了，「耗子」漸漸的少聽見了。假使一個南京人到了北京，向他們說「耗子，」他們也許瞠目結舌，不知所云，知道的也要說「我們這裏沒有耗子了，耗子都跑到南京去了。」所以標準詞類，只要認定北京的普通話，不故意挑選他們的土話，總是大官話區域的人所能互相理解的。

至於語法就是語句的組織在土話中，紛亂的程度，比詞類低得多。例如疑問語「是不是？」蘇滬一帶的組織法便不相同，他們不用否定詞，用一個疑問助詞「阿」字裝在上面作「阿是？」但是這種差異並不甚多。若是在北京選定標準語，也要注意拿定普通話，不可故意挑選「有音無字」的土話。北京的土話和「初民時代」語言初發生時情狀，約略相同。連詞介詞等是很少的，有時往往拿最發達的感歎詞來代用。例如「這個茶碗很好，可是太貴，」他們多不知道用轉接連詞，常說，「這個茶碗很好。厂ㄜ！太貴！」說這話時，他並毫無驚歎表情的意味，只是拿一個「厂ㄜ」的聲音來代替「可是」罷了。有一天我和一位朋友雇人力車，還價太少；車夫說，「五個子兒好？」我的朋友便坐在車上上了車夫在旁楞着。我問朋友說，「他不拉，你怎麼坐上去呢？」他說，「他不是說『好』嗎？」諸君聽來，這個「好」字，究竟是甚麼意思？乃是決絕之詞，全不是好字的本意了。總之北京普通話所用的語法和語助詞，是完全能彀用漢字寫在紙上的，大官話區域的人看了聽了，都是容易懂得的。這種詞類和語法，既能普及，又能提高。怎麼樣提高呢？即如這幾年來通行的新名詞，雖然多半是東洋貨，可是語文一致，意義也比較的正確些。「取消」「手續」「困難」……等等，就是車夫也多能「脫口而出」，不過有些用得「不合程式」罷了。利用了這種能普及又能提高的語言趨勢，於國語統一，敎育普及，是大有利益的，爲什麼要排斥他，說是主觀的臆造的呢？語言原來是有同化力的。東洋貨且可以參入本國南方的流行話，近文的幾個雅詞，自然的參入北京話中，爲什麼就說他是死的不是活的呢？

總而言之：標準語和現在通行的語體文，其中詞類和語法，決無兩樣。不過寫在紙上，往往要求簡明，便失了活氣。即以練習口語，凡音調的高低長短，語勢的抑揚頓挫，是一定要請敎「活標準人」的，不是對着書本所能學得好的。於是就要說到這表的第一部國音來了。

說到這裏，我要插一段故事在中間講講。我此次由杭州回到上海，有一位同鄉朋友，恰好從日本回來。見了面，他劈頭就責問我，「你們敎育部爲什麼這樣的糊塗？」我問是什麼事。他說，「聽說你們定的國音字典裏面的字音，全國沒有一個人能讀得出來！」我說，「這是什麼話？你讀不出來，找一個北京人就讀出來了。」他說，「不對！我是主張以北京音爲標準音的。國音與北京音不合，所以應該反對。」我就問是那些不合。他說，「我也不認得什麼注音字母，也不知道什麼是北京音。總而言之，「北京音是要作標準音的國音是不對的。」我就告訴他，「北京音是否應作標準音，是另一問題。只是你自己已經明白你滿口還是我們的家鄉話，對於國音京音都不知道，何以又知道他們「不合」呢？老實對你說罷：「國音就是京音，只有百分之幾分不相同呀！」他說，「我不相信。還須證明。」恰好有一位北京朋友在座。我就拿一本國音字典給他看。可是他又不認得注音字母，沒有辦法。我就想到書坊裏有新製的國音機片，便邀了這兩位朋友，同到中華書局一聽。聽了一片會話，這位北京朋友就問「這就是國音嗎？」我說，「不錯。並且是我審定的國音。這位王先生也就是完全照國音字典的音唱的。」他說「原來國音就是我們北京人的話，我們眞叨光得很！可是這位王先生說話，有幾個字的音，還是照着我們讀書的字音，他說的『我』字，和我們所說的是差一點兒，大約這是國音和京音不同的地方罷！」我便問我那一位同鄉，「你聽了他的話，覺得怎麽樣？」他說「不是有一個『我』字不對嗎？一個字不對，也是不行的。」我只好對他說句笑話：「原來你所反對的就是一個『我』字？那就好辦了。你不說這個『我』字就是了。沒有『我』就沒有問題了。」

所以說到國音，又要分爲兩部：第一是聲韻，就是用字母所注的字音；第二是腔調，就是陰陽平上去入五聲的讀法。國音和京音不同的，只有一小部分的字音；五聲在事實上早已成爲「北京化」

了。待我分別說來。

第一，國音的聲韻　國音的聲韻和北京音究有什麽不同的地方？試將國音字典所注的音，和京音字彙對照檢查起來，只有百分之六或七的字音不同。但是國音字典還有錯誤，（現正修訂）京音字彙也還有些音與京音的實際不符。若是正確的比較統計起來，我預料只有百分之五不能相合；而百分之九十五，是國音和京音一致的。這百分之五爲甚麽不盡改從京音呢？第一，因爲這些字的京音也不是一樣的。他們有說話的土音，有讀書的正音。他們自己覺得土音「不足爲訓」，所以這百分之五的字，多半是採用了他們固有的讀音，並不是從別的方音中挑選來的，也不是拘泥舊韻書，更不是讀音統一會會員自己創造的。第二，在屬於韻書的入聲各字中，北京音實在變動得太麻煩了。强全國的人照他們讀，未免苦人所難。例如陸軍部的陸讀「ㄌㄨ」，六個人的六讀「ㄌ一ㄡ」，綠顏色的綠讀「ㄌㄩ」，落花生的落讀「ㄌㄛ」，落下來的落讀「ㄌㄠ」，可樂呀的樂讀「ㄌㄜ」；這六個音在蘇滬一帶只是一個音（ㄌㄨ）。在北京便有這許多的分別。他那一個同義的落字要讀成兩個音，尤覺無理。所以國音便按着北京讀書的字音，並預揣他們變遷混合的趨勢，將陸，六，綠，都定爲「ㄌㄨ」，落與樂都定爲「ㄌㄛ」。在北京人並不覺得不便，而在全國大多數地方傳習國音，便減少了許多麻煩，許多障礙。——這就是國音中有百分之五的字音和京音不同的原因。

第二，國音的腔調（五聲） 現在一般人說國音和京音不同，往往牽及五聲，實在是一個大誤會。須知教育部向來沒有規定甚麼地方的五聲為國音中五聲的標準。前年與注音字母一塊兒公布的五聲點法，乃是點聲的符號，並不是讀五聲的標準。符號是懸虛的；實際上的讀法究竟怎樣？並無明令規定。傳習國音的人，愛讀甚麼地方的五聲，便讀甚麼地方的五聲。保存本地的五聲七聲八聲也好，完全依照北京的四聲也好。因為現在的國音，只管習韻，是「粗枝大葉」的統一；五聲乃語音的腔調，說到腔調，實在還管不着。現在事實上即大家摹倣京腔，大家依著北京的五聲來讀國音，那麼國音的五聲，就可以說是以北京為標準了。還有甚麼問題呢？——我此次審定的國音留聲機片，第六課的五聲，便是完全以北京為標準的。——但是有人疑惑，以為北京沒有入聲，國音明明規定了一個入聲點號，豈不就是兩者不相同的處所嗎？這話真是又說回來了。入聲點號原是一個懸虛的符號，國音中不是一定要用他。試看濁音符號，也是一塊兒公布的，國音中又何嘗用得着呢？只要你的字音是按着國音讀的，便依北京的四聲，只點平上去不點入，也是你的自由。——可是一般人因爲國音字典沒有點聲，大感不便；將來改定體例，不免在注音字母之上還要加點四聲。到那時候，入聲的字縱然讀不出來，也不能點在別的聲上去，這種自由，恐怕要剝奪了。（國音機片內第六課，也排着入聲的字，可是很少讀入聲的音，不過把去聲讀得快一點兒。）——還有一班人於入聲之外，發生一個「上聲」的大誤會，以爲國音有許多去聲的字讀成上聲，不但爲北京所絕無，並且是現代語言中所未有。這是他查字典的時候，完全沒有看明白前面那幾葉例言的緣故。例言第十二條說得清清楚楚的，「……每一字下備載母等聲韻者，非謂本字倘當依此爲讀；應讀之音，固當確依所注之注音字母。……」所以每字下面所注的「見開平庚」「影齊入質」……等等，原來是一筆「舊賬」；查字典的，簡直不要理他。不但他的聲紐韻目等等，不足爲據；就是所注的平上去入也不盡足爲據。你要依了這筆「舊賬」來點聲，自然有些和現代的音不合；誰教你不依着自已知道的五聲，或實際上北京音四聲去點聲，而要來上這個當呢？——關於此點，我還可以貢獻諸君一個臨時的辦法，使這筆舊賬發生一點兒效力。請查字典例言第十三頁上面的三十六母表：凡是屬於見溪等十八個清音字母的字，平聲都是陰平；屬於羣疑等十八個濁音字母的字，平聲都要點陽平；這個規則想必諸君已經知道。惟有一宗最要注意的，就是屬於羣定澄並奉從邪牀禪這九個正濁音的字，凡是上聲，都要讀去聲，萬不可照讀上聲。（匣母各字，也有一部分的上聲變了去聲。）這叫做「濁上變去」。自宋元以來便有這種變遷。今在浙江曾調查存留「濁上」的方音，除嘉興湖州完全存留以外，海甯紹興一帶，還存留一部分。此外屬於蘇系的方音，平上去入，顯然各分清濁，然大都獨缺濁上，所以只有七聲。總而言之，五聲是說話的腔調，儘可自由採用北京音，國音中並沒有規定甚麼標準。在國音京音不同問題中，完全沒有關係。

依此說來，再看看上邊所列的圖表，可知國語的三大部分中，惟國音一部分問題較為繁複，應該再分為聲韻（就是注音）和腔調（就是五聲）兩部分，統括起來，可以說國語的內容，包含了聲韻，腔調，詞類，語法四大部分。這四大部分中，惟有聲韻這一部分，確有百分之五是國音京音不同的地位；其餘都不成問題。那麼，我們可以認作問題的，就國語的全部看來，不過是「四分之一的百分之五」。假定一個算式，表明他：

$$\frac{1}{4}\times\frac{5}{100}=\frac{1}{4}\times\frac{1}{20}=\frac{1}{80}$$

諸君試看這個數目有多少，不過是「八十分之一」。八十分之一的小問題，還不容易解決嗎？為甚麼要鬧得這樣大呢？

假如主張「京語京音」的人，果能說得滿口很漂亮的北京話，以爲這八十分之一的字音不同也未免防礙他說話的語勢和話氣，那還算有爭持的價值。但是蘇滬一帶的人，學了幾個月的京話，恐怕至少也要打個八折。大家既是說的藍青官話，和眞正道地的北京腔還差得很遠，這八十分之一的小小異同，彼此儘好商量，既不是有一定的「師承」也不是爭甚麼「家法」這極小的問題，實在容易妥協。爲甚麼要「大動干戈?」爲甚麼驚動縣知事?爲甚麼要殃及勸學所的大菜檯?

所以「國語中八十分之一的小問題」我看實在不成問題，希望諸君也不要把他當作問題。

最後我還有一句話：現在是思想自由，言論自由的時代，學理上的主張和辯論，是不受甚麼限制的。改造中國文字，用世界語爲國語，尙且有人主張。所以根據語言學發音學教育學的學理說現在的國語，國音，注音字母不好，應該怎樣怎樣的改造，原是毫無妨礙。不過在國語教育的實施上，不能不按着現社會的程度，從種種方面的事實上加一番考慮。國語和國音的問題，上面業已表過。說到注音字母，他的形狀醜陋，自是不可掩的事實；但是現在舊社會反對的不多，就是爲着他有歷史上的根據，所以在過渡時代倒是很適用的。並且依發音學理講來，這套字母，實無不合音理之處。諸君不要以爲他是三十九或四十個。少一點說，他的音素，實在只有十五個。多一點說，他的結合韻母有二十三，又有結合韻母中間所含特別的音素，合而計之，注音字母實有七十四個。這三十九個字母擴充爲七十四個，只要拿萬國音標列一個對照表，使那排列拚合的系統條理，便可一目了然。切不可先存一個看他不起之心，便將他一筆抹煞，不願研究。可是這些數目，不過是我個人就研究實驗所得，作此臆斷，將來教育部裏的國語統一籌備會，還要把這一類的圖表，議定發佈出來，到那時候，諸君自可加添一些研究討論的材料，現在我不過作一個預告罷了。

其五

陸費逵

近來有許多人對於國音和京音，國語和京語，爭論個不休。我以爲理論和事實應該分別清楚。照理論說，以京音京語做國音國語，不但名正言順，而且省了許多事，豈不很好；照事實說，却不是這樣。第一：北京音的大部分是普通的，小部分却是不普通的，這一小部分不普通的音改成普通音，在北京人並不十分爲難，全國大多數的地方却省力多了。第二：語言進化，一定是混合許多種類聲音和詞類成功的，現在各國的語言，沒有不混合別國的聲音和詞類的，我們爲什麼要用純粹的京音京語，不許修改呢？如果要用純粹的京音京語，一定先要斷絕北京的交通，否則總不能免混合，總不是純粹的京音京語了。試問這種辦法，事實上做得到做不到？理論上通不通呢？第三：現在的京語京音，已經有許多地方和各省語言外國語言混合了。我在北京聽見過中下等人說「手續可以省些」，「香肥皂，」「ㄙㄊ一ㄎㄜ，」這不是混合的明證嗎？我有一家親戚在北京住了多年，他的子女都能說北京話，但是各人說的有些不同；細細考究起來，一個是十二三歲入清華學校的，所以說話和普通話相近；一個是在高師附屬的，因為高師附屬的教職員有許多天津人，所以有些天津話夾在裏面；一個頂小的女孩，他的奶媽是北通州人，所以帶點京侉子的聲音；嚴格的說起來，真正的京話京音究竟在那裏？—只有永不出門並不和京城以外的人結婚做朋友的老人婦女，方才是純粹的京音京語。—第二，前清時代官場說京話的很多，但是他們所說的也不是純粹的京音京語。從前做官還可以說不純粹的京話，現在做國民，何必一定要說純粹的京話，不替全國大多數圖便利呢？

我現在舉兩個例，請大家對照看看，學過注音字母的再對照讀讀，究竟費點那一種，不妨寫信給我，我將來列成一表，給大家看。

京音京語

你們掌櫃的上那兒去了？

ㄏ一　ㄇㄣ　ㄓㄤ　ㄍㄨㄟ　ㄉㄜ　ㄕㄤ　ㄋㄚ　ㄦ　ㄑㄩ　ㄌ一ㄠ

上北京去了．

十個子兒是一弔錢．

一個餑餑要幾個大？

星期六您在宅子裏嗎？

星期六我要去逛先施樂園，恐怕不在宅子裏

國音國語

你們的經理先生往那裏去了？

往北京去了．

十個銅元是一百錢．

ㄧ ㄍㄜ ㄅㄛ ㄅㄛ ㄧㄠ ㄐㄧ ㄍㄜ ㄑㄢ
一個饽饽要幾個錢？

ㄙㄧㄥ ㄑㄧ ㄌㄨ ㄋㄧ ㄗㄞ ㄐㄧㄚ ㄇㄚ
星期六你在家嗎？

ㄙㄧㄥ ㄑㄧ ㄌㄨ ㄫㄛ ㄧㄠ ㄑㄩ ㄧㄡ ㄙㄧㄢ ㄕ ㄌㄜ ㄩㄢ ㄎㄨㄥ ㄆㄚ ㄅㄨ ㄗㄞ ㄐㄧㄚ
星期六我要去遊先施樂園，恐怕不在家！

（注意一）快樂的樂京音ㄌㄠ，但是樂園却不讀ㄌㄠ園，仍舊要讀ㄌㄜ園。

（注意二）上面所舉的例，國音國語全國大多數的人都可以懂，北京人更沒有不懂的，京音京語就不能叫各處多數的人懂了。

（注意三）我曾經研究京音京語爲甚麼和國語區域不大同呢？因爲前清建都於此，滿人說的國語大甚正確，後來漢人又學滿人不正確的話，所以後來變成滿人的京話了，漢人的京話差了。前清只二百多年，他的勢力還沒有養成，所以一出京城，就變樣子了。這和宋朝南渡建都杭州，杭州城內變成相近的中州話，是一個很好的比例。

理想的國語——國音京調和普通合論理的語法

照前節所說，不是京音京語應該排除嗎？這却不然。依我的意見，不但不必排除，而且還要利用。不過我的主張是修正京音京語拿來做國音國語，不可把純粹的京音京語拿來做國音國語。

我理想的國語有三種條件：

（一）讀音依國音——就是拿河南湖北四川等處的音修改京音不普通的一部分。

（二）語調用京調。

（三）語法詞類要普通要合論理。

（一）的例：

（北）讀ㄅㄛ，不讀京音的ㄅㄟ。

（六）讀ㄌㄨ，不讀京音的ㄌㄧㄡ。

（樂）讀ㄌㄜ，不讀京音的ㄌㄠ。

以上是國音京音不同的。

（早起開門掃地）。

（今天天氣很好）。

（他在做甚麼）？

以上是國音和京音完全相同的。

（二）的例：

聲調要口頭說明，文字是表不出來的，前日我和李默非先生談到這個問題，李先生說：「京戲是國音京調，只有太監出來是京音京調。」我不喜歡聽戲，一點都不懂，不過戲上有一句話我還記得，他們說：『我的兒啊！』是國音『兀ㄛ　ㄉㄧ　ㄦ　ㄚ，』不是京音『ㄨㄛ　ㄉㄜ　ㄦ　ㄚ。』不過他們的語調却仍舊是京調，這是國音京調的一個好例。

（三）的例：

（往那裏去）？不可用京語（上那兒去）？因爲「上」字是上下的上；如果作「往」字解，是不正確不合論理的。

「你」作第二身代名詞，又普通又平等，京語的「您」字是一定不必用的。

上面兩個例是說京語不可用的。我並不是看不起京語，別處這種不可用的話還多着呢！現在再舉兩個例。

「喝茶」一定要用京語，（北方和西南大致相同）不可用南方的「吃茶」，也不必用廣東的「飲茶」。

「誰」一定要用北京和北方通行的「誰」，不可用江南的「ㄙㄚ ㄏㄣ」但是用西南的「那個」也可以的。

（附注）我疑心滿洲入關的時候，滿人不會說「你」（ㄋㄧ），變成「你」（ㄏㄧㄣ）後來勉強會說了，但是仍是「您」的聲母，所以你字的音作「ㄏㄧ」，現在普通平等說話仍舊是「ㄋㄧ」，把「您」字當作恭敬語，一定是當時恭敬旗人的，和不說「是」（yes）却是說「ㄓㄚ」是一樣的。

我理想的國語是國音京調和普通合論理的語法。但是這種理想一時未必能成事實。現在第一步，只求讀音能大致依着國音，語法力求其普通合論理，也就可以做國語統一的基礎了。

國語敎育的目的，在統一國語，求言文的一致，那是不必說的了。但是這是正式的永久的目的，現在第一步的目的，只好退讓些。我以爲國語敎育應該分爲三步：

第一步　叫兒童依着國音讀書，平常說話在不能用國語的地方，不妨聽其自然，兒童從小讀慣國音，聽慣國音，將來出外不怕他不會說藍靑國語。

第二步　說話讀書都用國音國語，不必問他是甚麼腔調。現在的普通話語調，各處不同，聽起來却大致可以相通；儘管讓他說北京國語，南京國語，湖北國語，四川國語，沒有甚麼要緊的。

第三步　要用我理想的國語，所謂國音京調普通合論理的語法了。

這三步程度，在狹義的國語區域，（指北京東三省河南和山東山西的大部分）可以就從第三步着手；在廣義的國語區域，（陝西甘肅四川貴州和雲南廣西湖南湖北安徽江西江蘇的大部分，浙江的杭州）可以先從第二步着手；其餘非國語區域，不妨先從第一步着手。第一步目的達到之後，一變就可以到第二步，第二步目的達到之後，更不怕不會到第三步了。現在教授國語國音的人，常常互相攻擊，甲說乙不對，乙說甲不對，這是大可不必的。

（附注）我國的語音依我的分區大區域有六個：第一狹義的國音區域，第二廣義的國音區域，第三太湖區域，（包括江南浙西除杭州南京鎭江）第四廣州語區域，（廣東西中兩部，及廣西東部）第五福州語區域，（福州附近）第六潮汕漳廈區域。這六個區域離國語一步遠一步，此外第二等的區域很多，比較有力的是太原徽州溫州等。貴州廣西的苗語，更是例外的例外了。

就華僑而論，美洲以福州語爲主體，暹羅以潮州語爲主體，南洋各處則廣州福州漳廈潮汕之語互爲消長。現在閩廣兩省的人和各處的華僑，能說國語必漸多，所說的過於國音，遠於京音，這也是我們應該知道的。

以人力整頓言語和國語的相值，我還有一個好例，就是江西的贛州現在所說的話，簡直是國語，和江西全省的話都不相同，據說是王陽明在贛州時候敎化的，他的力量和南京杭州建過都的不相上下，敎育家看了這事，對於國語怎麼不應該發憤努力呢？

三　關於註音字母的研究

其一　張士一

造字母的方法，要注意兩方面：

（一）音的方法　照語音學上講，一個字母祇代表一個音，一個音祇有一個字母代表。

（二）形的方面　形體要簡明，各字母的形體不易含混的，便於書寫及印刷的，字母上不加識別符號的。

現行注音字母的缺點

（一）音的方面

(A)同一字母有數音

門(ㄇㄣ)　音(ㄧㄣ)　政(ㄓㄥ)　櫻(ㄧㄥ)

(B)有音無字母

江(ㄐㄧㄤ)　湯(ㄊㄤ)　汪(ㄨㄤ)

(二)形的方面　相似的字母，容易纏誤，兒童更難辯認。用點記出四聲，不惹人注意，容易誤認爲汙斑。

形體相似之字母

(A)ㄅㄉㄌ

(B)儿兀亢

(C)又夊

(D)ㄋㄎㄞ

(E)宀ㄣ

(F)ㄑㄙ

(G)厂𠂆

(H)ㄑ巜

(I)匚匸ㄘ

其二

陸基

我先講注音字母的歷史。注音字母的發端很早，遠在明代之末，前清之初；那時候外國人到了中國，要想學習中國話，苦中國沒有標音的字母；後來就用羅馬字母來代做音標，照中國的字音，用羅馬字母的拚音配上，不久外國人就學會了中國話。於是我國的音韻學家，就覺悟了，知道音標是發音正音的工具，不可以不研究的。當時製定字母作音標的人很多很多，在北方著名的，要算王小航的注音字母，中部江浙一帶著名的，是勞玉初的簡字，兩家的傳佈，都是很廣的；其餘不很著名的，也在各處地方傳授他自已訂定的字母，並且時常互相攻擊，伸說自己的長處，評論人家的短處。鬧到民國元年，教育部裏的人看見外邊的潮流如此，不得不籌一個統一的方法，來消除外面各音韻家的主見，並且可以收統一讀音的效果。民國二年的春天，就開了一個讀音統一會，召集各省製簡字的人，和懂得外國發音學的人，以及知道中國韻學的人，還從每省各派了代表兩人，一共有一百多人，這會的結果，公議定了注音字母三十九個，又把七千多常用的字，照公決的讀音，用注音字母一個一個注了出來，這就是注音字母產出來的歷史。後來教育部委託吳君敬恆，據該會所公決的讀音，編成一部國音字典。（就是現在要修正的國音字典）教育部因爲看得這件事體，非常重大，審愼又審愼，所以現在還沒有公布。但是這部國音字典，雖不能說就是國音的標準，然而也可以說是假定的國音標準，並不是那種假冒國貨可比。若說這種注音字母，還有缺點，要重造一種字母，來代表重定出的標準音。咳！張君張君！你說教育部看這件事太容易了，我也說你看這件事太容易了。注音字母經過了數百年之醞釀，百數十人之討論，才得產出這三十九個字母；倘且留了些缺點，不能盡滿人意；現在就是照張君所說：「召集科學專家研究語言學的人，重定出標準音重造出幾十個字母，」究竟能免得了「聚訟紛紜莫衷一是」八個字的考語嗎？造定字母之後，能保得定沒有人出來指摘嗎？甲以爲是的，乙爲是非，乙爲是的，甲又以爲非。我國人的習性，萬事皆然；與其三翻四覆，終究沒有一個確定的標準，何不姑就已成之局，維持現狀，補救他的缺陷，慢慢地希望達到「只求說出來大家聽得懂」的目的。張君不要笑我不懂學理，只要拍教育部的馬屁，販賣些假冒國貨，拿來欺人；要知道今日的現象，是方才改革的現象，自然覺得有些紊亂的樣子，但是做到這個地步，已經不是容易的了•國民學校國文科改爲國語科的問題，經過了許多困難，許多曲折，到現在才得實行，以減輕兒童的擔負，促進教育的普及•我們方且替小孩子們喜歡，以爲從此之後，得免學習國文的困苦了•張君倒反說道：「造孽不淺！」我還要請張君細細的想一想，拿教授國文的造孽，和教授國語的造孽，兩下比一比，究竟那個深？那個淺？

其三

張士一

論注音字母•第一•陸君說「注音字母經過了數百年之醞釀，百數十人之討論，才得產出這三十九個字母，尙且留些缺點，不能盡滿人意•」這個意思，是否就是說經了這許多年代而發生的東西，雖是有缺點，也是無可如何的了；若是這個意思，那麼未免缺乏眞正進步的精神了•我們中國的社會經過了這許多的年代，現在看見他的缺點，尙且要想去改造，難道這個區區的注音字母就不能改造的了嗎？這是我斷斷不能承認的•一個東西經過了數百年的醞釀，那不能就算是他的大牌子，經過了百數十人的討論，也不能就算是個了不得，現在科學發達的時代，一日的變遷，有可以超過從前數千百年的醞釀的，一人的發明，有可以勝過從前數千百人的討論的；難道這個名爲經過數百年醞釀百數十人討論的注音字母，就不可以超過的了嗎？若是用這個態度去求眞理，那是眞理愈求愈遠了。

第二陸君以爲若是改造字母仍舊有人要指摘的所以他說「與其三翻四覆，終久沒有一個確定的標準，何不姑就已成之局，維持現狀，補救他的缺陷，慢慢地希望達到只求說出來大家聽得懂的目的。」這個話說得是好像很有道理，實在是老成持重穩健得很；不曉得這個一種態度，是最不適宜於我們研究眞理的天下進步的事，都不免要有些三翻四覆的，應翻的天然是要翻的，應覆的天然是要覆的，祇曉得就已成之局，維持現狀，求他不翻覆，這就是說多一事不如少一事的話，這種態度，根本上不適宜於研究學術。現在應該儘管改造，儘管任人指摘，那麽好的地方，天然可以留存，不好的地方，天然可以淘汰。現在這個推行國語的事，本來還是不過在最初試驗的時代，是應該鼓勵學者用科學的眼光，用獨立的精神，去說人家不敢說的話，指摘人家不敢指摘的東西，怎麽就可以說「甲以爲是的乙以爲非，乙以爲是而甲又以爲非，我國人的習性萬事皆然」呢？惟其甲以爲是的乙以爲非，乙以爲是的甲又以爲非，那麽究竟那一個是，那一個非，就能比較而逐漸明瞭起來了。我國人的習性，恐怕就是不能萬事皆然，所以少有進步。現在這個注音字母，就是因爲這種「維持現狀主義，」這種「慢慢地主義，」所以今天因爲有一個音還沒有字母，就在已經有的一個字上加了一小點，作爲他又一個字母，明天覺得點四聲方法的不好，就說不要點四聲了；以爲這就是「補救他缺陷」的方法。不曉得爲一個音補了一個舊冠新頂的字母，仍舊還是有音沒有字母的，不點了四聲，四聲的教授更無所適從了。要把他所有的缺陷一概補救起來，那就不能不改造了，補救缺陷的說法，不過是聽上去稍爲緩和些罷了。

第三，陸君說「要知道今日的現象，是方才改革的現象，自然覺得有些紊亂的樣子，但是做到這個地步，已經是不容易的了。」他所說因爲方才改革，所以紊亂的一層，是不錯的；不過我們就應該快些從這個紊亂裏頭去尋出秩序來，不可以就聽他自然。至於他所說「做到這個地步已經是不容易了，」那是我完全承認的。教育部籌備國語統一的諸位，巴不得拿這個事快些做成功，我是知道的。他們的熱心，那是我決不肯埋滅的，他們做事的困難，我也是很曉得的，不過熱心是一個問題，法是又一個問題。我看見他們辦事的熱心，我感激他們，我看見他們法的錯誤，我希望他們改良，我在這裏特地對於做這種不容易事情的諸公，敬謹表示我個人懇切的意思，要請原諒我在這裏研究學問，不能溢出範圍去恭維人家。的國語統一的目的，將來果然達到，那麼全國世世代代都要爲諸公歌功頌德，諸公的苦心總能大白於天下；不過今日我們是在討論方法，方法不好，不能就因爲做的不容易而說他好。況且做的容易不容易，和方法的好不好，是很有關係的；方法好些，困難或者也就可以減輕些。不曉得有識的諸公，能否容我這一番的老實話嗎？

其四　注音字母與漢字

王蘊山

鄙人此次出京，經過南北許多地方，覺得一般人對於注音字母仍抱一種杞憂。是甚麼呢？就是字母盛行，漢字將廢的問題。在座諸君當然不能有此觀念，而對答一般社會，亦須預備一些材料。所以鄙人談到此。鄙人對於此項問題，有兩層意思：(一)是漢字當然要廢掉的，(二)是漢字決不能廢掉的。怎麼說漢字是當然要廢掉的呢？我中國自從伏羲畫了八卦，慢慢的纔有了六書，然後由篆變成隸，由隸變成草，由草變成楷，從古至今，我中國漢字一變再變變成現在的樣子，早和六書不相符合了。焉知後來不再變。再看一看全球各國，歐美文字不出二十六字母，東亞日本亦不外乎五十音，埃及巴比倫文字亦主象形；自希臘拉丁一變，始有音母相切之法，就是我們現在所學英文，不過從十五世紀纔有。所以我說我們中國漢字是否要等於希臘拉丁，對於漢字，另一般人研究去，保存去；普通一般人民有一種極簡便極易學的文字出來，實在不可知之數了。

怎麼說漢字決不能廢掉的呢？我中國幾千年來聲名文物，都寄託在漢文上，就憑這幾個很簡陋的音符可以代替我們中國漢文，天地間那有這樣容易事！想君等都知道「蘇州碼」這種東西；不知道甚麽年有的，也不知道甚麽人造的。中下流社會全都用他，可是沒有因爲有了蘇州碼而把漢文數目字廢掉了。這注音字母不過等於蘇州碼，焉能廢掉了漢文呢？再徵之於日本更可以了然了。日本本無國字，是借我們中國漢字當他的國字，後來有了假名，未曾廢掉了我們的漢字。這漢字原是我國固有的，焉能因有字母而把漢字廢掉了呢？明此，可以無須抱廢漢字的杞憂了。

注音字母的由來

自從甲午戰敗後，我國人民就稍微的有一些覺悟，覺着大多數人民都是糊糊塗塗混混沌沌的決不能存立在世界上，所以要想法子喚醒人民，輸入人民一點知識。這時候有廣東王炳耀先生作出一種母字來，行於廣東；蔡錫勇先生作出一種字母來，行於福州；後來勞乃宣先生作出一種簡字來，行於江；王小航先生作出一種官話字母來，行於江北；這所說的不過是最著名的四家，其餘還有數十家字母行於各地。這時期可就到了民國元年了，蔡孑民先生長教育，可就有「讀音統一會」提議，民國二年二月成立。這個會裏邊組織 是合我們中國二十二省蒙藏回各派代表二人與會，又延聘韻學家，方言家三十餘人研究了三個多月，這注音字母就從該會產出。

注音字母的功用

如此說來這注音字母不是個人私造的，是我們全國公製的，是最有價值的了。然而他的功用到底是甚麼；

統一語言

普及教育

這八個字原是一件事，並不是兩件事。『語言不統一，教育決不能通及，要普及教育，非先統一語言不可，』這話不是鄙人杜撰的，實在是各大教育家所公認的，然而鄙人偏是分作兩開說。

我們現在要統一語言，必是語言不統一。我們中國為甚麼語言不統一，其原因在甚麼地方？有人說是地土　題。中國在四千年前不過是一個小部落，到現在在全球上數得起的一個大國。地土之大，非驟然合成的，必由漸而積的，所屬的人民種族不一，語言各異，是當然的道理。有人說是地理上的問題。嘗聽人說近水的人說話音輕，近山的人說話音重，輕重不一，聲調自不能相同了。又有人說是氣候上的問題。嘗聽人說熱地的人說話脆而清，寒地的人說話直而濁，濁清不同，語氣自不能一樣了。還有人說是交通上的問題。我國輪船火車不過近幾十年纔有，可還沒有遍及全國，有一等人一生沒出過家門一步，和社會上不相往來，不相聞問，語言焉能混合爲一。

綜合以上四個原因，說的未嘗沒有道理；而究其實，主要原因還不在此。主要原因是在那裏？在「範圍」兩個字甚麼叫作範圍？我們嘗學英國話，必須先學……學法國話，必須先學……學日本話，必須先學…… 這就是範圍。倘若舍去他的字母，焉能學他的語言呢？我中國現在人的語言，決與黃帝時人的語言不一樣。語言變遷不知變了多少變了，可是我們中國語言變遷是順着社會自然去變遷，沒有一宗東西約束他範圍他，使歸於大同。所以我們中國到現在語言龐雜，至於極點了！

原因既明，統一之必要在甚麼地方呢？我們中國語言雜亂，已竟相安到今日，爲甚麼這時候想起來要統一，是甚麼緣故？我嘗看一看全球各强國如英，如美，如法，如德，如日本，德國雖然現在失敗，他不失爲强國的資格。一國的人說一樣的話，語言是統一的。再看一看全球各弱國如土耳其印度等等，他國內的語言雜亂和我們中國是一樣的。可見語言與國家很有關係了。然而各强國語言統一，并不是天生來就這樣的，如德爲聯邦治，焉能各小邦從來就說一樣的話，可是他在聯邦以前第一政策是要統一他的語言，命各小邦都學普魯士的話，沒有幾十年的工夫，成效大著，國勢日强了。德國離我們中國道路很遠，不易觀察，以東鄰日本而論，在當初南北的語言也是不能相通，明治維新以後，第一政策是要統一他的語言，令各府縣都學東京話，沒有幾十年的工夫，成效大著，國勢日強了。更可知語言這種東西關係國家強弱重且大了。

這以上是統一語言的一方面的話，再說到普及教育。我們現在要普及教育，必是教育尚不曾普及，我們中國辦教育好幾十年，為甚麼教育還不曾普及？大原因固然在語言不統一，而文字也為教育普及一個障礙。我們中國文字是貴族的不是平民的，是專門的不是普通的，一個字有幾個音，一個音有幾個義，從少年去學，一直學到老不敢說畢業，要用一生畢不了業的東西普及一般人民，天地間那有這樣的理呢？所以必須有一種極簡便極容易學的文字出來從旁幫助，然後談到普及教育，可就有了把握了。

再說我們中國是合漢滿蒙回藏五族人民組成的，內地二十二省語言雖不同，文字還一樣，若說到蒙回藏，不但語言不同，而且文字也不同。世界上有語言不同文字各異而可成為一國，名之曰同胞的，從古至今實在沒聽見說過。我們以後不打算統一去，那就無須說了，若還打算統一，我們五族的語言文字請問用甚麼東西？所以說推行注音字母是現在很要緊的一件事情了。

其五　國音音素的發音部位

黎錦熙

注音字母不即是國音，是從國音分析出來的元素。我們可以稱爲「音素」。讀這三十九字母的時候，若要發音不錯，第一要求音素的發音部位不錯。人類口鼻各機關發出的聲音不同，發音學就是分析說明這些聲音的一種科學，他的詳細說明，現且不講；只按着他所謂發音機關的部位，來分別決定這三十九字母的正音。

（一）聲母

聲母就是 Consonants。他的發音部位，從嘴唇直到喉嚨，遇着一種阻礙，卽發出一種聲氣。二十四聲母可以分爲七個阻礙，簡稱曰「阻」。

我現在將二十四聲母聲阻列表。不過有一事要請諸君注意：就是各母下所注的羅馬字母，完全是照英文的讀法。因爲英文是諸君都學過的，所以特拿他來對照。可是其中有幾個音不大相符：如英文中的 b d g 三字母都是濁音，現在對照，就要改讀淸音才對。這不過就諸君所已知者，比較一個大略，不宜拘泥。

（1）兩唇阻　ㄅ(b)　ㄆ(p)　ㄇ(m)

把上下兩嘴唇合攏來，聲氣從內破唇而出。（惟ㄇ字中要帶點鼻音。）

(2)唇齒阻　ㄈ(f)　万(v)

上門齒和下嘴唇相切，聲氣從內摩擦而出。

(3)舌齒阻　ㄗ(ds)　ㄘ(ts)　ㄙ(S)

把舌尖抵住上門齒背後的牙床肉，聲氣從內輕破而出，就是ㄗㄘ；舌與牙床肉相切而不重抵，聲氣摩擦而出，就是ㄙ。

(4)舌尖阻　ㄉ(d)　ㄊ(t)　ㄋ(n)　ㄌ(l)

也是把舌尖抵住上牙床肉，但要重抵，聲氣從內破阻而出。（ㄋ母要帶點鼻音）

(5)舌葉阻　ㄓ(dsih)　ㄔ(tsih)　ㄕ(sh)　ㄖ(j·r)

舌葉是舌頭能上下活動的部分，占了全舌三分之一。把這部分前面靠舌尖的一小部抵住上顎，聲氣輕破而出，就是ㄓㄔ；摩擦而出，就是ㄕ；捲起舌葉的周圍，再摩擦出聲，就是ㄖ。

(6)舌前阻　ㄐ(g)　ㄑ(ch)　ㄬ(gn)　ㄒ(hs)

舌前正是全舌的中間部分。把他與上顎相切，聲氣輕破而出，就是ㄐㄑㄬ；摩「ㄬ帶鼻音」摩擦而出，就是ㄒ。

(7)舌根阻　ㄍ(g)　ㄎ(k)　ㄫ(ng)　ㄏ(h)

把舌根和喉嚨外面的軟顎相切，聲氣破阻而出，就是ㄍㄎㄫ；(ㄫ帶鼻音)摩擦而出，就是ㄏ．

這七阻從唇至喉，漸漸進行．自第三阻以下，都是以舌頭為標準；因為舌頭的前後的部位，最易分別．只要練習得部位不差，各阻不相混雜，就得了聲母的正音．羅馬字母，讀時不妨互相比較；可是從前的「見溪郡疑」以及牙音正齒半舌等名目，一律丟開，不要攙在中間，徒亂人意．

(二)韻母

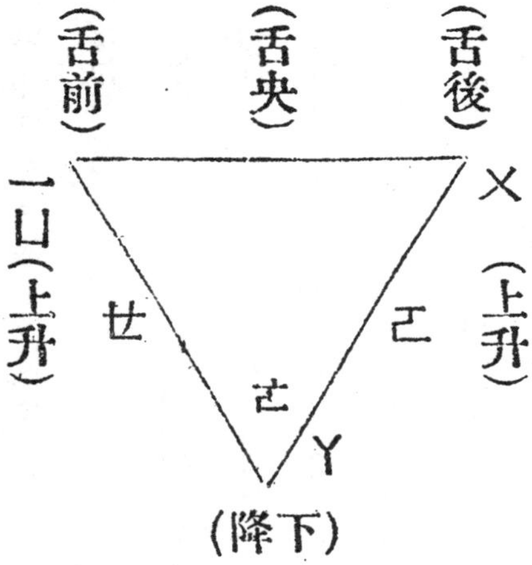

韻母就是Vowel他的發音部位，比聲母稍爲難於分辨一點，因爲韻母的發音，雖也是以舌頭的前後部位爲標準，但要同時注意舌頭爲升降；所以比較聲母的遇阻發音，稍爲繁雜。發音學上通行的，有一個三角形的圖，最簡明而易曉；現在用來表示十五韻母的發音。

（1）單純韻母　一（e）ㄨ（oo）ㄩ（ü）ㄚ（ä）ㄛ（o）ㄜ（é）ㄝ（ê）

這三角圖上面的橫線，是表示舌頭的平面，分前中後三部位。底下所寫的韻母，都要按着他們位置，向上推移到這橫綫上，那發音的部位自然排列得清清楚楚。如一ㄩ兩母，是舌的最前部；ㄨ是最後部；（但ㄨ和ㄩ的發音，同時要圓唇。）ㄜ是正中部；ㄚ稍爲向後一點；ㄛ在舌後，但比ㄡ稍前；ㄝ在舌前，但比一稍後。照此分別部位，是一點兒不會錯的。

分別韻母部位時，還沒有顧及舌頭的升降，實際上體驗發音，是應該同時注意舌之升降的。這三角圖兩邊的綫，就是表示舌頭的升降。按着旁邊所寫字母的高低，就可以分別發音時舌頭或升或降。如一ㄩ兩母，是舌前部上升的音；ㄡ是舌後部上升的音；（ㄨㄩ兩母，要同時使兩唇作圓形。）ㄛ是舌後部半升的音；（兩唇也要稍圓。）ㄝ是舌前部半升的音；ㄜ是舌央部半降的音；ㄚ是舌後部下降的音。依此綜合的說明，細心實驗，這七個單純韻母的發音，可以絲毫不爽。

(2)複合韻母　ㄞ(ai)　ㄟ(ei)　ㄠ(au)　ㄡ(ou)

一般人多說這四個韻母的音，讀起來難準確而易混淆，是因為不知道他們是複合韻母之故。

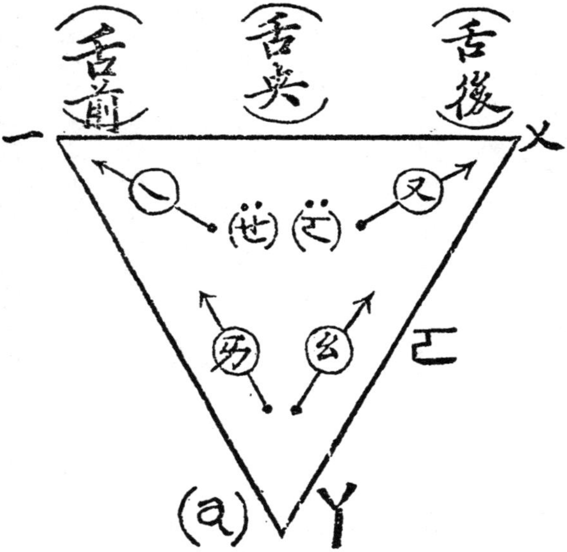

複合韻母，乃由兩個單純韻母混合而成，看上圖便知。

這三角形是表示ㄞㄟㄠㄡ四個複合韻母所由成，先看右邊：

ㄠ　是從ㄚ到ㄛ複合而成的音。向來傳授字母的說他是ㄚㄨ合音：實在他收音的時候舌根只抬高到ㄛ的位置，且不必圓唇。

ㄡ　是從ㄛ到ㄨ的複合音。但是這發音時的ㄛ，要移向舌央部一點兒；照萬國發音學字母的例，在上面加兩點（..）為記。——收音時的ㄨ，也不必十分圓唇。

再看左邊：

ㄞ　是從（a）到ㄝ的複合音。這（a）是借用萬國發音學的字母，他比ㄚ的位置稍微向前一點，並且比ㄚ上升一點，略近於英文「A」的短音。因為從前說ㄞ是ㄚㄧ合音，實際上總覺得ㄚ音太向後且太下降了，和ㄞ的發音不十分相合，所以借了這（a）來表示他。——後半收音，舌前抬高也沒有到ㄧ的位置，所以定為ㄝ。

ㄟ　是從ㄝ到ㄧ的複合音。可是這ㄝ也要移向舌央部一點兒，與ㄡ母同例。

（三）附聲韻母　ㄢ(an)　ㄣ(en)　ㄤ(ang)　ㄥ(eng)　ㄦ(er)

甚麼叫做附聲?就是附屬聲母於單純韻母之下的意思.這附屬的聲母,共有三個:

(1)附屬ㄋ母的半音(照前所述聲母的發音法,將舌尖抵上顎作讀ㄋ母之勢,但不使聲氣破阻而出,而使完全入鼻,就是他的半音.)

ㄢ=a+ㄋ之半音(從前說是ㄚ加ㄋ,不大合.)現在也借用萬國發音學母的(a)來代ㄚ,和英文「A」的短音彷彿相當.

ㄣ=ㄜ+ㄋ之半音

(2)附屬兀母的半音(將舌根與喉頭相切作讀兀母之勢,使聲音完全從鼻腔而出,就是他的半音.)

ㄤ=ㄚ+兀之半音

ㄥ=ㄜ+兀之半音

現在學注音字母的,多說ㄣㄥ兩母,難於分別.本來這兩母上半截所用的單純韻母是相同的;不過一個是舌抵上顎收音,一個是穿鼻收音.他們所附屬的聲母是大不相同的.依此辨別,自然分曉.

（3）附屬一個舌捲音（就是英文的R）

儿ㄜ＝＋R

這R的聲母，在國音中，究竟有沒有？有的。就用韻母「儿」來表示他。所以今年國語統一籌備會的臨時大會，議決這個韻母可兼作聲母之用，相當於羅馬字母的「R」，與日本假名爲「ラ」。

我前年作的國語學講義，講到發音學，缺少了韻母一部分。所以此次敍述稍詳；也是補前時所不足的意思。但還說得甚粗，不算是專門學術的講法；凡是學過注音字母的人，看了都容易明白的。

第三編　國語文法問題

一　語法大要

黎錦熙

研究中國語法，和研究外國語法，有相同的地方。我近聽得教英文的先生說教 Grammar 用納氏文法一書，是大不適用了；爲實在應用計，應該先從具體的 Sentences 研究，不應該先從分析的 parts of Speech 入手。這種新趨勢，可以說是從美國實用主義一派來的。

中國向無文法，有之，自馬氏文通一書始；後來書坊裏所出的文法書，不過是應付部章罷了。語法尤其是草創之舉，我們不要怪他沒有好書。

研究文法的趨勢，固然要總合的下手；但是分析的功夫，中國向來沒有人去做。其實我們人一天到晚所說的話，差不多都有規則的；只因中國人對於文法，沒有分析的基礎，所以行起綜合的功夫來時，覺得很感困難。今天講文法，分析和綜合種種功夫，實在要並重而不可以偏廢，這層要請諸君十分注意的。

我們研究文法，應該分做三個順序如下：

（一）單句的構造

(二)詞類的分析

(三)複句和詞類細目

現在且把第一第二兩步的內容，約略地申說在下面；第三步的討論，請俟諸將來。

國語單句，應該分作若干部分，這是講單句的構造時關頭一個問題。愚意可完全倣照英文的分法如左：

(1.) Subject (主語)——所表的就是『什麼』

(2.) Predicate (表明語)—所表的就是『怎麼樣』

這是單句的大綱，更進而言之，主語上面還可以加上許多形容詞上去；表明語前後可以加上的詞類，就更多了。

講到詞類的分析：馬氏文通把詞類分作九種，叫作『九品詞』；英文分詞類為八種；中國的『助詞』在英文是可以用符號來表明的，如：

為人謀而不忠乎？

這句話，中國文非用「乎」字不能表明他的語氣，在英文單用一個符號就可表明，除了這助詞以外，中國文法和英文法，沒有十分不同的地方可言了。但我近來看見劉復先生著的中國文法通論一書，他主張中國詞類，須根本改造據他的分法，則如左之五種：

(一)實體詞　(實體二字，須作廣義解，就是一切有形或無形的名詞。)

(二)品態詞
- 永久的—如花紅，美麗的太陽二語的紅字和美麗二字。
- 變動的—如狗走，鳥飛二語的走字和飛字。

(三)指明詞
- 量詞—如一，二，三，四等詞。
- 標詞—其在名詞上面可以比做英文裏的Artiolco.

(四)形式詞(又分為甲乙丙丁戊五種)

(五)感詞

總意，我們只須拿他的分法和九品詞比較一下，關于詞類的分析，就不難得到一個比較正確的觀念了。

劉先生的文法，完全是站在『用法』上面的。我們先列一比較表於左，然後略加說明。

(一)實體詞————————主)

(二)品態詞
- 永久的 ─ 賓、領 ─ 名詞、代名
- 變動的 ─ 性態、數量、指示、疑問 ─ 形容

(三)指明詞
- 量詞、標詞 ─ 動詞、助動、同動 ─ 動詞

(四)形式詞
- 甲 ─ 性量、時地 ─ 副詞
- 乙 ─ 介詞、連詞
- 丙、丁、戊 ─ 助詞

(五)感詞 ─ 感歎

名詞和代名詞，平常分作主賓領三位，名代詞用作主語的為主位，用作表明語的為賓位，用作修飾語的為領位。劉先生拿用作主位的名詞歸入實體詞，用作賓位的名詞歸入品態詞裏的變動詞，用做領位的名詞歸入指明詞裏的標詞。例如：

我的書放在桌上

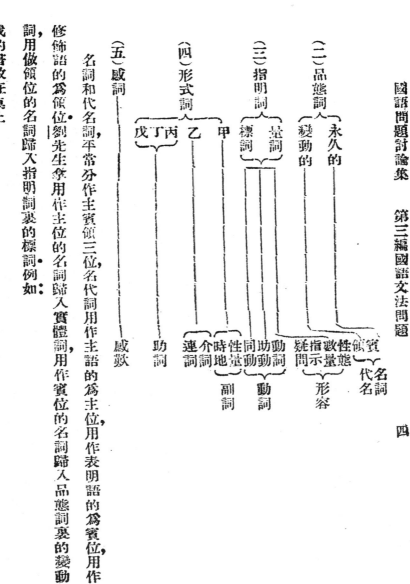

一語，「我」「書」「桌上」一共有三個名詞，但是照劉先生的分法只認「書」是實體詞「桌上」是變動的品態詞「放在」的一部分，不認他有獨立的資格；——就是凡作 Odject 的，都不是獨立的名詞。——「我」是領位，自然是要歸入指明詞爲標詞了。依此說來，這三個名詞，要分爲三種詞類。

形容詞在普通文法裏，分作性態，數量，指示，疑問四種。性態形容詞的例，如『紅的花』一語，劉先生拿『紅的』歸入永久的品態詞；和變動的動詞用法並列；這其中也有一個緣故，英文非 nerb 不能成句，中國文亦然，但可以拿形容詞來代用，這可算是一個特點。例如『花紅了』一語，『了』字是表示時間的，時間只有動詞才有，現在『了』字既能表明『紅』字的時間，那麼『紅』字是動詞不是形容詞可無疑了。所以把形容詞和動詞同屬于品態詞，在中國文法的特質上是很合理的。此外數量形容詞歸入指明詞爲量詞，指示形容詞和疑問形容詞都歸入指明詞的標詞，都是易於明白的。

動詞分動詞助動同動三類，劉先生拿一切內外動詞都歸入變動的品態詞。助動詞如「以可」「應該」……都歸入指明詞的量詞，因爲這些詞是表主觀方面的『量』的，和表客觀的『數量』相似。同動詞如「是」「不是」「有」「無」等，都另成一部，歸入形式詞的甲類；因爲他們只是表明兩種事物之連結或附屬的關係，所以叫做形式詞。

副詞平常分做性量時地二大類，如：

今天講的實在太簡略

的實在兩字，是屬于副詞中的性量一類的，劉先生拿來歸入指明詞的量詞；因爲這些詞的性質，實在和助動詞一樣，助動詞旣是表主觀的「量」，這些詞當然事同一律。又如：

我在這裏已經講了一小時了。

的已經兩字，是屬於副詞中的時地一類的，劉先生拿來歸入指明詞的標詞。因爲標是『標明』指示』的意思，所以名詞的領位，形容詞的指示和疑問，副詞的表時地表原因表否定的，都要歸入這一類。

平常的介詞和連詞，劉先生都拿來歸入形式詞的乙類中。——甲類就是同動詞——至於助詞，便歸入丙丁中間去了。

劉先生這種分法，在理論上自屬持之有故，言之成理，但在實際上看來，到還是九品詞較爲易於明白。我們看了他的改造計畫，對於語法的精神上，應該知道他本有改造的可能性，只須我們本着這種精神，望前研究；譬如一個名詞，不要當他是一個孤單單的名詞看；要知道他有時是動詞的一部分，（賓位，即變動的品態詞。）有時又是形容詞。（領位，即指明詞的標詞。）如此為詞類和句法的組織，自然有精神上的結合；將來漸漸的進化，詞類和句法相融，也許有改造的一日。

語法的研究，第一步是要明白單句的構造，第二步就可以講到詞類的分析，我所以特提出劉先生這種詞類的改造計劃來講，就是要溝通「句法」「詞類」，明白他們有密切的關係，使這兩步工夫成為一步的作用。

二 語體文與修詞學

陸殿揚

這個講題，為便利計分做六個段落來討論。

(一)語體文是什麽東西？一般人對於這個答案很有些模糊影響。我現在把他下了一個定義，就是筆頭寫的和口裏講的一致的體裁，叫做語體文。我們口裏講話—聲音—筆頭寫的文字—符號 都是發表思想的工具。但是這二種工具—聲音和符號—在應用方面—表達思想—是一樣的；講到他們本體 變化，就不是相同的東西了。為什麽呢？文字比較的簡單，因為文字的符號，變化得緩慢；言語複雜到這步田地，因為語言的聲音，變化得極快。語言為什麽能够變化到這樣快呢？也有幾個原因：(甲)發音機關的變化(乙)模倣的變化(丙)轉移母音 Vowel 子音 Consonant 的變化。譬如一個「他」字的聲音。無錫地方變成 (Do) 的音，這就是移了中間的母音。再如一個「去」字的聲音，在常熟地方變成(扣)的音。這就是移了中間子音的例了。文字沒有上面的變化，所以語言和文字愈趨愈遠，變爲賽跑的樣子，出發點是相同的。到後來言語奔放絕馳而文字望塵莫及了，這中間的距離，就是言文不一致的途徑。現在文化運動上要求得一個捷徑，怎樣可以使言文一致。要如一英里的賽跑中，使文字躐等的跟著語言一同走；中間少跑圈子，在運動上是不許的，而文化運動上實是可能的。譬如歐洲輪船火車飛車等循序而進，但中國卻不必一一跟他的過程，能夠應用飛車，豈不是更便利嗎？再看法國俄國的革命運動，還能在最短時期中成功，難道這言文一致的過程，必定要一步一步照着軌道穉穉我行的嗎？上面已經說過言文一致可能的事了，那末怎樣可能一致呢？就是方法問題。我把三個圖表示出來，這三個圖，就是語言和文言的關係，也就是言文一致的三個方法。

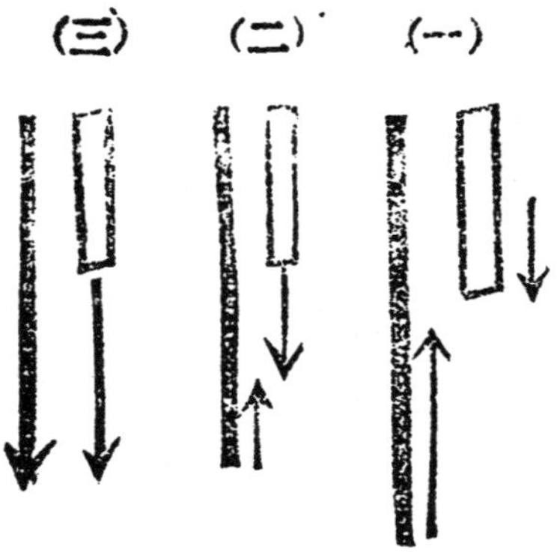

第一圖表示使語言退步去屈就文字 (長線表語言，

長方形表文字）第二圖是調和的方法。使語言退回些，文字進步些二者一致起來第三圖就是要使文字捷徑的趕上語言，使他並駕齊驅。吾們知道人類語言的發達，隨了時代文明演進的進化的東西，要他回退下去。實在是不自然的，幷且也是不可能的。所以第一第二兩圖，當然同樣的不可能了。那末只有第三種的方法，是合乎自然，而可能的。近人黎錦熙先生主張以語言去接近文字，實是背道而馳的方法，怎麼能够達到目的呢？我們校裏——第一中校——教授戰國策的文章，學生很難了解他的意義，後來把他改成近代文言，再把他變做語體文，這樣一來，拿文字去接近口語，學生就容易明白了。

（二）語體文應當怎樣？上面已將語體文的界說，下了一個定義，那末要合乎定義，定有幾個條件，並非胡亂寫幾句白話，就是出風頭拿來標奇立異。做語體文應然要合乎二個原則。（一）當合乎現在的口語。（二）當合乎統一的口語。上面（一）是時間的關係。（二）是空間之關係。因是（一）的條件，所以語體文中的字類，語法，構造的，都要和現在的口語一樣。有人想拿紅樓夢，水滸傳等，做語體文的範本，這並非是一種完善的主張；因爲水滸……等雖是語體文，卻不是現在的口語，參考則可以的，當作範本，就違乎時間的原則了。合乎第一原則還不够，必定還要合乎第二原則才得成爲眞正的語體。這統一的三個字，當特別注意的。否則你也是口語，我也是口語，弄到後來種種的「方言」，變成種種的「方文」，那是很危險的事情。文字最大的功用，在乎具有一種普遍性。從前吾們遇到口語不通的人——如蘇人和閩廣人相接——還可彼此筆談，互相了解意思，這是從前文字統一的功用；倘使用了不統一的口語，寫成文章，只可一部人董得，豈不是減少了文字普遍性的功用嗎？言文一致，反而生出許多困難來，豈不是更糟糕嗎？什麼是統一的語言呢？當然就是「標準國語」。現在對於國語二字的概念，頗覺含混，有的以爲指口語說的，有的以爲指語體文的。在實質上講來，口語與語體文是一樣的東西。從修詞學上講起來，語體文應當與口語一致，也是一樣的東西。胡適之先生在新青年雜誌．發表的「國語與標準語」一篇裏有幾句說，不經過南腔北調的國語，怎會得有眞正中華民國的國語出現呢？（節其大意如此）現在有人誤解他的意思，以爲南腔北調的國語，就是標準語。實在他最後的目的，還在於眞正的中華民國的國語一句呢。

（三）修詞學是什麼東西？修詞學並非一種大不了的高深學問，可以拿他來炫耀人家，也不是當他一件玩意兒的東西。我們天天講話的時候，總是用著他，實在是很普通的。所以他的定義是，怎樣運用工具—聲音或符號發表吾的思想，發生你的感應 Respond 之效力 Effect 聲音和符號，是發生思想的工具，得到人家的感應，是發表思想的目的。那末修詞學的功用，即是使工具與目的結合。譬如鋸斧是工具，怎樣運用工具，使所希望的木工格外好。換句話說。修詞學要使我的工具，格外可以增加效力達到目的罷了。修詞學的應用，雖不是僅僅用來修飾文章，但做文章的手續，要十分注意的。爲什麼呢？講話時不注意於修詞，還有修改的餘地。譬如我向你說。「你去開窗！」這帶有命令式的語氣，你自然不願意去開窗的。因爲我和你處於同等地位，措詞錯了。我同時換一句說法，請你去開一開窗！這句話的措詞，可以發生聽的人感應的效力了；便是寫了文字—符號—就不容易即刻改換的。語言要發生人家感應效力。也當十分注意修詞。譬如見一個很忙的客，和他講話只有十餘句的時間，那末就要想這十餘句話，應當怎樣講法。有個系統在胸中，使我所說的事，能完全表出，還要使他發生感應，這中間一定應用修詞的地方不少。我今天到這兒講演，自然也要將所講的話，抄些夾帶，熱先熱後，講些什麼，加一番考慮。這中間也有許多注意修詞的功夫。因此曉得演說的好壞，並不在乎長短，口若懸河的演說，不一定是好；五分鐘的演說，修辭要凝練得精，到不容易的呢。

（四）為什麼要用語體文？解答這問題之外，問你語言為什麼要統一？豈不是要全國人都能了解彼此的思想嗎？就是要求言語——聲音——的功用，更加普遍；如果用了不統一的口話，只可在一省——或數省——內，使得人家發生感應，用了國語，就可以和全國人彼此達意，豈不是普遍嗎？語體文就是所使發達思想的工具，格外普遍感應的效力，格外增多。從前的文言，未始不能得到人家的感應，不過他的效力狹窄。譬如我們讀起韓退之的祭十二郎文，總是一唱三歎，津津有味，情深的人，竟會掉下眼淚來。這一類文言的感應，程度未嘗不高，不過用文言能夠發生感應的人，在全社會人數比例起來，總居少數；那末這種工具——文言——不如語體文的普遍，實在很顯明的。譬如現在北方災荒，在街上、貼着許多募捐的廣告，如果做——典麗的周秦兩漢文章，能不能得到一班人——大多數——的感應嗎？就可以知道語體文的功用了。

（五）怎樣應用修詞學？這個問題，不是在短時間內所能詳細討論的。只能說個大概罷。（甲）除去主觀的話：從前人做文章，只在表達 Exples nicn 方面努力發揮，不計及對方的感應Resp cnse 怎樣，做了一大篇洋洋灑灑的大文章，人家看過了，只落得『一想情願』四個字的批許。文字最要的功用，並非在於能夠「表達」重在人家起不起「感應」。我常常看見報章雜誌上許多的論文，什麼改良鄉村教育的我見，我的統一語觀，我的英語教授的改良談，……等等一類的標題，很有些自大自意思，在普通心理，人家看了便覺得不快。在反對的人讀了，反把大部分意思丟掉，專門去攻擊他的我見的地方。所以和人家討論發表自己的意見時，總要避去主觀的話，要用客觀歸納的研究發爲議論；譬如和人家討論注音字母，要根據於主觀的種種學問如語音學，語言學，心理學，教學法……等等，把他歸納起來，做我論點的根據。雖則被人家反對駁擊，可以拿客觀的學問做個標準，畢竟那個合乎科學？那個不合乎科學？用不着感情用事，彼此說許多閒話。現在報章上許多討論，到後來總時挨罵一場。實是我見 Ideal 太深的緣故。(乙)雅俗問題：現在有一部分人以爲語體文不雅，太俗，都是主觀的作用。爲什麼從前的話是雅？現在的話，就爲不雅呢？豈不是爲了一個時間—古今—的偶像嗎？至於語體文的繁簡問題，黎錦熙先生在杭州女師範（見新近學燈欄）講演說，語體文的所以代文言文而起者，因語言繁複說明透徹。於文學文的簡鍊穩括；這繁複說明四個字，雖不能說是語言的缺點，卻也不能拿來恭維語言的長處嗎？拿簡鍊隱括定文言的罪狀，也有些究枉嗎？爲什麼呢？簡練穩括並非就是文言的不善，如鹽分，愈提鍊愈精，從他的分量上講，減去了雜質，自然減少許多；但鹹的性質格外鹹了，豈可分量少，就說他不好呢？——錢先生又說，思想發達，文明增進，文字因之也複繁起來；這條公理也不十分正確；譬如事務忙的人，要看長篇大文，那裏來空閒，所以只要寫出最精要的幾許話，使够使人家感應就得啦。你看各種廣告，要簡明，要組轄，如果長篇連牘，那裏有人去看他。所以語體文也應當一句一節，注意修詞，使他精鍊，使得一篇文字發生感動的效力格外強；所以與其失之繁複，毋甯簡潔爲是。（丙）除去新造的字語體文爲什麼要用他？要遍普的大家明白，這是一個緊要的原理，新近出現的「她」「牠」「地」「底」……一類的字，用在文中，反而使人多番索解，弄得意義含混，豈不背乎原則嗎？我先講一個「他」字的字根，是從它字脫胎出來的，所以無錫人的讀音如（do，）南京的音讀他，所以在口裏講他的音，分不出男女性來；即使寫成符號——文字——代表女性的，儘可用「他」字，也容易看出，不必寫一般人不經見的「她」字，炫人耳目，減少文字的普遍性。譬如有一位女子，來見王先生，他說，你什麼時候來的？他說，你在府上舒服嗎？這二句從意思上可以知道，上個「他」是指王先生，下個「他」是指來的一位女子；并且有了三個以上的女子，雖則用了「她」字，竟將那一個，也是莫明其妙。如她告我，他說，他見了他，他允許她即刻對她講了，他就送還她；這樣一來，除非再造幾第一人稱第二人稱等名詞，這也何苦呢？所以碰到這類句子，應當塡進張三李四的名詞，才得明白；何必徒炫耳目呢！「底」字已經有了五種解說，（一）水底花底等（二）茶壺的底（三）伊於胡底（四）靡所底止（五）What 之意，于卿底事，宜與土白裏底東西，就是什麼東西。現在再用做前置詞的of意義，如茶壺底底破了。用作所有格的意義，如現代底敎育（敎育雜誌十一卷十二號）用做二重所有格的意義，如敎育底社會化底傾向。一個她底，用法有這樣許多，怎不令人費解！如果有意立異起來，現在有分陰陽性的「她」定有造出多少數等字，譬如英文的Men，中文或寫做人，Books中文或寫書們，豈非大笑話嗎？（丁）勿勉强模做外國文的構造，句法等。現在有許多譯外國的小說書，往往有許多莫明其妙的地方，就是太勉强去模倣外國文法的緣故。其實中國文文法和西文不可强而爲一，就如西洋文英文與法文還不能够一致。例如英文說It is I 法文(i)可用(me)字（法文moi＝英me）如果英文專去模倣法文，譯成 It is me 在英文法上豈不是一大錯誤嗎？新近坊間出的譯文法書很多，一大半是做投機事業的書賈射利，你一看書的內容，大概照着英文分類演繹一下，能了沒有經過分析綜合研究，用中國文法歸納成一部文法書，吾們要知道 Man 與 men，Book 與 Books 在英文是有分別的，在中文並沒有分別。中國文法的簡單，正是中國文的長處，因爲經過了許多淘汰選擇，所以文法簡單得多了。吾們在火車上看見「每座兩客」四個字，英文卻要寫 EACH SEAT.TOACCMMODATE. Two. Persons. 七個字，才能表出。英文的繁複，並非就是英文的完善，他表達的符號，卻不及中文四字的明了省事啦。英文中再有一常用的字，正如從前中文寫以字要寫「有」，表示文章的古雅一樣。一意勉強模倣英文，止如二五與一十，都違乎現在的統一的原則了，所以應該除去的。

（六）結論。語體文須用合乎現在統一的口語做標準；語體文要用修詞的方法，使他增進效力；合乎上面二個條件，就是眞正的語體文。

爲什麼要用統一的口語做標準？因爲拿不統一的口語講一件笑話，懂的人津津有味，仰天大笑起來，不懂的人只得呆若木雞；因爲你沒有拿統一的口語，得到他的感應。爲什麼要用修詞學？因爲同是講一件笑話，會講的人，能使人仰天大笑；不會講的人，依然乾燥無味。你如果要博得一座粲然，定要想怎樣講法才好，就是修詞。

三　國語文法編輯綱要

黎錦熙

一　研究國語文法的目的

研究國語文法的目的，就是要用科學的方法，整理日常應用的語言。不但與研究古體近體的文法，有死活的不同；就是與學習普通語言，（即國語）其範圍也有廣狹的差異。普通語言的範圍廣，國語文法的範圍狹。本來狹小的目的，不過是達到廣大的目的一種方法；因為要普通話說得不錯，語體文做得合式，所以研究國語文法。

二　編輯上與教授上最宜注意的兩要件

（一）注重句法　這是世界文法教授上一種新趨勢。我國各學校教授國文法和外國文法，現在還有許多與這趨勢相反。我且引朱奐逵君我對於英文法改編的意見文中的一段來說明：——

……從嚴格上說起來，文法的目的，就是要把指詞（Darling）與分析（Analysis）兩部工夫能夠做好。應這兩部工夫，於是可以把文法分為詞類（Darts of Speech）與句法（Cons trution）兩大部分。兩部之中，以句法為重要。雖然詞類是句法的基礎，但是有許多文法教科書，起首把詞類講得太詳；一半講詞類，一半講句法。於是學者費了多少工夫，還不知道造句，埋頭伏案，天天所研究的，是這些詞類的變化，還弄不清楚。消耗光陰，減少興味，教學者怎能有進步呢？……

（二）採用圓周式　要免去上段所說的弊病，惟有用圓周式之一法。先把詞類（就是品詞）與句法的大綱講好，再講他們的細目；細目裏邊，又要分出重要與不重要的幾個層次，層層推進，由簡而繁。

三　教材的選擇

分為四個要項說明如左：

（一）定義（Deffinition）與規則（Rules）的詞句都要簡明。舉幾個定義為例？

名詞　是事物的名稱。

代名詞　是代替名詞的。

如有定義所不能包含的，或例外的，都留給規則去說好了。

（二）舉例（Examples）要舉得好。規則是懸虛的話，要明白，全靠舉例。舉得好的條件：第一，要選擇合於普通應用的語句；雖有方言，便不普通；多引舊小說中的古體語，便不合於現代的應用。第二，要有意思思想陳腐與毫無意味的話，可以不舉。這兩件是最重要的。

（三）舉例後的說明，可省略就省略他—代以符號。舉例是證明規則的；規則果然明白了，例後的說明自然是贅疣了。所以例後的說明，除開必要聲敍的，應特別注意的，或例外的附則，這三種之外，一概可以省略。符號用在字旁的本甚普通；今舉一例，（用複符號的）可以看出他有代替好幾行說明的作用：

規則　外動詞帶賓格外，有時還要補足語。

例　你的話引起他發笑。

若例是用橫寫式，就可將符號用在字的下面，或改用多種的引號（如「（　）」『（（　））』等）。

（四）參用圖解法（Diagrom）。不但練習時要用他，就是課本中，遇有語句的主要成分和附加成分要分別時，便不妨參列，使學者一目了然。

（五）書末要附西文法名稱對照表。文法的組織，本來是仿照Grammar的；所以會習西文的人，研究本國文法，大有熟路輕車之效。不過名稱上還有許多不明瞭的，附有此表，一查即得，要避錯雜，所以附在書末。若是高級的文法，不妨徑在書中新出一個名稱之後，加上一個夾注。

四　圓周式的教材分配法

(一)先按學校程度，分爲三個等級，可以編成三種課本：

第一小學校　小學校本來是不要教授文法的。但從前所謂文法，是古體近體文的文法，不是日常口說的國語文法；兒童的讀文作文，已經弄不清楚，自然不能再拿許多條例來麻煩他。現在改用國語，情形便大不同了。我看國民學校的後兩年，可以另編一種「國語作文教科書」將最粗淺的文法常識，包含在內，附帶說明。—但決不可單用文法教科書—因爲國語讀本已經破除了從前的「文字障」，自然要多用一些「實質方面」的材料，教兒童多得一點常識；所以讀本的「形式方面」不妨劃入「作文的」範圍，那麼作文教科書，是不能不另編的了。

至於高小，可以和補習科，乙種實業，共用一種「初級文法教科書」，作爲文法教授的第一步。這種文法教科書，只就普通所讀的國語文，歸納於文法上幾個重要的類別和規則，便彀了—就是九種品詞的區別，和單句的四種成分。

第二中等各學校　就第一步擴充爲第二圓周，編成一種「普通國語文法」。

第三師範，及專門以上的預科　就第二圓周再擴充起來，增加一點文法的理論，文學上的變例，文體及修辭學（Retoric）的概略，作為第三圓周編成一種「高級國語文法」

（附注）師範照學校系統程度應比中學高，並且畢業後便要將文法應用於教授上；所以不妨用高級國語文法。

（二）在每一個等級中，也還要適用圓周法的編次。第一級小學用的，太簡單，且不論。第二級的「普通國語文法」切不可仿照納氏英文法（Nesfield S English Grammar Serier）第二集的體例，將品詞占了十分之九，犯了上文第二節所說的毛病。我且假定一個目錄，請大家批評：

第一章　概說（這章雖是概說，但也不可偏於理論；不妨將國語文法中實際需要的原則公式等，應儘先知道的，豫為提出，說個大概。）

第二章　品詞的定義

第三章　單句的成分（以上兩章就用第一級的材料，稍為更變，就得。）

第四章　品詞的種類

第五章　品詞組成之「單語」（Dhrases）

第六章　單句的分析——品詞的用法

第七章　分句(Clauses)

第八章　複句的種類

第九章　標點符號

第十章　段落篇章的組織

以上十章，不過是大綱細目沒有寫出來總求合於上文所說的「層層推進，由簡而繁；」並且要從於「演進」之中，品詞和句法兩不偏重，而能互助——第三級「高級國語文法」的編法，依此類推，不贅說了。

五　歸納法與演繹法並用

照上文第三節所說，教材的排列，是先把規則提出，然後列舉幾個例證；遇著必要說明的地方，就附加一段說明，這個可以叫做演繹的教授，是最普通的方法，但歸納的教授也不可不參用；就是先泛說或列舉一點兒事實，(最好是語文的異同，方言或外國語的比較。)再標出一個普通原理——先舉事例，後提規則——照這樣，不但興味較多，並且容易明瞭些。

作練習題，已經是適用演繹法了；若教授時不參用歸納法，就不免流於單調，要文法教授能夠起種種興趣，這個演繹歸納並用法是很要緊的。

六　練習

練習也有五個要項：

（一）練習題目的多少，要看本章（或節）所述文法的難易而定；不可千篇一律。如名詞的種類，容易辨別的，隨便練習幾個題目就得。

（二）練習題目的選擇，最要緊的是和讀本聯絡，必須使學者將所讀的國語文，句句可用文法來支配；將所學的文法，條條可拿讀本的文句來作例證。

（三）文法中的「說明」或「附則」，有時可插入練習課中；因爲瑣碎的規則，不必在正文中一一排列，以免繁悶。最好在練習課中，步步爲營，使一個總規則的許多附則，藉學者的自動，依次提出，教他自然領悟，而有由粗及精漸入佳境之樂。

（四）練習的方法，要看本章（或節）所述的文法，是重在甚麼關係，斟酌定之；如指部，分析（填分析表或用圖解法），填字，改錯，造句，語文互譯，種種方法，都可以用，只要適合於所重之點，又宜多所變換。

（五）「語文互譯」之外，還有較流行的「方言」也不妨列出幾種，與國語比較互譯。就是「外國語」也可以看地方的情形，和學者的程度，適宜的提出幾個最有關係的語句，互相翻譯。這不但能使學者對於文法的關係十分透徹，並且很切於實用。

七　文法書的形式

文法是一種軌範的科學，書的形式，於講解或研究上，最有關係；所以這雖是印刷方面的事情，也不能不簡單的說明幾句。

（一）書中各章節的題目，可用二號鉛字；定義規則可用三號鉛字；舉例說明附則等可用四號鉛字；（其中遇有注意的詞也可參用三號字，能用別體鉛字更好。）練習可用五號鉛字。（其中如插有文法的說明及附則，也要用四號字。）

（二）書中的標點符號，必須精校，不可差錯。（參照第三節第三項）

（三）用直行不如用橫行；一來參注西文便利些，二來於排列上，及插入圖表，也適宜些。

（四）既用橫行，便可依事項的分別，於每一單元之前，注明數字，自開篇到終卷，一直數下，必須如此，方便稱引檢查。這種數字，可以列在每面欄外的左邊。

八 結論——研究國語文法的效果

研究國語文法的目的，是要普通話說得不錯，語體文做得合式，這個目的貫徹了，語法也就忘記了！語法忘記了，才算是得了效果了！這話的道理並不稀奇，我又引宋君文中的一段話來說明，作結論：

……我所教的學生，有採用現在的文法教本的，有由黑板上抄讀文法的，就其結果看來，以後者進步最速。我聽他們對我說：「我們學了許多文法上的規則，到現在腦筋裏面，好像沒有幾條規則；一般因爲要背誦又不能完全背誦出來，但是看書自然容易了解，作文自然少有錯誤。」怎麽進了步，從前所學的文法都忘記了呢？我看他們不是忘記，是腦筋中有了調和作用；他們讀書易了解，作文少錯誤，是一種反射作用；能調和，能反射，便是進步的現象。……

四 新式標點符號案

國語統一籌備會

一 釋名

本議案所謂『標點符號』，含有兩層意義：一是『點』的符號，一是『標』的符號。『點』是點斷，凡用來點斷文句，使人明白句中各部分在文法上的位置和交互的關係的，都屬於『點的符號』。又可叫做『句讀符號』下條所舉的句號,點號,冒號,分號,四種屬於此類。『標』卽是標記。凡用來標記詞句的性質種類的,都屬於『標的符號』如問號是表示疑問的性質的,引號是表示某部分是引語的,私名號是表示某名詞是私名的,舊有『文字符號』『句讀符號』等名稱,總不能包括這兩項意義,故採用高元先生論新標點之用法一篇(法政學報第八期)所用『標點』兩字,定名爲『標點符號』。

二　標點符號的種類和用法

中國文字的標點符號狠不完備。最古只有『離經辨志』的方法,(見學記。鄭玄注,離經,句絕也。)大概把每句離開一二字寫,如宋版史記的索隱述贊的寫法。漢儒講究章句,始用『句讀,』何休公羊傳序云,『援引他經失其句讀。』周禮注,『鄭司農讀『火』絕之。』讀字徐邈音豆,(見經典釋文。)又稱『句投,』(馬融長笛賦。)又稱『句度,』(皇甫湜與李生書。)大概語意已完的叫做句,語氣未完而須停頓的叫做讀。但是漢唐人所用的符號已不可考。見祇有說文有『乚』字,說是鉤識用的,又有『•』字,說是絕止用的,不知是否當時的句讀符號。唐末五代以後,有了刻版書,但是大概沒有標點符號。到了宋朝,館閣校的書始用旁加圈點的符號。宋岳珂九經三傳沿革例說:『監蜀諸本無句讀，惟建本始仿館閣校書式從旁加圈點，開卷瞭然，於學者為便，然亦但句讀經文而已。惟蜀中字本與興國本併點注文，益為周盡。』增韻也說：『今秘省校書式，凡句絕則點於字之旁，讀分則微點於字之中間。』這兩條說宋代用句讀符號最明白。現在所傳的宋相臺岳氏本五經，即是用這種符號的，佛經刻本也多用此法。後來的文人用濃圈密點來表示心裏所賞識的句子，於是把從前文法的符號變成了賞鑒的符號，就連古代句讀的分別都埋沒了。現在有些報紙書籍，無論什麼樣的文章都是密圈圈到底，不但不講文法的區別，連賞鑒的意思都沒有了。這種圈點和沒有圈點有什麼分別？

如此看來，中國舊有的標點符號只有一個句號，一個讀號，遠不如西洋的完備。用符號的本意，千言萬語，只是要文字的意思格外明白，格外正確。既然如此，自當採用最完備的法式。因此本案所主張的標點符號大致是採用西洋最通行的符號，另外斟酌中國文字的需要，變通一兩種，並加入一兩種。這些符號可總名為『新式標點符號。』此外舊有的一圈一點的符號，雖然極不完備，竟究也很有用處，當此文法學知識不會普及的時候，這種簡單的符號似乎也不可廢。因此本案把這兩種符號的用法也仔細分別出來，另叫做『舊式點句符號』附在後幅，備學者參考採用。

新式標點符號

（一）句號　○或、

凡成文而意思已完足的，都是句，每句之末須用句號。

（例）子說。——論語

白，黑，商，徵，膻，焦，甘，苦，彼之名也，愛，憎，韻，含，好，惡，嗜，逆，我之分也。——尹文子。

（二）點號　、或，

點號的用處最大又最複雜，現在且舉幾種最重要的：

（甲）用來分開許多連用的同類詞，或同類兼詞。（合幾字不成句，也不成分句的名為兼詞。）

（例）分魯公以大路，大旂，夏后氏之璜，封父之繁弱，殷氏之六族。——左傳定四年。君子之道，淡而不厭，簡而文，溫而理，知遠之近，知風之自，知微之顯。——中庸。

（乙）凡外動詞的止詞，因為太長了，或因為要人重讀他，所以移在句首時，必須用點號分開。

（例）凡爾器用財賄，無置於許。——左傳隱十一。「凡爾器用財賄」是「置」的止詞。

自鬻以成其君，鄉黨自好者不為。——孟子。「自鬻以成其君」是「為」的止詞。

(丙)凡介詞所管的司詞，移在句首時，必須用點號分開．

(例)趙王所爲，客輒以報臣，——史記信陵君傳「趙王所爲」是「以」的司詞．

所惡於上，毋以使下．——大學「所惡於上」是「以」的司詞．

(丁)主詞太長了，或太複雜了，或要人重讀他，都該用點號使他和表詞分開．

(例)人之所以異於禽獸者，幾希——孟．(主詞太長)

子路，曾皙，冉有，公西華，侍坐．——論．(主詞複雜)

魚，我所欲也；熊掌，亦我所欲也．——孟．(主詞重讀)

(戊)用來分開夾注的詞句．

(例)公子州吁，嬖人之子也，有寵而好兵．——左，隱三．

夫顓臾，昔者先王以爲東蒙主，且在邦域之中矣，是社稷之臣也，何以伐爲？(論．)

(己)凡副詞，副詞的兼詞，或副詞的分句，應該讀斷時，須用點號分開．(有主詞和表詞．而語意未完的．名爲分句)

(例)初，鄭武公娶於申，曰武姜．——左，隱元．(副詞)

以德，則子事我者也。——孟。（副詞的彙詞）

民望之，若大旱之望雲霓也。——孟。（副詞的分句）

（庚）用來分開幾個不很長的平列分句。

（例）君子之所以教者五：有如時雨化之者，有成德者，有達財者，有答問者，有私淑艾者：此五者，君子之所以教也。——孟。

以上七種，不過略舉點號的重要用法。論點號最精細的莫如高元先生的新標點之用法，可以參看。

（三）分號　；

（甲）一句中若有幾個很長的平列的彙詞或分句，須用分號把他們分開。

（例）白黑，商徵，膻焦，甘苦，彼之名也；愛憎，韻舍，好惡，嗜逆，我之分也。——尹文子。

（又）所惡於上，毋以使下；所惡於下，毋以事上；所惡於前，毋以先後；所惡於後，毋以從前；所惡於右，毋以交於左；所惡於左，毋以交於右；此之謂絜矩之道。——大學。

（乙）兩個獨立的句子，在文法上沒有聯絡，在意思上是聯絡的，可用分號分開。

(例)他到這個時候還不會來;我們先走罷。

(又)放了他罷;他是一個無罪的好人。

(又)這把刀子太鈍了;拿那把鋸子來。

以上各例,若用句號,便太分開了;若用點號,便太密切了。故分號最相宜。

(丙)幾個互相依靠的分句,若是太長了,也應該用分號分開。

(例)原著的書既散失了這許多,於今又沒有發見古書的希望;於是有一班學者把古書所記各人的殘章斷句一一搜集成書。

這一長句裏的三個分句,有『既』『又』『於是』等字連絡起來,是相倚靠的分句,本不當分開。但是因為他們都是很長的,故可以用分號分開。

(四)冒號 :

(甲)總結上文。

(例)如(條三)條之第二例,『此之謂絜矩之道』一句是為總結上文。

(乙)總起下文。

（1）其下文爲列舉的諸事。

（例）君子有三畏：畏天命，畏大人，畏聖人之言。——論

（2）其下文爲引語。

（例）詩云：「如切如磋，如琢如磨」其斯之謂歟？——論

（五）問號　？

表示疑問。

（例）其斯之謂歟？——論　（問）

（又）鄉黨自好者不爲，而謂賢者爲之乎？——孟　（反問）

（又）其然，豈其然乎？——論　（疑）

（六）驚嘆號　！

表示情感或願望等。

（例）唉！豎子不足與謀！——史記　（歎恨）

野哉！由也！——論　（責怪）

來吾道乎先路！——離騷。（願望）

王庶幾改之予日望之！——孟。（願望）

（七）引號『』「」

（甲）表示引用的話的起結。

（例）詩云：『如切如磋，如琢如磨』其斯之謂歟。

（乙）表示特別提出的詞句。

（例）然則『可以爲』未必爲『能』也。雖不『能』，無害『可以爲』。然則『能不能』之與『可不可』其不同遠矣。——荀子，性惡。

（八）破折號 ——

（甲）表示忽轉一個意思。

（例）坎坎伐檀兮，寘之河之干兮，河水清且漣猗。——不稼不穡，胡取禾三百廛兮？——詩，伐檀。

（乙）表示夾註與（ ）同用法。

（例）夫顓臾，——昔者先王以爲東蒙主，且在邦域之中矣，——是社稷之臣也，何以伐爲？——論。

(丙)表示總結上文幾小段與『:』略同.

(例)上文(三)條的第二例末句也可加用『——』.

所惡於上,、、、、、、、、、、、毋以交於右:——此之謂絜矩之道.如此,就更把總結上文的意思表出來了.

(九)删節號、、、、、、

表示删去或未完.

(例)如上條(丙)例.

(十)夾註號(　)〔　〕

(例)宋儒不明校勘訓詁之學,(朱子稍知之而不甚精)故流於空疏,流於臆說.

(十一)私名號　孔丘

凡人名,地名,朝代名,學派名,宗教名:一切私名都於名字的左邊加一條直線.向來我們都用在右邊,後來覺得不方便.故改到左邊.橫行便的在下邊.私名號用在左邊,有幾層長處:(1)可留字的右邊爲注音字母之用,(2)排印時不致使右邊的別種標點符號(如,;?之類)發生困難.

(例)宋徽宗宣和五年，波斯的大詩人倭馬死了。

(十二)書名號　漢魏六朝百三家集

凡書名或篇名都於字的左邊加一條曲線。橫行便加在下邊。

(例)吾於武城，取二三策而已矣。——孟。

(十三)附則

(甲)句、點、分、冒、問、驚嘆、六種符號，最好都放在字的下面。

(乙)每句之末，最好是空一格。

(丙)每段開端，必須低兩格。

附錄　舊式點句符號。

(一)圈號　○

表示一句或一分句。

(例)子說。　(新式用句號。)

(文)所惡於上。毋以使下。所惡於下。毋以事上。所惡於前，毋以先後。所惡於後，毋以從前。所惡於右，毋以交於左。所惡於左，毋以交於右。此之謂絜矩之道。（新式前五圈用分號，後一圈用冒號。）

（又）鄉黨自好者不爲，而謂賢者爲之乎。（新式用問號。）

（又）放了他罷。他是一個無罪的好人。（新式用分號。）

（又）君子有三畏。畏天命，畏大人，畏聖人之言。（新式用冒號。）

（又）君子之所以敎者五，有如時雨化之者。有成德者。有達財者。有答問者。有私淑艾者。此五者。君子之所以敎也。（新式第一圈及第六圈用冒號，第二至五圈用點號。）

（又）王庶幾改之予日望之。（新式用驚嘆號。）

（又）野哉，由也。（新式用驚嘆號。）

（二）點號

（1）凡新式用點號之處都可用點•

（例）參看上文點號下所舉各例，

（2）有時可代分號•

（例）他到這個時候還不曾來，我們先走罷。

（又）這把刀子太鈍了，拿那把鋸子來。

（3）總起下文的冒號，如下文不狠長，都可用點。

（例）君子有三畏，畏天命，畏大人，畏聖人之言。（此例可圈，也可用點。如『君子有九思』，下舉九事，太長了，故須用圈。）

（又）詩云，『如切如磋，如琢如磨，』其斯之謂歟。（引語之前，無論引語長短，都該用點，不當用圈。）

（4）驚嘆詞若是狠短的，可用點。

（例）唉，豎子不足與謀。

（附註） 用舊點句符號時，別種符號雖可勉強删去，但引號似乎總不可少。若能加上私名號，便更好了。

（三）理由

我們以為文字沒有標點符號，便發生種種困難：有了符號的幫助，可使文字的效力格外完全，格外廣大，綜計沒有標點符號的大害處約有三種，小害處不可勝舉。

(一)沒有標點符號，平常人不能『斷句，』書報便都成無用，教育便不能普及。　此害易見，不須例證。

(二)沒有標點符號，意思有時不能明白表示，容易使人誤解。　例歸有光的寒花葬志有『孺人每令婢倚几旁飯即飯目眶冉冉動孺人又指予以為笑』二十四字，可作兩種讀法，便有兩種不同的解釋。

(1)孺人每令婢倚几旁飯，即飯。目眶冉冉動。

(2)孺人每令婢倚几旁飯；即飯，目眶冉冉動。

又如荀子正名篇說：『異形離心交喻異物名實互紐』十二個字，楊倞注讀成三個四字句，郝懿行讀成兩個六字句，意思便大不相同了。假使著書的人用了標點符號，不須注解的人隨意亂猜了。

(三)沒有標點符號，決不能教授文法。因為一篇之中，有章節的分段；一章一節之中，有句的分斷；一句之中，有分句(Clause)，兼詞(Phrase)嚴復譯為『仂語』小頓(Pause)高元譯為

區別分句之中又有主句和從句的分別。凡此種種區分，若沒有標點符號，決不能明白表示；

既不能明白表示這些區別，文法的教授必不能滿意。

例　左傳，昭七年：

匹夫匹婦強死，其魂魄猶能馮依於人，以爲淫厲；況良霄——我先君穆公之胄，子良之孫，子耳之子，敝邑之卿，從政三世矣。（鄭雖無腆，抑諺曰，『蕞爾國』，而三世執其政柄，其用物也弘矣，其取精也多矣）其族又大，——所馮厚矣，而強死，能爲鬼，不亦宜乎？

這一長句，若從文法結構上分析起來，非用許多符號不可。若沒有符號，必致囫圇吞下去，文法上各部分互相照應的地方必不能看出來。若全用一種圈子，豈不成了十幾句了，那能表示這句的文法呢？

因爲這些害處，所以這幾年以來國內國外的中國學者狠有些人提倡採用一副新式的標點符號，鼓吹最早的是科學雜誌。科學雖是橫行的，也曾討論直行標點的用法。後來新青年，太平洋，新潮，每週評論，北京法政學報等直行的雜誌也儘量採用新式的標點。國立北京大學所出版的大學叢書，大學月刊，及模範文選，學術文錄等書也多用標點。上海的東方雜誌也有全用標點的文章。這

「讀」的幾年的實地試驗，引起了許多討論，現在國內明白事理的人，對於符號的形式雖然還有幾點異同的意見，但是對於標點符號的重要用處，大概都沒有懷疑的了。

因此我們想請教育部把這幾種標點符號頒行全國，使全國的學校都用符號幫助教授；使全國的報館漸漸採用符號，以便讀者；使全國的印刷所和書店早日造就出一班能排印符號的工人，漸漸的把一切書籍都用符號排印，以省讀書人的腦力，以謀教育的普及。這是我們的希望。

提議人　馬裕藻　周作人　劉復
　　　　朱希祖　錢玄同　胡適

胡適

八年十一月二十九日夜修正

五　使用新式標點的注意

濬

現在新式圈點很流行了，差不多沒有一本新刊不用新式圈點，在文字上有這一點兒革新，固然是一個好現像。但是其中濫用新式圈點，或應用中國句讀的點法到新式圈點上去的，恐怕亦不在少數。我們既然用了新式圈點，這種缺點似乎早宜矯正；否則以訛傳訛，引用新式圈點的意義，恐怕漸漸地要失掉了。況且現在大家都承認有多出叢書的必要，叢書上所用的圈點尤宜格外注意。

所以我們提出以下三點來同大家商榷，希望從事著作和編譯事業的人注意。

（一）主詞和賓詞之間，不必加以，號。照中國舊式句讀的點法，主詞和賓詞之間必有點號，或加一圈。這因在讀的時候，主詞和賓詞之間，應該要有一種微細的停頓。然從文法上講來，其間實在沒有加以圈點的必要，即在西文亦沒有這樣的先例。舉個例說，照中國舊式的圈點，則下面一句如「天地者萬物之逆旅。」「天地者」三字下面，必定要加一圈或一點。若用了新式圈點，則這一圈固然絕對不要，即一點亦儘直可以不用。在新式圈點中應用點或，號的地方很多，這裏絕沒有必要的點號，何必多贅呢？再譬如說：「從前日本皇國大學助教授森戶辰男為了研究無政府主義的緣故被拘。」照中國舊式的點法，則為「從前日本帝國大學助教授森戶辰男。為了研究無政府主義被拘。」試問因讀的關係多加兩個圈兒在文法講得通嗎？若把二個圈都改為，號了，那就可算的當嗎？我們以為這裏不但二個圈可以不要，即，號其實亦應省去咧。

（二）在連續的幾個形容詞或副詞之間宜用點號。 我們上面說過在新式圈點中應用點或，的地方很多，即是指此。譬如白華君說過，『唯美的眼光，就是我們把世界上，社會上各種現象無論美的，醜的，可惡的，齷齪的，儻麗的，自然生活以及鄙俗的社會生活，都把他當作一種藝術品看待。

」這一句裏爲求明瞭起見，形容詞之間我們認有加點的必要。

（三）白話文中「的」字的用法應該稍有限制。　形容詞和副詞下面都須用個「的」字，固然不消說了，他如英文中應用 of 和 Possessive case 的地方也不能不都用「的」字。這在平常簡單的文語中間或沒有什麽問題，但在介紹高深的學問以及翻譯深奧的書籍的時候，這許多地方都用『的』字，不但譯者作者都感不便，卽讀者恐怕亦很受其累，似乎應當有個變通的辦法才好。我們對於這點，曾經討論許久，沒有結果。前天和幾個同志重提此事，得到一個我們自以爲比較上妥貼的方法，如今不妨寫在下面和讀者商榷。我們討論的結果，以爲形容詞底下不能不用個「的」字，在 Possessive cas 的字亦有形詞的性質，不妨亦如形容詞，底下加個「的」字。至於副詞下面的「的」字可改用「地」字，再用白華君說過的一句來做個例。他說：『……我……作了許多有趣的觀察，胸中充滿了樂意，慢慢地走回家中，細細地玩味我這豐富生活的一段。』這裏「細細」「慢慢」都是副詞，下面加一「地」字作他語尾，似乎比用「的」字好些。代替「of」的字，我們以爲用「之」字或「的」字都可以；若用「的」字，只要排字的時候把「的」字上下兩面都空些，使更加明瞭。譬如「豐富生活生活的一段」排作「豐富生活　的　一段」，不是很明瞭嗎？胡君嘗提倡把應該相聯的字，如好幾個字的名詞形容詞等都排在一起，下面稍空些，以便使讀者更容易明瞭，這是我們都認其有採用的價值的。以上三點，都是我們現在所想到的。我們想在自已編書或譯書的時候，卽時實行，希望讀者亦提出討論的意見；如有承認以上三點都可採取者，我們并且希望他們亦一致的卽時實行。

此外如：；！？（ ）「 」——等符號，須引用的當，弗蹈濫用的弊病，凡做書譯書的人，自然亦當留意，兹不贅述。

我寫到這裏，覺得還有一點不關圈點符號的亦應改良，卽是每句空一格固然很好，但是一行的第一字，雖前一行的末一格恰是前一句的末一字，除非是另外一段，應該另行排，却不宜空，若是亦空了，似乎不很整齊。你看西文的書報，除了每段的起首外，那裏有一行的第一字空的麼？假定空了，整齊美觀麼？我看見新出雜誌中，往往有數行不是文中一段的起首的，亦空一格，覺得沒有甚麼意思，不如弗空反而整齊，應當改正，故亦附記於此。

第四編　國語教材問題

一　國語教材的研究

何仲英

我們要在現在收羅國語文底教材，很是件難事。

第一，已有的國語文太少：不是過長，就是過短；不是雜亂無章，就是思想陳腐；要找一篇完完全全沒有毛病的，實在是『鳳毛麟角』。

第二，現在新作的國語文儘管多，但在創造試驗時期，難免有拉雜刻露等流弊，而且適合於學生程度的很少。

從嚴格上說來，似乎已有的國語文，難以取材，惟有靜待將來創造，這決不是一時的事。現在小學已經部令通行改授國語在案，各中等學校，亦大多數參教語體文，那麼國語文底教材，選擇底標準，範圍，和分量，皆宜急待研究，斷難等候，勢不得不於已有的嚴加采取，以應需而然。而國語文底範圍太廣，究竟那一部份的材料宜多？那一部份的材料有益於學生較大？那一部份可以在課內研究？那一部份不妨在課外閱讀？這都是我們應該仔細研究，分析明白的。

先說國語文底教材底範圍：

(一)散文　包括白話的議論文，寫情文，敘事文，學術文，應用文，以及語錄，禪宗，和古人的白話尺牘，札記而言。

(二)韻文　包括一切新舊體白話詩，及白話詞曲而言。

(三)戲劇　包括一切新舊劇而言。

(四)小說　包括白話的長篇，(章回體或段落體)短篇小說而言。

此四項中，散文教材，比較其他各項，似乎較多，似乎也容易選擇，其實不然。因爲議論文長短不均的居多；短的一覽無餘，無甚意義；長的又是冗雜者多，精細者少。若是長篇而有很好的思想，縝密的結構，未嘗不可令學生自己研究，條分縷析，鍛鍊他們的腦筋，比較一部死板板的論理學的好。又可惜太少了。寫情文在國語底散文中，最爲少見；就是有的，也是遊記體，雜記體，隨感而發，無甚精采。記事文大部犯冗長的毛病；好的模倣西文，妞妞捏捏，醜的尖刻輕狂，風格太低。學術文比較的純粹無流弊。惟第一要敘述得有頭有尾，乾乾淨淨；第二要深入顯出，容易了解；有此二條件，那就難了。況且學術文祗能教授一部份學生，不能及於全體；比如章太炎底論六書，論文字的通借，胡適之底易卜生主義，愛才底相對性原理和四度空間，總算是簡潔明瞭，有條不紊了；然而或偏於哲學，或偏於科學，或偏於文字學，怎能適合於中等學校底學生底程度？白話應用文尚未通行，材料除書牘廣告類文字外殊少。儒家語錄，如二程遺書，朱子近思錄，陸象山語錄，王陽明傳習錄，呂新吾呻吟錄等，並不在少數，惜思想陳舊，無美可取，而且篇幅太短，不成文章的格局。禪宗如高峯語錄，寶華語錄，博山語錄，禪關策進，請益錄，從容錄，拈黑豆集，大覺瑣言，以及雍正御選語錄等，字句雖多近語，間有深意，又可惜參雜佛家話頭，並有出世思想，文章底形式內容，皆於國語文學底意義不合。至於古人的白話尺牘札記，真正純粹的，不過幾篇；其內容除研究一點學問，規勸一點舊道德外，別無新意。這就是散文底種種材料。

韻文方面：古詩如上山採蘼蕪，孔雀東南飛，木蘭歌，以及杜甫底石壕吏，兵車行，白香山底折臂翁，賣炭翁等篇，記事寫情，面面都到，何嘗不是白話韻文；然而古色古香，究與今語有別，而且內容上完全有短篇小說底意味，不過體裁上名爲樂府罷了。新詩沒有規律，尚在嘗試時期，將來或可『獨樹一幟』，現在是很難選擇的。詞如李後主，柳耆卿，辛稼軒等，很有些白話佳作，但風花雪月，牢騷抑鬱的話多，徒然引起讀者無聊的同情，悲觀的見解，養成一種意志薄弱的現象；有何意味？有何益處？還是少選爲妙。曲大概是元人語體韻文，幾乎沒有一篇不可選；實則除掉詞藻，僅取他的純粹語體結構的，又幾乎沒有一篇可選。就是有純粹語體的，苦於元代方言滿紙，如何選法！

戲劇方面元體有曲有白，聯貫一氣，大概四折，不便割裂。現在戲臺上通演的劇文，又都鄙俗不堪，毫無意義。新劇稿本好的尤少；如天津南開學校新編的新村正一劇，形容惡紳盜賣國土，可恨可歎，打破因果報應的謬解，頗能獨開生面。若除去其中天津土語，很可爲國語會話的範本，讓學生去實地表演。惟可惜此類稿本太少，西洋劇譯成國語的，容有一二，又因他的意義，與我國國民生活和思想上不盡脗合，難作教材。

小說方面比較他項材料實多一點，而且用白話文較早，影響於今日所謂新文學者甚大。從水滸傳一直到老殘遊記，其中經過有價值的白話小說，不下若干部。雖因爲舊思想，舊形式所束縛，動輒一百回八十回，抒寫的技能，難免有缺憾，全體的結構，難免有拉攏雜湊，欠緊嚴的地方；或是冗長散漫，沒有一定的人生觀，隨意嘻笑怒罵，無言外之意；或是寫到男女戀愛姦私，和武人強盜，顯他特殊勢力的時候，作者往往自己動心，寫上許多肉麻字句，以致意境不高，文情俗惡，難免有誨淫，誨盜的批評；然而寫情記事，實在有的比現在國語底散文描寫得好，內容所含問題，實在有的比現在空洞的國語議論文見解得深；而且所用的白話，有的非常純粹簡淨，可以爲模範。所以有的人認白話小說，為統一國語底利器，也認為國語文唯一的教材。如戴季陶說：「我想今天不教白話文學則已；如果教白話文學，除了找那滿淸劈了版，現在又禁止流傳的金瓶梅之類的，來做教材而外，恐怕就很難找。」這句話未免言之過甚。又有的人以為國語教材，別的都可以，惟小說不可以，這亦未免腦筋太舊，不合新潮了。我以為中國著名的白話小說，雖抵不上西洋的所謂浪漫派，寫實派底佳作，然而文意雅茂的尙多，即單就文學上描寫的技能說，亦殊有可取。所以在現在的國語文底材料中，白話小說獨居特殊的地位。

我說這句話，不是抹殺其他各項，而獨崇拜白語小說；因為就現在教材底分量說，小說實在是比較的多，比較的好，就教材底課外適宜說，小說實在是比較的有興趣，比較的能持久。再深一層說：與其讀一部高等小學理科讀本，不如看一部上下古今談；與其讀徐霞客遊記，不如看一部老殘遊記；與其讀盡乾嘉時文人底專集，不如看一部儒林外史；與其模倣這篇傳，模倣那篇傳，不如看一部水滸傳；與其學詩，學詞，學歌，學賦，不如看一部紅樓夢和一部鏡花緣。所以我敢說白話小說在現在，雖不能說是國語文底唯一教材，也當佔國語文教材底大部份，所以提出特別研究。

在反對小說為教材的人，他們的理由大概是：

(一)小說是閒書，只能供茶餘酒後的談話資料，不配做教本。

(二)小說向來各學校皆禁止翻閱，尚有流弊，若竟公然提倡，豈不貽害後生？

(三)國文底材料很多：除了諸子詞賦，不易了解者外，其餘多言近意遠，循字規矩的古文；即除了古文而外，新近表露在報章雜誌上的國語文，好的也不少；為甚麼不取那些文而獨取小說文？

(四)就小說歷史言，中國只有能作好小說的，沒有能讀好小說的；金聖歎而後，發潛德幽光的，能有幾人？現在人讀小說，只注重事實，那一個斤斤在文學上研究！不要說小說了，就拿古聖先賢冠冕堂皇的文章教學生，猶且不能彀使他們個個做正經人；若說是拿紅樓夢，水滸傳教學生，學生不學賈寶玉，黑旋風，我不相信的。

(五)教授注重講解，講解注重辨析字義。假使此說一行，試問講紅樓夢，於賈璉與多姑娘一場怎樣講？講水滸傳於潘巧雲看佛牙一場怎樣講？

(六)小說底結構體裁，遣詞運辭，都別有抒機，絕不許移用到他種文字上，那麼看小說與學習國語文有何關係？

(七)好小說必能一貫其白話的口氣。即以水滸傳論，宋時山東的諺語，差不多章章都有，如遮奢啦，努那啦，火併啦，油水啦，現在若爲他箋注，恐怕很難。

以上七種理由，我以爲皆可商榷，不能成立。我的理由：

（一）小說是閒書底見解，完全是根據舊思想來的，因爲（1）中國底文學界，不許小說立足；即使許他立足，也是無聲無臭，沒有什麼勢力；譬如姚惜抱底古文辭類纂，曾滌生底經世百家雜鈔，分的門類雖多，却沒有一類容着小說，史的藝文志和文學史等，紀述小說，只三言兩句，不及紀述同樣美學性質的詩詞歌賦詳細。（2）中國沒有做小說的人，只是『出其餘緒，從事稗乘』這是自己認做小說爲一件沒有價值的事情了。（3）中國沒有讀小說的人。讀小說的時間，總在茶餘酒後，或是夜靜更深，或在舟車道上，只認小說是一件怡情悅性，破除沈寂的消遣品，所以說小說是閒書了。其實小說中，只配爲閒書，或不配爲閒書的，固數不勝數，但不能抹殺一切好小說實在配做教本！諸位不看見教外國文學的，常常引到外國小說麼？

（二）小說要想嚴禁，是嚴禁不了，越嚴禁越要看，恐怕越要做出不道德的事；不如公然提倡，明白選擇的標準，那一種好，那一種壞，有教師指導學生，覺得流弊小而利益大。如其不然，恐怕封神榜，濟公傳，彭公案一些牛鬼蛇神的思想，要盤據在青年腦裏；一盤「大黑幕」「大秘密」……誨淫誨盜的觀念，也要寤寐難忘，展轉反側；還有「鴛鴦蝴蝶」派的玉梨魂體，「某生者」派的聊齋誌異體，更彌漫在學生底課本子上了；所以還是提倡的好。

(三)講古文是一事，講國語底散文是一事，看小說又是一事。論有益於作文底技能，往往讀百篇古文，不如看一篇小說。真正好的白話小說，何嘗不言近意遠？何嘗不循守規矩？施耐菴說；『水滸傳章有章法，句有句法，字有字法；子弟看了，再看他書，便如破竹。』這是何等眼光！何等見解！

(四)金聖嘆能否發潛德幽光，姑不置論。至於看小說，重事實不重文學，全是因為無人指導的緣故。若預先敎他怎樣看，怎樣研究，自能轉移風氣；即退一步說，看小說注重事實，也是好的。中國舊小說所敘的事實，範圍太狹，不盡可取。若莫泊桑託爾斯泰等人諸作，或拿客觀的眼光，描寫一時代底現象，以攻擊社會底制度；或本人道主義，寫高超的理想，說一個光明的世界；姑勿論其描寫的方法何如，這些事實，皆是可取的。

(五)敎授注重講解，這是指堆砌典故的文言文而言；國語的文學，決不注重講解，且不必講解，更不必辨析字義。因為國語文學，是平民文學，儘管最深的理，也要用淺顯的方法寫出來；使自重點，不在輸入的講解，而在自動的理解。譬如紅樓夢水滸傳是家常日用的話，是盡情盡理的話，誰不知道？誰要講解？更誰要辨析字義？至於其中敘述有淫穢過顯露的地方，本是中國小說底污點，也難禁止學生不看。西洋人有一種「洗淨了的版本」辦法，把一部書底內容，嚴加刪節，作學校課本，這倒很好，不礙本書底價值，儘可照辦。

（六）小說的結構體裁，遣詞運辭，何以見得不許移用到他種文字上？諸君試看三國演義寫孔明點將：某人衝鋒，某人誘敵，某人在那裏埋伏，某人在那裏接應，一陣陣地七零八落去了，後來果然大家會齊，敵人大敗，這是什麼結構？再看紅樓夢寫鳳姐馭下：某婢來告一種鬼話，某僕來詢問究竟，又某某來互相對質，你一句，他一句，鬧得個不休，後來一個個分發去了，分發的方法，個個不同，這是什麼結構？再看水滸傳寫武松打蔣門神：先是某人來恭維服侍，某人來送酒送肉，並替他洗浴，後來又說他把一個三五百斤石墩舉起來，好不熱鬧！却原來是施恩要請他報蔣門神的讎！這是什麼結構？再看西遊記寫孫悟空鬧蟠桃會：怎樣偷桃，怎樣騙赤脚大仙，怎樣偷酒偷丹，怎樣逃出南天門，一路寫來本零瑣麻煩已極；到末了，却只說這個人來告玉皇了，那個人也來告玉皇了，把一件頭緒很繁的事，聚攏在一齊了局，這又是什麼結構？讀小說的人，苟能融會貫通，自能影響到作文上，怎能說他沒有關係？

〔七〕方言不同，非但因為古今的關係，且因為區域的關係。我們教授國語文，固屬是希望國語底統一，然而於方言底價值，毫無妨害。各地方果有各地方言底好小說，未嘗不可看。但是九尾龜雙珠鳳那　描寫墮落的人和無聊的小姐公子底口吻，儘管是道地蘇白，也只配『燒之大吉』。至於水滸傳裏底方言，是前代的方言，在言語學上，聲音學上，很有研究的價值，想亦箋注不難；即不箋注，亦無礙於上下文底意義，妨害這一部書底價值。

從此可見小說究竟能為教材與否，不言而喻。我還不敢自信，再體諸事實。張一麐說：『我在十二歲時，看西遊記和三國演義，一天可以看三四本；看十三經注疏，一天看上三四頁，就不能多看；可見看白話的書比那文理深奧的書，容易幾十倍。『我想也可見白話小說底魔力與趣引人入勝了。胡適說：『我自己從來背不出一篇古文，但是我自小就愛看小說，看史書，看雜書，所以我還懂得一點古文的文法』。這是他自己說看小說得的益處。他又說：『我有一個姪兒，今年纔十五歲，一向在徽州，不曾出過門，今年他用白話寫信來，居然寫得極好，我們徽州話和官話差得很遠，我的姪兒不過看了一些白話小說，便會做白話文字了！』這是他說他的姪兒看小說得的益處—他的姪兒思永，我曾教過他的國文；他作的國語文，果然不大差，他說除看了幾部小說外，實沒有看他書。我有個先生向仙橋，（名楚川人）他是一個小學家，他把一部水滸傳研究得爛熟，我看見他在一部木版的大本上夾了許多條子，箋註那些元代方言，常常拿來做我們研究音韻學底考證。我又有一個先生王伯沆，（名瀣，南京人）他是一個詞章家，他把一部紅樓夢，用硃筆細楷，批評得很詳細，很有心得，簡直把他當一部四庫全書！我起初很疑惑他們何以爲此用這麼大功，時常向我們道起，現在才知道了。我有個朋友張國仁，在南京暨南學校教國文，學生多由南洋新來，不大會說國語，他就叫他們看水滸傳，居然日有進益，現已文理粗通了。我又有幾個朋友在天津南開學校教國文，常常教小說文，學生非常歡喜，並在課外看儒林外史，水滸傳，老殘遊記的很多，常常利用或模倣到文字上。我又看見江蘇省立第五師範學校底國文教授細目，於本科二年級，特列白話體小說數則，並云：『隨時取材，要以宗旨正相爲是。體用白話，無須多作；講說惟筆法詞料，宜詳示之』這也可見現在各學校教授小說的狀況了。所以我敢認白話小說爲國語文底課外唯一教材。

那幾部白話小說是好的呢？有人主張須看二十部以上，五十部以下。我以爲太多，恐怕妨礙其他的學業；而且眞正好的未必有如許之多。特僅僅指出左列幾部：

（一）上下古今談，一名無量數世界變相，吳稚暉著。教育部通俗教育會會褒獎在案。內裏所說的宇宙星辰日月風雲雷雨都有來歷，關於天文地理理化的常識頗不少。寓意如莊子，滑稽如雜纂諧鐸，教育如馨兒就學記。是一部理想的小說，也是一部科學的小說；若給高等小學學生或中學初年級生看看，非但有益行文，還要增長見識，比較讀極乾燥無味的理科讀本，有趣味得多了。

（二）老殘遊記　洪都百鍊生劉鐵雲著。前後兩冊：後冊據云不是他作的；前冊確有可取處。寫景如大明湖邊船一段，黃河上結冰一段，皆描寫如畫，何等精細！又如明湖居白妞說書一段，形容白妞歌曲，無微不至，眞眞是聲色絕調，百鍊生亦可謂文章絕調了。錢玄同說：「老殘遊記惟寫毓賢殘民以逞一段爲佳；其他所論，大抵皆老新黨頭腦不清見解。」我看也未必盡然。他的文學上描寫的技能，細膩深刻，在中國文學中，殊不多見。所壞者，就是字數貪多，語句欠緊；若稍删削，格外可觀。

（三）儒林外史　吳敬梓著。這部書全是形容功名富貴：有的心豔功名富貴而媚人下人；有的倚仗功名富貴而驕人傲人；有的假託無意功名富貴，自以爲高，被人看破恥笑。書裏所述的人很多，各人的性情心術，都活靈活現地描寫出來。讀的人無論那一種人，皆可做個榜樣，而且行文乾淨，敍事多成段落的，可以節出做國語文底模範。商務印書館本較齊省堂本少四回，已經删削最好，無句讀，可以自加新符號。清初天目山樵評亦佳。

（四）官場現形記　南亭亭長李伯元著。共五編六十回體裁仿儒林外史是近日說部中一大傑作。他還作了一部文明小史，描寫光緒年間變法維新時的社會狀況頗佳。

（五）二十年目睹之怪現狀　我佛山人吳沃堯著。此書以「我」為主人，把種種不相關屬的材料，聯絡起來，結構較官場現形記尤好。其中隱託人名，如張文襄，張彪，盛宣懷，梁鼎芬，鐵良等人，皆隱約可指。他還作了恨海九命奇冤兩部書亦可看。

（六）鏡花緣　清嘉慶時音韻大家李汝珍著。這是提倡女權最早的一部書，很有許多理想主義，沒有一字拾人牙慧，沒有一處落人窠臼。打破「女子無才便是德」的主義，主張男女平權；雖說的是些閨閣閒情兒女瑣事，確有很深的意義。

（七）西遊記　相傳為丘真人著。這部書敘述神怪情形，彌荒唐而盡人情。詼諧而有莊意，在文學上頗能啓發讀者底感想。我們不必要學儒家說他是演易，強把太極兩儀四象八卦三百六十四爻附會上去。

（八）紅樓夢　清初曹雪芹著。這部小說描寫腐敗家庭，紈袴公子，可謂淋漓盡致。有的說是言情小說；有的說是哲學小說；有的說是政治小說；還有的說是歷史掌故小說；其實他的主義只在批評社會，簡直可以說他是社會小說。他所隱含的問題：如婚姻問題，納妾問題，子女教育問題，弄權納賄問題，作僞問題等，都是當時社會實際情形，也是我國社會極好的一幅寫照，至今未改，我們急當研究的。至於文筆（1）專重實際描寫，不尙主觀武斷的批評；（2）用純粹的北京土話，不着一些色采；頗能趨向自然一方面，頗能適合於寫實派文字底條件；正是中國唯一的寫實派小說！

（九）水滸傳　施耐菴著。這部小說是中國最有價值的一部小說，非但描寫個性十分深刻，而且寓有深意。金聖歎說：『天下之文章，無有出水滸右者；天下之格物君子，無有出施耐菴先生右者』！這把水滸看成一部何等重大的書！胡適又說：『水滸傳在中國文學史占的地位，比左傳史記還要重大的多；這部書很當起一個閻若璩替他做一番考證的工夫，很當起一個王念孫替他做一番訓詁的工夫。』這又把水滸看成一部何等重大的書！可想見其價值了。

（十）正續俠隱記　法國小說大家大仲馬著。譯者君朔，即伍光健先生。譯筆簡潔眞確，所用的白話文，又都煞費苦心，不是依傍人家的，可以說是一部模範的譯體小說，也可以說是一部模範的長篇敍事文。此外胡譯短篇小說，周譯歐美名家短篇小說，以及新近北京出版的俄羅斯名家短篇小說集，和散見於報章雜誌的譯體小說，皆可選看。

二　小學校的國語教材

黎錦熙

「文藝教育」「兒童文學」的聲浪漸漸的高了。三五年來的新文學，漸漸的適用到普及的教育上去；這不但是新文學的作用增高而擴大，並且國語教育也從此有了靈魂。但是提倡文藝教育的，有最要注意的一個前提：就是所謂文藝與文學者，必要合於現代文學批評的標準，又必要受過國語（現代中國的普通語）的洗禮，否則文藝教育，又將誤解百出，其極可以使兒童仍舊熟讀「關關雎鳩」……現在要編正式的國語讀本，運用教材，總要合於文學的體式；總要是現代國語的兒童文學。我特就東西專著的譯述，參以己見，將小學教材單從「文學的」方面分爲十類，各按年級略爲分配：

（一）兒歌　在國一（或蒙養園）可就地方現成的採取，重自然的音節，以兒童愛聽愛唱爲主。實質方面，不必一定要有甚麼深遠的意義。最初只拿字母拚音來表示；學了幾個漢字，便夾入裏邊重讀一遍，到了國二，再採取意味較深長的兒歌。但以前讀過的兒歌，也還可改作漢字寫成，拿來重讀。因爲內容可以深究，文字藉此練習，並且很好的兒歌，實具有「不厭百回讀」的文學興趣，到了高小，便無需此了。

（二）新詩　小學讀本中採取或撰著新詩，要注意左之條件：

（1）詩句的組織，要適合於兒童『語法』的程度這程度也是與年俱進的。

（2）要音節自然和諧的有韻詩，無韻詩不取無韻詩在兒童只算語句調適的散文。

（3）要合於現代普通語言的體式和氣息。古歌行式的五七言式的，詞曲式的大鼓，小曲式的新詩，在一般作者不妨嘗試。可是在讀本中，不能算是純正的新詩；因爲這些都是成人受了過去文學的陶冶，從那內心習慣的「模型」裏自然發出來的，在兒童『白紙一般』的精神界，並不能一樣的感受這種文學的趣味。

（4）要合於本國語言的習慣。翻譯式的新詩，在沒有授過外國文學陶冶的，也同前項一樣的不感趣味。

（5）實質材料，要適宜於趣味。

（三）舊詩　國民科的讀本不適用他，高等科可以酌量採取古代的樂府歌行，比較最好，唐宋人所作最淺近的記事抒情的古近體詩次之。雖然近體詩中，如律詩未免拘於音節，但也頗合於美學上調和的原則；又太講究對偶，但不可說是合於均齊的原則，並且在國民的文學中，也應該知道有此一格。可是祇能在高小高年級的讀本中略採一二；教學時，以趣味音節爲主，不必有語法文法上的探究；就是宋元的詞曲，亦復間有可採。

（四）寓言　在初年級所採用的，只要內容有趣味，能用程度相當的國語表示出來；所以不可太長，尤忌繁複。所含教訓的意思，也不必求他了解，等到程度漸高，他自然可以理會的。年級漸高，選擇寓言的標準，雖然還是重在趣味，但要注意左列的幾項：

（1）實質方面，要能幫助兒童理智的發達。

（2）從理智上推想的結果，要能悟得一種教訓。

寓言後面照例多附一兩句訓詞，可是不要提出太快，留著等他自動的推想最好。

（3）形式方面，要能啓發兒童在修詞上（兼作法話法而言）能運用譬喻法。

寓言材料，中國子書中（如莊子列子韓非子等）和佛經中（如維摩詰經楞嚴經等）多有可採的。但在國民科，要完全繙成國語才可應用。在高等科的高年級，可以照用原文，但過於古僻的詞句，還須酌改。至於寓言小說中（如鏡花緣等）可取的材料更多，只要適合兒童的程度，不悖教育的主旨。

有一種類於寓言的滑稽談，也足以喚起興味，助長理智，或流行於社會，或偶見於古書；都可以按着兒童心理上理會的程度，略爲採取。

（五）童話在初學年，也和兒歌一樣，可以就地方固有的搜集選擇。現在各小學校有繙譯外國的故事用來作教材的，兒童也多合用。不過要注意：

（1）須要受國語的洗禮，不可常有語句不自然的繙譯本的臭味。

（2）須要按着本國語法進行的程序，配置於各年級。

關於童話故事的種類，如何選擇分配？也有要注意的。

（1）在國一二年（或蒙養園）採用童話，

（ㄅ）不忌神怪；但以不惹起兒童的恐怖心爲限。

（ㄆ）不避野蠻時代的故事；但凡殘酷的行爲，和過於苦痛悲哀的描寫，必須揀去。

（ㄇ）不怕虛無縹渺的想像；但一面也要引起他的懷疑，並導入現實的觀察。

因爲些這生活，都是兒童身心發展上必經的過程，不妨順應這種過程，滿足他的興味；使他那要求發表（用語言）和把捉（用文字符號等）的本能，充分發展，不受他方面的限制。這乃是初步國語教育的精神。

（2）在國三以上，情形便漸漸的不同了。觀察力和辨別力漸強，記憶力也發達，對於現實界便稍了許多經驗。他那身心發展的過程，漸漸推移；對於前項所列那些種類的童話，自然覺得有些荒唐乖謬，不能容納於意識界了。到了這種程度，童話就要逐漸減少，而代以歷史的傳說。

（六）傳說　傳說中也有關於神怪荒唐的故事（如本國的西遊記等）；但是他的結構與描寫法，與簡短淺樸的童話不同。國三以上的兒童，對於他自然能夠移轉提前客觀的虛幻的想像，而成一種構成的趣味的想像了。傳說材料，本國歷史小說（如三國演義等）故事小說（如今古奇觀七俠五義等）中間可採的實在不少，可是實質上要大加一番修訂的工夫，因為舊時流俗所崇拜的，大都是些勇武粗暴的英雄好漢。那時代的唯一信條，到現在大有變遷，自不消說就是那些粗率的專橫的態度，和暴戾的殘酷的行為，也不宜多留影象在兒童腦筋裏。所以兒童本能的崇拜英雄之心思，雖不妨藉這些傳說略為鼓勵，但是要有一定的限度。

這種材料，在國民高年級的兒童，最好就選了那班能夠代表各時代的歷史人物，當作斷片的歷史教材。到了高小歷史科獨立了；這些名人故事，因為最適於文學的記述，還可以多採入讀本不過要注意的：

(1)要能引起兒童對於社會團體和道德的感想，而養成其觀念。

(2)要能鼓舞志氣，輔助兒童自我意識的發達。

(3)不可引起過量的英雄崇拜和不適當的愛國心。

(4)外國的名人故事，和本國的一律收採，使兒童常能作世界觀，人類觀，不至流於國別種別的偏見。

(5)文字要特注重於「文學的」：第一要描寫得眞切近情，不可膚泛，或作過火語。遇着奇異多趣的故事，尤其要有文學的伎倆。

(七)天然的故事(物語)　這也算是一種變相的寓言。在國民班所有關於自然界，地理，理科等敎材，要使在讀本裏敍述得不枯燥，最好是用此等體例使成「文學化」。近來國語敎科書中，也間有此種課文，如雨水旅行，動植物擬人的動作問答等，很能表出自然界的關係，和動植物生活的狀況。本來在國民高等間的兒童，恰相當於人類由野蠻時代進而爲游牧農業時代的時期，所以對於這些天然敎材，極有研究的興趣；若是文字上又能用這種靈活生動的故事體表達出來，更適合他們好新奇愛活動的心理。從前引到描寫風景，記述天然的作品，自然勢如破竹了。

（八）小說　整部的歷史小說（如中國歷代的演義）在高等班，大可作歷史科副讀本；繙譯的如魯濱孫飄流記之類，也是良好的讀物；社會小說，如儒林外史之類；神怪小說如西遊記之類；寓言小說如鏡花緣之類，在國民班讀本中，已經節取；至此可再把他略爲釐訂，最好是新編適宜的，整部的供給兒童，滿足他們讀書的慾望，就此指引他們前進，而發生新的興趣和要求。

（九）游記　游記可新撰短篇的，或小說體的，一面記述社會情況，一面描寫天然景致。舊的如老殘遊記之類，很是可取。這種遊記體例，最能流走變換；但舊的多雜有玩世自傷的話頭，或形容過當，或鋪陳失實，都要注意修訂。在國三四的地理或社會的教材，可以依此處理，高等班於讀本節採之外，還要另有整部的供給。

（十）戲曲　最好是從兒童的團體遊戲，或化裝講演，由教師指導，自行創作出來。實演的時候，固然大足以發揚高等的想像作用——模仿的，綜合的構成的——但譜成戲文，作爲讀物，也足使興趣環生。改良的舊戲，多半取材於傳記小說，究也有可取處；繙譯的也可採；但要到高等班的程度，才可提供。

三　中學校的國語教材

胡通

中學校的國語文教材，共分三部：

(1)看小說　看二十部以上五十部以下的白話小說。例如水滸紅樓夢西遊記儒林外史鏡花緣七俠五義二十年目睹之怪現狀恨海九命奇冤文明小史官場現形記老殘遊記俠隱記續俠隱記等等，此外有好的白話短篇小說，也可以選讀。

(2)白話的戲劇　此時還不多，將來一定會多的。

(3)長篇的議論文與學術文　因爲我假定學生在兩級小學已有了七年的白話文，故中學只教長篇的議論文與學術文，如戴季陶的我的日本觀，如胡漢民的習慣之打破，如章太炎的說六書之類。

教材一層，最須說明的，大概是小說一項。一定有人說紅樓夢水滸傳等書有許多淫褻的地方，不宜用作課本。我的理由是：(1)這些書是禁不絕的。你們不許學生看，學生還是要偷看。與其偷看，不如當官看；不如有教員指導他們看。舉一個極端的例：金瓶梅的眞本是犯禁的，很不容易得着；但是假的金瓶梅——石印的，删去最精采的部分，只留最淫褻的部分，——却仍舊在各地火車站公然出實！列位熱心名教的先生們可知道嗎？我雖然不主張用金瓶梅作中學課本，但是我反對這種『塞住耳朵吃海蜇』的辦法！(2)還有一個救弊的辦法，就是西洋人所謂『洗淨了的版本』(Expurgeatd edition)把那些淫穢的部分删節去，專作『學校用本』(即如拍拉圖的『一夕話』(sgmposium)有兩譯本，一是全本，一是節本。)商務印書館新出一種儒林外史，比齊省堂本少四回，删去的四回是沈瓊枝一段事蹟，因爲有瓊花觀求子一節，故删去了。這種辦法不礙本書的價值，很可以照辦。如水滸的潘金蓮一段儘可删改一點，便可作中學堂用本了。

四　國語教科書的革新計畫

黎錦熙

坊間通行的國語讀本，中等學校所用的且不說，只說小學所用的，實在應有一種革新的計畫。因爲這幾年來，教育經費到處拮据，師資造得不多，並且不完備，革新教育，根本上要從師範教育的擴充和改進做起，這是大家知道的。事實上一時既辦不到，那小學教育，自然人才不彀，而目前最重要的，就在作教育工具的教科書。「文字障」打破了，書也好教了，只要編的得法。我這半年內到各地調查，徵集用書者的意見，討論編輯上的改良。現又參以近人雜志上的譯著，(取材最近一期之教育雜志最多)按着地方教育界的程度，斟酌幾條辦法，寫出來請大家討論。

照我國的情形，小學國語讀本應該分作兩種，同時兼用。就是

一　正讀本（文學的國語讀本）

二　副讀本（補充的國語讀本）

（一）正讀本

（一）實質方面的分類與支配　正讀本固然以文學的教材為中心。但文學教材的內容，也要從實質上加一番分析工夫，作很適宜的支配。實質方面的分類，就是

（1）關於健全人格和公民道德的知識。

（2）關於家族和社會生活上種種倫理的常識。

（3）理科和地理的知識。（如自然現象，動植物生理，地質，地文等）

（4）歷史的知識。（從鄉土及童話傳說等引入）

（5）日常生活上事物的知識。（如衣，食，住，器用，交通等）

（6）實業的知識。（如關於農，工，商等業務組織和工具。）

（7）不屬於以上六項之純粹文學，或有趣味的材料。

要以上七類，在小學七年的期間內，分量層次，都支配得很適宜，便有兩個最重要的標準：

（8）合於本國的教育宗旨。

（9）適應兒童身心發展生活需要的程序。

（附言）我國教育實在還很幼稚；鄉郵小學，因財力師資的缺乏，一時斷難辦得完整。所以這種正讀本，在事實上只能取這樣廣泛的教材，用普遍的標準，作整齊的分配。好在我國的教科書並不是國定制，一面通用這種廣泛普遍整齊的正讀本；一面多出副讀本以通其變濟其窮；一面仍可由教育界隨時自由改造，實地試驗。

（二）編纂的體例分兩項說：

（1）仍取學年別的組織，既在通用的小學讀本，都是每一學年，分配兩冊。日本也是如此，歐美取學年別組織的，大都每學年一冊。但是德法英美等國，多不取學年別，各將小學期限分作上中下三級，每級分配一冊（如德法）或數冊（如英；但也不必盡讀，隨學生的資質供給）不過折衷起來，再斟酌本國的教育情形，這種正讀本，還是取每學年兩冊的組織為妥。

（2）國一二以雜輯體爲主，三四以類聯體爲主，高等類聯體與連續體兼用，這是根據英國教育家對於體裁問題的意見，因爲讀本體裁向分三種：

（甲）雜輯的讀本（miscellaneans Reader）把種種斷片的教材，排列起來，各個單元大都不相聯貫。我國通行的讀本，大抵如此。（在德國，就是低年級也不用這種。）但就適合現在中國情形的正讀本看來，國一二所用，實在這種較妥；一免使教材流單調，二能定教學各方面的詞類。

（乙）類聯的讀本（Coneoted Reader）教材雖也是斷片的，可是排列法不一樣。或順季節分類，或按材料（如童話，故事，趣談等）和實質（如公民，鄉土，理科等）分之總題，再行排列，這種在德國最通行。我國的正讀本，到了國三四，也應該參取這種體裁；教兒童所收得的知識，略得蟬聯，漸成統系，便可養成他們對於科學和文體的類別觀念。

（丙）連續的讀本（Continuous Rgadcr）首尾完備，差不多是一部專書，有文學上的結構，能引人入勝，讀之不倦。（我國章回體的白話小說，高年級的學生，沒有不嗜讀的，比較讀那些雜集斷片的教科書，興趣大不相同。可見連續與結構，在高年級的心理發展上大有關係了）但也不必是敘述一件事物首尾要相呼應；就是節節變換，也可以的；（例如儒林外史，今古奇觀，和各種歷史演義，都不是一件事到底。）不過敘述的形式上必要連續下來。這種連續體的正讀本，應該替高小學生，專用語體精編幾種，高小學生，因爲改用國語，各科都沒有從前的「文字障」了，實在可以同時用兩種正讀本。一種就是連續的讀本，要完全用語體文。此外還要用一種類聯的讀本，專選優良文學的材料；只要合於現代文學批評的標準，也就不必限於語體。所謂高小語文並用者，乃是國語文學上自然的趨勢；學習國語，到了有文學趣味的時候，自然了解古來文豪詩聖的思想精神，自然可以把語文界限打破。再將語法文法隨時指點，叫他們整理比較，自然更易貫通。照這樣循序漸進，不說別的效果，就是兒童對於舊文學的理解和趣味，比那只讀國文而不先受國語教育的，也一定要高明得多。

（三）分量的調劑　自從改國文科爲國語以後，兒童精神界得了一個大解放，知識的需要當然增加，讀本比從前當然要增加分量，才夠供給。否則不但兒童精神界貧乏如前，且更壓抑他的求知欲，減少他的興趣。現在因通行的讀本分量太少，國語教育上已有發生這種弊害的，但是語文編詳的桎梏雖然解除，而漢字形體筆畫的難題還沒有解決，固然國民初年級可全用注音字母，而漢字在事實上也不能不逐漸添授。在歐美的讀本，比我國多七八倍；讀法教授時間又比我少，而教授的效果反比我徹底些；這根本的原因就是「文字障」沒有我們這樣的利害。我們雖然去了「文障」，還有「字障」。因之讀本分量，也不可極端的增加。最好這正讀本，體察各地方的普通情形，定一個適中的分量，再按各校的特別情形，應兒童的需要，供給幾種副讀本，來救濟那些貧乏枯燥等流弊。讀本全部和各冊的分量，既有標準，每冊各課的分量就不要再加限制，可一任教材之自然——歐美日本的讀本都沒有限制每課字數和每冊課數的——

(四)插畫的考案　近來——德美兩國的讀本，最講究插畫的鮮明新穎；因爲在美育上有重大的關係。我國的正讀本，冊數有定，分量又不甚多；不但應該加入彩圖，就是裝訂印刷也要力求優美。單就插畫說，有要注意的：

(1)要明瞭——要點更宜鮮明，不複雜，不模糊，才便於直觀教授。

(2)要新穎的考案，能彀引起兒童的興趣——兒童趣味的發生，也隨年級不同，要雖爲研究。如初年級兒童的趣味，多從「動」的事物發生，那麼插畫中間靜止的景物要少用，須改成動的考案。

（3）多用粗筆法，就便可供兒童的摹寫——因爲國語的教法，有時要把兒童描寫想像的圖畫當「作法」的讀本中的插畫，就是他描寫作文的益本。

（4）容易提示實物的教材，也不妨附加新圖用來涵養兒童的美感。

（五）種類的多少　正讀本在我國雖不能不有普遍整齊的性質，可是除日本用國定制——最近也打破了——外，在歐美各國種類都極繁多，不但隨地不同，並且隨時更變，我國教育界有改進的精神，正讀本也不妨依據下面所列的兩條件多編若干種……

（1）適應地方情況　因爲讀本教材，應該從兒童的經驗和環境中選擇出來，都市鄉鄙各各不同；此校彼校，亦復有異。若是依上品的教法（見前）更是把本校的兒童生活爲教材的中心，自然要產出特別的讀本的。可是普通的正讀本，也還要採作副讀本。

（2）根據教育學說　小學教員，積有教授上之經驗，或從教育哲學上偏重一種主義，或要應時勢的潮流，都可以編成特種讀本自行實驗。

無論普通或特殊的讀本，最要緊的，就是要隨時訂正，逐年修改，就使因此而前後不聯絡，或新舊錯雜，都不成問題。

(二)副讀本　正讀本的中心教材，既限於文學的實質的知識，又要支配平均，自然不能豐富；有文字的牽制，分量又不能過多；有這三個的原因，所以副讀本最爲必要，副讀本的目的，第一培養兒童讀書的趣味和能力，第二補充兒童的智識，使之豐富而確實。

(一)副讀本的教材和分酌法

(1)國民班所用的：

(一)凡正讀本所不能容納而又爲日常生活必要的知識教材如前條第一項所列的理科，地理歷史等類，可以編作副讀本。

(二)童話故事等，正讀本限於分量，不能收集大多，都可以依題分輯，或選擇合篇，作副讀本。高等班有些也可通用。

(三)足養成兒童趣味的文學作品，如兒歌，趣談等，不便採入正讀本的，也可編作小品的副讀本。高等有些可通用。

(2)高等班所用的：

(一)關於理科，歷史，地理等材料，雖作本科目之參考的，可略依文學的裁製，編成副讀本。

(二)整部的故事叢談和歷史小說等，只要於少年時代的教育，沒有妨礙，稍加修正，都可以選作副讀本。

(三)詩歌戲曲，可以選那種程度相當旨趣最好的編作劇本。

(一)國民高小通用的：

(甲)各地鄉土材料，不能采入正讀本，又不能自編正讀本的，可隨地採集，編作各地不同的副讀本，分量程度，也要隨年級而定。

(乙)世界或本國或本市本鄉臨時發生的重要事件，在報紙或校內揭示的新聞上，不能詳其原委曲折的，可按兒童年級所需常識之程度，編成小冊或活葉的副讀本。

以上兩種，最好是學校(或一校或數校組合)能夠自己編印，或由地方書店編印發行。

(二)副讀本的形式　或小冊(低年級用)，或大部(高等班用)，或裝璜精美(美的教材)，或單張活葉(隨時編製的)，都無不可。總之要看教材的性質，和兒童的程度而定。

(三)副讀本使用上的注意

(1)副讀本只須教兒童汎讀，不必和正讀本一樣的精讀——因為汎讀最能增進讀書力，培養讀書趣。

(2)既是汎讀，就不一定在教室，可利用課外時間，或在校內，或往圖書館，或在家庭，自已去玩讀。如德國的小學兒童，多由學校把這種少年文學的讀物借給他，每週一冊，回家玩讀。每人在一學年內可讀三十七八冊。美國也多是如此。

(甲)普通所用的正讀本，或分量不够，或有所刪節，便可從副讀本中選出補充的可精讀的教材。

(乙)用分團式教授時，資質高或年齡大的兒童，所授正讀本的課文，有時不够他們的深究；便可把副讀本中與所授正讀本有關係的教材，——對於正課文，可以擴充意義，旁證事實，增加趣味的——供給他們。

第五編　國語教學問題

一　國語教學的研究

（甲）怎樣教授國語

范祥善

現在教育部既將國民學校國文改爲國語，我們對於國語，自當應該盡力研究他的教授方法了。我以爲教授國語，有口頭和書本的分別：口頭的教授，教師發問，學生回答，都合着一種語法，這是無形之中，可以促進學生的國語教育。平時更組織一種練習會，使學生將所得的新聞，或書本上看得的故事，盡量發表，處處要合國語；久而久之，自有效力。書本的教授，以國語教科書爲主體，其他如修身算術……等教科書，一律採用語體文字；兼程並進，他日必有可觀。但是口頭所說的國語，所謂「一言既出，駟馬難追。」事過境遷，就是說差也沒有確實證據。所以要研究他的組織法和教授法，與其是很空泛的在口頭方面着想，不如切切實實的從書本上說起。說到書本上的國語教授，吾們研究教育的人，不用說是教科書了。說到教科書，自然舍去和語法組織沒有大關係的修身算術……等教科書，而要在國語教科書上，加以精密的討論了。所以本篇短文，就是注重這一點。

說到這裏，我又想起一件根本上的事情。現在文字方面的國語，有兩個大毛病：一個是濫用語助字；試看報章雜誌所發表的白話文，有的主張用語錄體，他的文章，不過將以前文言的「之乎者也」變做「的麼哪啦」此外竟然和文言一樣。有的人大反對，以為既是改用國語，一定要合着語體，所以一句中間，不管三七二十一，任意用了兩三個的字，他說我的言語裏面原來有這幾個的字，自然要一齊寫出來，方與語體相符。而且趙大用了的字，錢二又用了底字，孫三見了又弄起筆頭來，更用一個地字，原來的字底字地字，聲音相近的，說他不對呢？他們都有來歷的。這樣天花亂墜，在初學國語的人，竟如墮入五里霧中，這是本來要趨入簡易方面，反而弄得複雜起來了。還如嗎字麼字通用的，越字愈字通用的，彀字够字通用的，這裏這兒通用的，甚麼什麼通用的；這種例子，很多很多，舉不勝舉。就是一篇短文中間，所用的語助字，前後不一律，也是常有的事，你想教科書上用那一字算妥當呢？這倒是一個問題。據個人意見，教科書上如用麼字做一句煞腳的，教授時候，可以說明也有用嗎字的意思。其他如越字底字彀字……等，也是這樣說明，在這個濫用語助字時代，似乎必不可少的一種教授方法。一個是語法的不統一；凡是學術方面，不論那一種，在發端時候一定亂七八糟的東拉西扯，也是不可免的事也。國語雖非學術可比，却是包着論理的原素，合着藝術的意味。說他不是學術，倒也未便斷定；說他是純粹的學術，也未必盡當。然而試看現在各人發表的文字是怎樣呢?南方人極意揣摩北方話,說來終是相去一間;北方人以爲國語就是我們這裏的出產品,不免大言炎炎,說個暢快。殊不知北方人的言語裏面,未嘗不有違反論理,破壞藝術的氣味。所以吾們認定現在的國語,除了幾個語助字沒有意義外,其餘如名字動字形容字……等,都取文字的原有意義,或引伸的意義,作爲傳達意思的一種符號,一面再求合於論理和藝術的條件,這就是可以通行全國的一種言語。至於學校裏敎授方面,如果遇着模稜兩可的國語,敎師應該反復說明;告以這句倒着是怎樣意思,反面是怎樣意思,加一字就變成怎樣意思,減一字又變成怎樣意思,『神而明之,變而通之。』例如『我不懂你說的話』一句,若倒爲『你的說話我不懂,』雖可通用,卻是不甚結構,而且從部用在前面主部用在後面,實非我國言語的普通組織法。諸如此類,切實指導學生,究非木石,難道沒有一些效果麽?

從上面說來,敎授國語,只要在語助字方面和語法方面,多方研究,便有成效。有人說:『這是片段的,不是全體的,全篇的組織,也當十分注意。』我以爲全篇的組織,什麽正起反起,遞承分承,總結嘆結等,和文言大致相同的,從前文與上已經說得明明白白,吾們可以不必討論了。至於篇的體裁,有什麽智的意的情的分別,文言白話,都是一樣的,也無須討論。現在所最要注意的,就在常用的語助字和語法；所以下面再就具體的幾個例子，說明他的性質和教授方法。

現在國語方面慣用的語助字，大概是就古書所有的，換一個字面就是了。譬如這個這回這裏的『這』字，就是從前的『者』字，說文解釋『者』字的意思，叫他別事詞。漢書藝文志說：『儒家者流，道家者流』「者」字訓爲『此』字，後來文言往往寫『此』，唐宋時候的白話往往寫『者』。『者』和『這』，國音都注作ㄓㄜ；聲音相同，而現在却慣用了『這』字。我以爲從文言改爲白話以後，『者』字的用處很少，吾我寫『這裏』『這回』『這個』時候，不妨用『者裏』『者回』『者個』，又如這裏的『裏』字，就是從前的『里』字，說文說：『里，居也。』就是說人類所住的地方，就人說這裏那裏的『裏』字，寫時多加上一個衣字。雖是聲音相同，究不免無謂了。再如『哩』字『了』字的出典，說來很長。『哩』字的文言是『矣』字，說文解釋「矣」字爲語已詞，從矢㠯聲，㠯里聲音本相通，古時㠯字可寫做梩字，就是一個證據。現在寫成『哩』字，和哪字嗌字啊字嗎字的用法，可做爲一類；所不同的就在語氣的分別罷了。「了」字的文言是『來』字，莊子人間世篇：『嘗以語我來』又說：『子其有以語我來』，『來』和『了』，都屬舌尖的邊音；所以應該用「來」字的地方，借用一個『了』字，樣是從聲音方面考究得來的，如果從字面上考究，也有個來歷。廣雅：『了，訖也』，就是中止的意思。所以現在說話末了，用一個『了』字，就是表明終止的意思。還有什麽的『什』字，就是從前的『會』字；沒有的『沒』字，就是從前的『毛』字；很好的『很』字就是從前的『兇』字：例子很多，寫來極費筆墨，不再一一舉出來了。這種古董，雖則不必教授學生，倘一旦要和文言比較，教師似應該知道他的所以然，纔可以措置裕如。所以略為說一些，以供教授國語諸君做入門的方便。

國語的語助字中用處最多的，要算『的』字和『了』字。現在再將這兩個字的變化，寫一些出來。的字的用法，約有六種：（1）我的書；你的筆；這是用在兩名字中間的。（2）種田的；拉車的；這是表明職業的一個代名字。（3）明明白白的；慢慢的；這是用在形容字下的一個副詞。（4）這枝筆是你的麽？這枝筆不是我的；這是附屬於代名字下的一種用法。（5）這本書是那家書店買的？說的是國語；這是附屬於動詞下的一種用法。（6）高的是山；深的是海；這是夾在形容字和名字的中間，有一種結合的作用：以上六個用法，不過就偶然想到的，夾雜舉出來，覺得很有趣味。教授國語時候，倘提出一二種來，和學生討論，可以提起興會。但是的字的用法，怕不單是這六種哩。了字的用法，約有四種：（1）完全幫助語氣的用法，例如這個辦法不對了。（2）表明過去的用法，例如剛吃完了飯……（3）表明不得已的用法，倘如這是免不了的事。（4）和他字結合成為熟語的用法，例如未了，臨了，了結，了當就是這幾個用法，變化起來，已覺難以究詰；如果教授時候，提出來推敲比較，也可以提起學生許多興趣。話雖是這樣說，卻是『的』字『了』字的變化，用時或在中間，或在末了，位置不同，意義自然各別。還有用字的位置不變換，可以分別出許多語氣來；例如一個「罷」字，細細辨別，有五種用法：一種有命令的語氣，『去罷！』一種有願望的語氣，『你到我家裏來罷！』一種有尊敬的語氣，『請你喝茶罷！』一種有推度的語氣，『這件事情大概不對了罷！』一種有未來的語氣，『下學期他不能來擔任教務罷！』其他如哪字，啊字，呀字，呢字，……都是幾種變化；照此說來，教授語助字，真是不容易；一個不小心，就弄出笑話來。現在提出幾個例子，無非是要教者有個預備罷了。

教授用字時候，還有一種困難地方；就是兩個意義相近的字，用法絕然不同。萬一含混過去，學生就有誤會的弊害。如『不』字和『沒』字，這兩個字，從表面上看去，大約像可以通用的；其實不然。試引出四個例子來證明我的理論：其一，不字用作文言的非字的，如不是，不然；沒字用作文言的無字的，如沒有，沒得。其二，不字用以打消形容字的，如不好看，不好聽；沒字用以打消動字的，如沒在家，沒在校。其三，同一打消動字，不字當未來用的，如不來，不肯來；沒字當過去用的，如沒來，沒有來。其四，不字用作否定的意思的，如我不吃，我不信；沒字用作否定的事實的，如還沒吃，還沒去。還有如『再』字和『又』字，也有分別的所在；例如我明天『再』來能他『又』回來了；又如『會』字和『能』字，也有分別的所在；例如這個孩子不『會』走我的腿很疼，不『能』走了。其餘如『帶』字和『拿』字，『太』字和『很』字，『見』字和『看見』兩字，『誰』字和『甚麼人』三字，……都有分別的。教者倘能隨機應變，和學生討論，也是很有趣味的。

總之教授國語，對於語助字的用法，吾們認為極重要。可惜刻下還沒有專書出版，給一般人的研究，這是一個大缺憾。但就上文所引語助字的來歷，用法的變化，用字的分別三項，細加體會，也可以做研究的初步，教授時候參考的一助了。以下再就語法方面，略為講述一些。

從前有句話說『積字成句，積句成章，』吾們研究語法的組織，只要就一句中間，推求用字的位置，辨別詞類的性質，也就夠了。原來吾國的語言，數千年來，往往有以心傳心的一種形式作用；若說到法則二字，簡直難以分解。但自從丹徒馬氏文通出世以來，研究文典的人大概據以為護身符，什麼名字，代名字，動字……等，什麼體詞，用詞，狀詞……等，條分縷析，精細已極。可惜專講三代秦漢的語法，沒有說到今世語言的組織。當代胡以魯氏曾參酌了文通，將國語的連結配置，分做六法七系，很可給大家討論。他說：『言語的一般法則，約有三類：第一，主題語置第一位，說語或表語置第二位；有目語時則目語置第三位。其中更分三系：1，對語命令之句，題語可略。2，說語或表語表說感歎，則置諸主語之先。3，比擬之句所以比擬前者，其說語或表語可略。第二類屬語置於其所狀詞之前。其中亦分做三系：1，若屬語與所屬語共為體詞，或為語調叶和之故，兩者之間時用介節詞。2，表時間或方法之疑問語，置於主語之次。3，表時間之語次於主語；表地方之語冠介節而先於說語。第三類；目語常置於最後。其中只有一系。1，屬語而述說語所行之方法或地方者，時置目語之後。第四類；介節詞置其所介語詞之前。第五類；語助節詞置於句讀終結處。第六類；助用詞置於用詞之前」照這六法，按諸吾國的語法，雖則不能盡量包括，但大體已略備了。什麼叫題語？就是直接客觀語；也就是主語。什麼叫說語？就是用詞主觀語。什麼叫表語？就是狀詞主觀語。什麼叫目語？就是間接客觀語；也就是目的語。什麼叫屬語？就是限定題語目語和說語的狀詞。吾們教授語法時候，這種根本觀念，應該知道的所以不厭其繁，要再三申明的。

以上就實質方面說明吾國語言的組織；是教師當然知道的。試再就形式方面用具體的方法，略為寫出幾個例子來：例如複數的組成語；屬於人稱代名詞的，有我們，他們，學生們，大家，諸位等。又如冠數量於陪伴字上的，有一百個學生，二間教室等。又如命令式的組成語；有不要鬧意見，不必裝腔作勢，別吵鬧等。又如反詰的組成語；有可不是麽？誰說不是？豈有此理等。又如疑問的組成語；有你看完了麽？誰的書？他的父親呢等。又如冒頭的組成語；有古人說得好，常言道，我告訴你一件事情等。又如結尾的組成語；有總而言之，就是這個道理，大概是這樣等。其中的格式，聲情，千差萬別，不可枚舉。任便舉出幾個例來已覺複雜得很。教師若能一一歸了門類，相機練習；或用彙類的方法，或用比較的方法，或用圖解來證明，或表演其動作，或變換其內容；務使學生十分了解，十二分透澈，教授國語的責任，就可以算盡一半以上了，

關於語助字和語法的話，嘮嘮叨叨說了許多，閱者諸君，一定很覺煩悶。但這是必不可省的幾句緊要語；而且很是粗淺的幾句老生常談。真要細說，斷非短篇文章所能詳盡。現在對於這一層，姑且略過。但是和國語教授最有關係的，尚有下列三件事情。是不可不連帶一說的。

其一 教授國語和國音問題。 國音的教授方法。已有專篇研究，這裏不再嚕囌了。却是國音和國語的關係，究竟有怎樣密切，似乎應該討論的。教授國語時候，究竟要怎樣注意國音，似乎也應該討論。的原來字的組成，本有形聲義三方面的分別；形和義容當別論，聲則有高低強弱輕重緩急等種種變化。就是言語時候，疑難者有疑難的態度，驚駭的有驚駭的態度，憤怒的有憤怒的態度，做誠

的有做誠的態度，感歎的有感歎的態度。當在表示一種態度之際，必佐以一種聲音，有的是摩擦出來的，有的是破裂出來的，同時口的形狀，有開齊合撮等種種不同之點。要是語音有着落，語氣有精神，自然當顧到聲音一方面。但是國語沒有確定以前，說到言語的聲音，也算是一個難問題；現在初編的國音字典，已經出版，却不用擔憂了。不過事屬創行，研究國音的人，百無一二，要普徧書本上的國語，並不難事，要普徧口頭的國語，除了國音，沒有第二個標準。所以吾們教授國語時候，要字字合着國音，纔算是真正的國語；否則不倫不類，官樣文章所謂『殊處不成事體』了。但是實行的法子是怎樣呢？我以爲當在課文旁邊注出國音，諷習時候，就依照所注的聲音，再留心語法的組織，分別出高低強弱輕重緩急的一種情態，那就對了。試引出新體國語教科書第六冊國語練習會的一課做個例子，寫在下面：

ㄒㄩㄝ ㄒㄧㄠ ㄌㄧ ㄉㄧ ㄒㄩㄝ ㄕㄥ ㄌㄧ ㄌㄧㄠ ㄧ ㄍㄜ ㄏㄨㄟ ㄐㄧㄠ ㄗㄨㄛ ㄍㄨㄛ ㄩ ㄌㄧㄢ ㄙㄧ
學校裏的學生，立了一個會，叫做國語練習

ㄏㄨㄟ ㄇㄟ ㄓㄡ ㄧㄢ ㄕㄨㄛ ㄌㄧㄤ ㄘ ㄧㄢ ㄕㄨㄛ ㄉㄧ ㄘㄞ ㄌㄧㄠ ㄇㄛ ㄧㄡ ㄧ ㄉㄧㄥ ㄏㄨㄛ
會。每週演說兩次；演說的材料，沒有一定：或

ㄕ ㄅㄠ ㄍㄠ ㄙㄧㄣ ㄨㄣ ㄏㄨㄛ ㄕ ㄐㄧㄤ ㄧㄢ ㄍㄨ ㄕ ㄍㄜ ㄊㄧㄥ ㄑㄧ ㄅㄧㄢ ㄉㄢ ㄕ
是報告新聞，或是講演故事，各聽其便。但是

都要用國語演說，纔算合格。原來這個會的宗旨，就是要人家練習國語。若使演說時候的國語，能彀純熟，那人的國語，一定是很好的了。

照這課例子，那個字要高些，那個字要低些……那句要延長些，那句要急切些……只要大家體會語氣，便可明白了。

其二教授國語和標點問題。　句讀標點，現在的報章雜誌，大多數已採用。採用的理由，不外三種：1語句沒有標點，往往使讀者有誤會之弊。2沒有標點的文章，只能給學識豐富的人看，不能給粗知文字的人看。3沒有標點的文章往往耗廢讀者推敲的時間。現在既將國文改為國語，無非是把文字的智識，要普及於大多數人的一種計畫，而表明文字的賓主關係，因果關係，以及地名人名……等等，東西各國，都有一種符號，為之輔佐；吾們有何樂而不為呢？但是提倡採用標點的文章，實行採用標點的文字，果然不少；可惜雜亂無章，沒有一個標準。我以為教授國語時候，只要就教科中所用的，隨時指給學生什麼叫做點？就是文字的句讀，用種種符號，表示他的語氣。1句點。用法有三：甲用在單句的末了。乙用在複句的末了。丙標題的末了，有時不成句，也可用的。2讀點，用法有二：甲用在一頓的末了。乙用在複句的中間。3分點；用法有二：甲複句中間，含有幾個小讀或幾個小頓時候，可以用這個符號。乙複句中間，語氣過長，讀點不能照顧時候，可以用這個符號。4冒點：用法有三：甲用在文句總起下文數項的時候。乙用在文句總結上文數項的時候。丙引語時候，如某某說等，也可以用這個符號。什麼叫做標？就是除了表示句讀的語氣外，更用種種符號，標明用詞的性質。1問標？用法有三：甲用在語句發問的時候。乙用在語句反詰的時候。丙用在語句懷疑的時候。2歎標！用法有十：就是用在贊歎，感歎，嘆哀，驚異，願望，急遽，怒罵，厭惡，命令，招呼，等語句旁邊。3引標『』「」凡文中稱述某人的言論，或援引他人他書中成語，就用雙鉤符號；如果引中有引，就用單鉤符號。4註標（）1 2 3……用法有二：甲凡語句必用簡單註解的，就用括弧符號；如果有較長的註解，就用阿拉伯數字，以便一頁之終，或一篇之終，詳細列出。5搭附標用——於語句的中間。6不盡標用……於語句的下面。7地名標加‖於文字的左旁或右旁。8人名標加——於文字的左旁或右旁。9書名標加﹏﹏於文字的左旁或右旁。10國名朝名標加‖於文字的左旁或右旁。近來通行的標點、不出這幾種、教授國語時候、不論遇到那一種符號、當使學生注意、幷可申明他的原理；例如，是表示沒有完結的意思；；是表示對於上文完結，對於下文却沒有完結的意思•。是表示完全完結的意思•又如華盛頓三個字，用了——於文字旁，可知是指人；用了‖於文字旁，可知是指地•孟子二字，用了——於文字旁，可知是指人；用了﹏﹏於文字旁，可知是指書•這種地方，倘若沒有人指導，叫學生如何會得明白呢？

其三教授國語，和平時間答談話辯論等的關係• 從前教授國文，注重話法，以爲作文達意的預備；現在改做國語，說話和教科書上的文字，合而爲一，這是切近一層的機會•所以教育部修改小學教則，也有注重平時問答談話……的一條•我以爲練習口頭的國語，倘能特設時間，效果最大，但平時談話時候，如有不合語音語法處，也當特別矯正•就是校中揭示處所發表的文字，也須斟酌盡善，以爲學生的模範•去年年底，曾參觀著名的某小學校，觀其教授國語科，先用土音土語問答，後用音語讀出，結果學生都能讀出國語•退課以後，曾請問教師爲什麼用土音土語入手？據說純用國音國語，小學生不能領會意思，這是過渡時代免不了的事•現在實際方面的教授國語，大率如此•照此想來，學年不論高低，學生不問大小，平時組織國語練習會，趕快補助國語教授的不足，算是最緊要的一件事情了。至於練習的方法，我以爲須分做種種：1由敎師講述簡短的故事或新聞，令學生復述。2師生共同問答。3師生共同討論有趣味的事實。4同學間互相講述問答討論。同時敎師批評聲音的高低强弱緩急抑揚頓挫，以及語氣和態度是否相符；更注意其是否與修辭法符合。倘有事理方面的謬誤，也須指正。如此做下去，不上一年半載，必有效果。但這是我的理想，究竟怎樣，還是請實際敎育家施行罷。

(乙)白話文教授問題

何仲英

客　請述白話文教授法。

我　談教授法，我先介紹浙江第一師範學校的主張如下：

(一)說明　每星期或兩星期敎員提出一個研究的問題，將關於本問題的材料分給學生，並指示閱覽的次序；如學生不能全閱，可指定專閱幾篇。

(二)答問　學生對於敎材文字和意義，如有不明瞭的地方，應詢問敎員。

(三)分析　學生每看一篇文章，應該先用分析的功夫。分析的次序如下：(一)把全篇分作幾大段，每段定一小標題。(二)把一大段的大意再分析起來，用簡括的文章記載出來，這是做一段大綱的次序。

（四）綜合　學生把各篇文章看完後，應對於一問題用綜合的工夫。綜合的次序如下：（一）把各篇大段的標題，分別同異同的合併起來異的另立標題。（二）就各小標題的同異，把全問題分作幾大段，挨次分定了幾個小標題。（三）把各篇中對於小標題的意見，用簡括的文章記載出來這是做一問題的大綱。

（五）書面的批評　學生作好大綱以後，應該把對於一問題的意見，用文章表示出來作成札記。

（六）口頭的批評　學生作好大綱批評以後，教員隨便取幾個學生的大綱和批評發表出來，請各學生發表批評；教員又就學生口頭的批評，隨時批評。

（七）學生講演　教員請各學生輪流在講臺上講演一問題的大綱和批評。講演時間，得由教員隨意限定，講演後由教員和學生共同批評。

（八）辨難　教員學生得提出對於一問題的甲乙兩說，請各學生認定贊成那一說，兩方互相辨難；教員應隨時加以判斷，並得參加意見。

（九）教員講演　教員講演各兩種：（一）把各生札記的內容分別統計下一總批評。（二）教員自己對於一問題的意見。

（十）批改札記　札記字句，如有不妥的地方，教員應加改削。

他這種研究的層次，大可發達學生思想，我非常贊成。不過拘拘以問題爲主，我却有點疑惑，這簡直是開學術演講會，教授批評會，和甚麼問題討論會，甚麼學校聯合辯論會了，還說甚麼教授國文？文學本是一種美術，一種技能。中等學校雖不能說研究文學，然而旣稱中等學校模範文，當然於意思以外，還重修辭。白話文尤要注重文法，詞類，以及古今語言的變遷，各地聲音的差別。這種不研究，反專門研究問題，—不是不要研究問題，是比較起來不應重此而輕彼—假如得不償失，豈非庸人自擾？「我所用的教法又是一樣……

客　聽說你在貴校試教白話文已經多時，不知你教些什麼？並且怎麼教法？何妨略說一二。

我　我試驗教授白話文，尙不很多，現在大概說說。講過一篇蔡孑民杜威生日演說詞，其中引證科學，哲學，經史的地方不少，我預先發文，指示學生參考書的所在，吩咐他們某人參考演說體裁，及演說文組織法，（見商務印書館演說學）某人參考杜威小史和他的學術大概（見新教育雜誌杜威號）某人參考杜威在各地演說詞，（見上海時事新報和北京晨報）某人參考孔子略傳和他的學術大概、(見中國哲學史大綱)、某人參考孔子弟子問政者幾人，問仁者幾人，(見論語)……簡單記錄下來，到上課時候，依次質疑報告，要緊的在黑板上寫，繁複的印發，敎員加以審定字句學生大概看得懂；所要深究的，就是杜威孔子學術的異同，和這種「莊嚴的應酬」的演說措詞方法，不得不詳爲說明。又講過一篇錢玄同嘗試集序，其中引證古籍的地方也不少，什麼「字形跟了音變」什麼「說文本字」什麼「形聲」「轉注」什麼「正篆」「或體」，沒有研究過文字學大概的，如何懂得？我們正可乘機講一講說文的內容和六書的大意，——我不贊成特立「文字源流」一科，最好講文時隨便敎授，較有興趣。還有引到周秦諸子，歷代文學詩學的話，雖然中學生未必已經看過那些書，如何知道他們的異同美惡；沒有懂聲音訓詁近轉旁通的道理，如何知道那些意味；我也略略指出幾部書籍，給他們參考。並在課外略略敎授江氏說音，說文部首，虛字使用法，我雖不敢說他們完全懂得，可是他們覺有興味，並且可以去了輕視白話文的心理。我又講了兩篇小說。一篇是水滸傳的武松打虎一段，從「武松在路上行上幾日」起，到「一步步捱下岡子來，」分段寫，用新式句讀，然後攷查水滸傳的來歷，(見商務印書館小說叢攷) 然後研究水滸傳的內容 (學生有看過的，談起來津津有味) 然後詢問字義，「怎地」「恁地」怎麼講？「端的好酒」的「端」字何以作

「眞」字解？「休得胡鳥說」的「鳥」字，何以就指「男子的生殖器」？不但要明其當然，還要明其所以然，那就不可不研究聲音學了。全篇意思既然明白，段落也早分清楚，然後就要問怎樣喫下十八碗酒？怎樣拿哨棒做個線索？是組織上應當研究的；然後再問「原來那大蟲拿人……」「原來打急了……」「原來使盡了氣力……」那幾句話，爲甚麼要用「原來」字眼？又有讀廟門榜文後欲轉身回來一段，風過虎來叫聲「阿呀」翻下青石來一段，被驚出冷汗一段，…皆故作驚人之筆，如何樣描寫傳神？如何樣措詞琢句？是修辭上應當研究的。我研究到這些問題，學生沒有不歡喜推敲，沒有不入神注意。我眞敢相信學生有了這種研究的興趣，將來有少數的人研究古文，定能「勢如破竹」。還有一篇是儒林外史的王冕節錄「王冕已是十歲了，」到「買些好東西孝養母親，」一段，中間又删去沒有關係的一小段，就這當中，也就可以看出王冕是個有感情有血氣能談笑的活人；這篇文字淺顯，無須講解。但可參攷宋濂作的王冕傳，一是活文字，一是死文字，又互相討論一番，不覺就生出讀者無限研究的興趣。還教了許多白話詩，就拿胡適之作的我爲甚麼做白話詩（解放與改造第一號）和談新詩（星期評論國慶日增刊）給學生參攷。又教幾篇白香山的新樂府就拿戴季陶作的白樂天的社會文學給學生參攷。有時在課內自己預備，有時課堂上討論，有時敎員一人講解，有時學生報告心得。沒有一定的層次，沒有限制的時間；該怎麼敎授好，就怎麼敎授。這次敎授的方法，儘管不是上次所用的；下次容或又有變動；反正我們敎授一篇文章，總有一篇文章的打算，看看這篇文章的性質怎樣？學生對於這篇文章的難易的程度怎樣？可以講解可以不講解？可以預習可以不預習？所謂「神而明之在乎其人」了。以上我隨便說了這許多話，實在是我敎授的眞相，我不敢露臉，我想錯的地方很多，求你賜敎！

客　我於白話文敎授上，毫無經驗，不敢妄議，不過我覺得既然敎授國語的文學，當然要注重語法，詞類。中國以前的老書，什麼「辭典」什麼「文通」皆不適用了，如何研究白話文的修辭法？我前一向時看見報上爲「的」「底」「地」三個字，大家辯論了許久，轉個說。某字作介詞，某字作形容詞，某字作副詞，那個說完全和他相反；又有的說。分就要分得詳細淸楚，不能隨便使用；所以現在有全用「的」字的，有全用「底」字的，不能一律，這豈不是敎授白話文的應該研究的一點麼？我又看見有人提議要把中國「疊字」分開來寫，叫人看了，格外容易明白文字的意見，現在還沒有多人討論，你們敎授白話文的也應該研究纔好。

我　語法問題，實是一件頂要研究的事；可是研究起來，非常的麻煩。我看見胡適之在北京高師第一次教授國語文學的記錄中間有一段說：

『我從前編纂孔德學校教科書，往往因一句話，斟酌半天。如「我在火爐邊坐」「我坐在火爐邊」這兩句話，都可以說得通。「在火爐邊」這分句到底是擺在動詞的前面或後面呢，要是說在動詞的後面為好，那麼「我在操場上拍球」說做「我拍球在操場上」就不順口哩。我們推廣來說：如「我到山西去」「往東走」「快點走」「我提起筆來寫字」「放下筆去遊戲」等等的句子，動詞皆在後面；我們若倒過來說，那就不便利哩。』

這一段話很可證明語法的複雜。現在要暫時編輯成書，是件很難的事，─商務印書館代賣的虛字使用法，引證語言文字的關係，倘好可惜他對於詞類的配置法毫未說明，也沒有舉例。─我們現在只好用歸納法，先舉出許多的例來比較，看那個是對的，是便利的，是普通的，是容易懂的，然後我們纔下一個斷定，認為語法，也就可以認為標準語，什麼「的」字「底」字「地」字的用法，什麼「疊字分開來寫」的問題，皆是其中應當研究的一點。將來總該有完滿的解決。教育部對於這種著作，現已通令徵求，並有酬報；我想大概有許多人正研究了。不知道你還有什麼疑惑沒有？

客　你的意思我都明白了。我還要問的，就是現在教授的效果怎麼樣？各方面─學生，學生的家庭，以及其他—對於敎授的態度怎麽樣？文言文是不是參加敎授？又處什麽地位？這是我現在急要曉得的。

我　你問得有理！敎授的適宜不適宜，是看敎授的效果怎麽樣。現在我們敎授白話文，雖不敢說大有成效，然而學生作文，有的本來不是很好，自從得了新敎材和看看新書以後，居然寫的很好了。腦筋比以前淸楚的多，組織比以前有條理的多；學生的思想感情，更容易從中體察。他們的文章進步的快，實在出人意料之外。他們模倣最快而且最好的，就是作隨感錄不限題目，有幾條，寫幾條，大有可取，微嫌刻薄一點罷了。學生對於白話文的感情大多濃厚；有少數歡喜吟哦古文的，也漸漸的改變初衷，不覺同化。學生家庭的態度，曾經詢問學生一次，贊成文言文白話文並重的居十之四五，極端贊成白話文的不過十之一二，痛說家庭守舊，家庭不加干涉，自己情願研究白話文的，倒也有十之四五。從此看來，家庭的態度怎樣，可以不成問題。其他方面，容或因灌輸新思潮關係，有校長反對；因印刷多費紙張關係，有庶務員反對；因謄寫多費力氣關係，有書記反對；白話文本身實無反對的道理，他們也不好表示態度，我們也不問他們什麽態度，我們認爲是對，就向前去幹行了。文言文的地位，在此過渡時期，很難說定，所以現在不得不參加敎授。有人說白話文將來一定有「取而代之」的精神，自當和歐洲的希臘文，日本的漢文處同一地位，這句話現在雖不敢必，但看大勢所趨，將來實現，亦意中事。現在國民學校課本部令已經改用語體了；高等小學想亦實行在即；中等學校教授白話文，雖然是「鳳毛麟角」，也就漸漸引起許多人的注意了，高等學校大學校更有特設專科研究，那麼白話文自然爲文學正宗，文言文的地位，怎能牢固？現在中等學校，有人完全不贊成教授白話文，固屬大謬；若是說一二年級不妨斟酌教授白話文，三四年級非講文言文不可，或是白話文只可當課外教材，不能施於課內，亦屬膽怯。我們現在要奮勇直前，建築新文學的基礎，千萬不要因「積重難返」，就懷疑不前。這是我們所最希望的！

(丙)國語科發音底處理　　太玄

(一)國語教育上底發音處理

就國語教育底範圍說來，有言語教授，有文字教授，有話法，有綴法。其中最爲根本的教授，是什麼呢？不用說，自然是言語教授了。

再把言語教授細分起來，有兩個方面：(1)就是發音教授音調教授，訛音矯正；(2)就是言語內容底教授，屬於(1)的教授，是拿言語底形成材料給與兒童的；他的正確與否，和言語底形式整齊上很有關係；言語底有無價值，就在這裏。在這(1)的部分，不但是言語教授上基本的事情，實在就是國語教育底出發點；國語普及底成功失敗，也是由此而分。所以這部分的教授，要算國語教育中最重要的事情，教師應該最注意最努力的。然而我國底教師，對於發音底處理，很是疏略。文字上一點一畫的錯誤，極其注意；而於發音底錯誤，音調底錯誤，反全不矯正。我國的文字，雖不是音表文字，音的疏略，自所難免，然也是教育者不能注意的緣故。

相傳德國小學教師，在三年當中，若是兒童底發音，音調，不能合於標準語，教師就不能自安於位。我們國裏的教師，果有這樣的存心嗎？

然而我們對於國語底發音教授，是很希望他整齊畫一的。文字改良的事情，現在頗有人提議。但是究竟如何改良，最能有效，還不能確定；然有一句話可以說得，就是改繁冗為簡明，是個一定不易的理。但文字越簡單，言語的形式，越要明瞭整齊。不然，恐因文字簡單的緣故，反生彼此混淆的弊病。所以國語的發音，必定要彼此有正確的區別，簡單的文字記號，方能合用。從這方面看來，正確言語的形式，(發音音調)是必要的了。

(二)關於聲音處理底謬想

現在教師，也非不教授發音，教授音調，矯正錯謬底聲音；然而從他的實績上看來，實在遺憾很多。這是什麼緣故呢？第一，他把此等發音底處理，全然看做是「發音機關底訓練，」以爲但叫兒童發音便是；而於其判斷發音底正否，做做教師發音底模範，聽覺機關底訓練，全不注重，所以在教師教授的發音和音調，稍稍忽忽，就毫無蹤形，全然錯訛，弄到不可究詰了。

第二，在發音處理的方法，全無系統。他以爲但遇著錯誤的發音，替他矯正就是；而不曉得教授發音和音調，就是教授一種底技能，不可不用相當底系統的方法的，這也是歷來發音教授失敗的一個原因。

第三原因，是教師自己的發音和音調，先不能十分正確，所以兒童亦就不能正確了。

以上是就承認發音教授爲必要而說的；然而以發音處理看做無關重要，或則完全認爲不必要，也頗有其人，此等可以說他是根本的謬想。現在的教授家，還以爲「兒童對於讀本上的字，但教能讀能寫能懂得意思，就算完全達到目的了」這不是很可驚異的事嗎？

教授家於發音處理上全不關心的，雖然不是普通情形，但像前面所說的謬想，却也不少。我前面已經指摘他們底謬想，以下再當進而說明發音處理上底根據．

(三)發音處理法底根據

第一，圖聽覺機關底發達． 發音底處理，當先使兒童用聽覺，記憶正確的模範．這聽覺底記憶，就是言語底要素．聾啞的人，但能發聲而不能言語，全是因爲沒有聽覺的緣故；那末以爲單叫兒童發音便是了的人，也可以反省了．

發音的事情，本是筋肉的記憶；所以筋肉的記憶，實爲必要；然聽他人的聲音，判斷自己語音的正否，全靠聽覺發音機關，就是專靠聽覺的命令，而現出他的記憶的．

總之，一面練習發音的筋肉記憶，一面還要用聽覺的判斷．若但自己發音，全不注意他人的發音，拿來致察自己發音的正否；他所學會的單語，倘練習稍稍疏懈，就要生出錯誤．若是並用聽覺底判斷，他一旦記憶的言語，就不會忘却．且筋肉的記憶，縱有失錯，聽覺也能指導訂正他．所以發達聽覺機關底能力．是必要的．

第二，行系統的發音教授． 要陶冶發音底能力，必不可不依系統的發達階級．就是須要依科學的方法，叫他爲順次的發達．詳細說來，發音教授，竟可拿某音來做基礎呢？某音是當從什麼音導引出來呢？訛音是從怎樣的經過成功呢？一概都要依科學的系統的方法，去確定他才好。

第三，給與正確的模範。若於發音和音調底教授，訛音底矯正等，但語以「這樣不好，這樣好，」如此抽象的教授，是最要嚴禁的。大凡在幼年兒童，一定要直覺的給與正確底模範，叫他有所取法，才能有效。若是不然，任憑教授上這樣盡力，也是無用，發達兒童底聽覺，必須養成他對於正確不正確底聽別力；教師的模範和兒童的模做，兩方合致不合致底聽別，就是他練習底材料。所以教師的概範萬萬不可偷懶。不論如何用系統的方法，苟其沒有模範，他技能的教養，終不過是摶沙成飯，怎麼能夠成功呢？

二　小學校的國話教學法

（甲）教學國語的實施狀況

江蘇省立第二女子師範附屬小學校

本校國民科教授國語，不用向來固定的方式，不過依據本校所定的教學標準，察看教材的性質，適宜教學。照經過情形，比較從前用固定方式的要適切有興趣。這個標準的大體，就是「欣賞」「思考，」「建設，」「練習，」第一次的「引起動機，」「決定目的。」就是欣賞的過程；第二次的「研究形式內容，」就是思考的過程；第三次叫他們「發表，」「或想表演的方法，」就是練習的過程。

各級各課的方法或者不同的；但是對於大體的標準（就是教學過程）卻是一樣的。至於高級科我們還沒有全用國語教授，不過參用三分之一，教學的過程，和國民科彷彿，不過多一種變換文法，其實這一項也可以包在「建設」過程中間，所以有了國民科的報告，就可以明白了，不必再把他累贅的寫在上面哪。我們還有幾件事要聲明的。

一、下邊的報告，依據實施時情形，一直寫出來的；所以沒有把他編成教案似的方式，不過看起來不很清楚，這是要請原諒的！

一、報告上所舉教材的例，就是臨做這篇報告時所用的，沒有經過斟酌或選擇，所以不完全的地方，是不能免的。

一、本校教材選擇標準，在本校要覽上說明過了，不過還有重要的幾句話，就是我們做的是白話文—是上海社會普通語，不是如國語和北京語或河南語混而為一。所以慣用的成語和韻文，仍舊不廢的；這是我們的意見，請大家可以討論—研究。

總之我們這一短篇的文字，是一種經過的報告罷了。要請大家指正—討論—批評不是給人家玩賞觀摩取法！！！

國民科第一學年國語教學舉例

二三四年教學情形大致相同惟暫不兼授注音字母

教材　王愛珍和弟弟玩他的不倒翁，推來推去，總是推不倒，他很ㄑ一怪，後來他仔細看了一回，說：「哈哈原來這樣做的，所以推不倒了」！小朋友你們知ㄉㄠ麼？

第一次40分　（引起動機決定目的即欣賞的過程）

（一）這幾天，什麼地方最好玩王愛珍（講故事時已講過）到那裏去玩耍？他買了什麼東西回家？你們看見過不倒翁嗎？——（大約都見過了）怎樣的？（紙糊的蠟製的，蛋殼製的幾種，）

（二）愛珍買的怎樣的？（出紙糊不倒翁，並說明他不買蠟製的緣故）他帶回以後的事，你們喜歡聽嗎？

（三）他帶回以後，和弟弟玩耍；推來推去，總是不倒的，他心裏好不奇怪？想不出什麼緣故，後來他仔細看了一回，說原來這樣做的，所以推不倒了，小朋友！你們能猜出這個道理嗎？（有說底圓的或說上面是紙的）——此時不必細究，再把課語用口述法傳授「先範語次模述」

（四）展課本問誰能把沒有識過的字指出？如能寫在黑板上，更好，（不論字母和生字）——筆順如有錯誤，此時也不細究，——把他們寫出的字先教授一遍。

(五)把寫在黑板上生字，(逐字提出問音義，再教筆順，)

(六)誰能把這課書念給我聽？(此時約有半數能讀)字音不正的，共同矯正，

第二次40分 (練習的過程)

(一)把課語默看一遍，指低能生讀一遍，再聽先生讀一二遍，你們也能够照這樣的聲音讀嗎？(有多少人要讀，那就請多少人讀，)—留意讀音—再分部讀，指名讀。

(二)提出注音字母練習片練習拼音—和本課有關係的。

(三)把前次提出的生字再問音義，並且抄寫在筆記簿上，抄寫完畢，讀幾遍(稍重低能的)

(四)那一個人能够把翻成蘇音講出來？(大約都能够的)指名練習幾遍。(有時可省)

第三次40分 (研究形式—內容即思考過程)

(一)讀課語一二遍。

(二)不倒翁不肯倒的道理究竟怎樣講講給我聽，(上輕下重並且圓底)再把不倒翁細細察(有的說拆開來看中間怎樣的？)教者遂把他拆開，講明非這樣做是不行的。並且告訴他們，「我們研究一件事情，如果能不把他拆開而看得出最好。必不得已，只得拆出來看看」—王愛珍看不

倒翁爲什麽要細看他就是不願拆碎的緣故，現在你們已經知道這種紙糊不倒翁的構造了，我們手工課時也要做做好嗎？（大家都歡喜做）蛋殼的不倒翁怎樣做的？先生也有一個在這裏，給你們看看他的做法要你們告訴我了，（所答的大祗不差）你們在家裏有了雞子，也可試試，

第四次20分　（同上及設計）

（一）把手工課裏所做的試驗一下，有推不倒的同他，什麽緣故？我們下次，應當怎樣改良？

（二）提出注音字母，「ㄑㄧ」問拼出的音是什麽？再問「ㄉㄠ」拼出的音是什麽？我們尋這課書上的這兩個字，在那裏？能寫出來嗎？

（三）教「奇」「道」兩字，

第五次20分

（一）讀一二遍，或令一人述一遍，

（二）問這件事情，都純熟了嗎？（都純熟了）你們能表演出來嗎？（都願表演的）表演時，應當從那裏起？（一定要連前課）我們表演的時候，應當用什麽東西？怎樣佈置？登場人物，用多少人？我們配置好了，下一次表演如何？

第六次40分　（建設的過程）

(一)王愛珍隨父親出去後的事，能完全講一遍嗎？（大約都能夠了）指名幾人講。

(二)要想表演的事，已經計畫過嗎？從那一節起，（從第一節起）表演時要用什麼東西？（這邊立幾人，做猴戲場，那邊立幾人，做變戲法——組織一個玄妙觀——還要幾件玩耍的東西擺一個攤，最要緊的是不倒翁）我們這樣佈置好不好？（有人說不對，遂請他說意見）登場人物要多少？（愛珍，父親，弟弟，賣不倒翁的，還有許多觀事的人，）誰願做？請自己配好，開始表演，共同批評，再換幾人做一遍。

(三)你們這課書很熟了。現在先生有幾個問題，你們能用鉛筆答出，寫在筆記簿上嗎？（多數人說能夠）有不能的，少寫一些，或停一刻口頭說出，（問題如下）

(1)王愛珍的不倒翁，那裏來的？(2)他玩不倒翁，覺得怎樣？（答語不論多少）

(四)訂正　（備註）上面述的一單元教學，讀、綴、寫都包含在內。

(乙)　國語教法的新潮

黎錦熙

杜威的教育學說，在國中傳佈近兩年了。實驗他學說的，不過北京和江蘇幾個小學，還不見得徹底國語教育的厲行，也快滿一年了。國語教育的精神在那裏？豈是幾十個注音字母和幾句北京話所能湊效的嗎？我半年以來，親自調查了七省的國語教育情形，程度高的太高了，低的太低了。——我且區分三等，就那最高的一等舉個實例，究竟還是理想的；下等的教法遍國中，中等的也還是絕無而僅有呢！今說三等：

（一）六讀本為主體的。照現成的國語教科書，按課，分時，依教學法，是最普通的辦法。——可是要列下等。

（二）從實際事物（或標本圖畫故事畫等）的觀察認識入手，使兒童確實了解那事物的內容，然後學習那表示內容的聲音（語言）和符號（文字）。讀法，話法，寫法，作法，隨宜運用，有時一氣貫注，讀本不過拿來作一種教具，不看作教材的主體。這是把讀本中所依據的實際事物，直接用作教材；（關於童話故事，等也要先就圖畫觀察，問答引起兒童真切的想像。）再拿讀本作整理兒童的經驗，指導兒童的發表準備兒童的創作之一種工具。以實際事物為主體，以書本為輔助品，這種教科和教法，可稱中等。

（三）隨時隨地利用兒童生活中的偶發事實連結，他們的種種經驗和環境，作一種普遍流動的教材按着他們身心發展的過程，施一種輔導，自動，共同創作的教法。不但讀法，話法，寫法，作法，要打成一片，就是國話和其他科目，也要打成一片，讀本（一部分）乃是教師和兒童共同的作品。這段話恐怕不大明白，舉一個實例來證明：

一個學生提了一隻麻雀……偶發事實

師問：「怎樣的處置呢？」

討論的結果，「裝在籠子養裏着。」

「鳥籠子找不着，改用什麼東西？」

「小竹簍子也可以的。」

師指導大家將這雀兒「裝簍」……教室工作

「裝好了，擱在甚麼地方好？」

「掛在壁上好。」

「掛好了，人家不知道裏邊藏了雀兒又怎樣？」

「還是要寫個紙條兒貼在壁上。」

師提議：「這紙條兒怎樣寫法？」……國語

學生們口裏都擬了幾句話。……（話法）

大家批評討論了一回，

最後由師選擇了一句最好的：

「這籠子裏有雀，請大家不要動手！」……（作法）

「寫起來罷！」

先叫學生寫在黑板上，有不曉寫得的生字，就提示出來……（寫法）

就此教學這幾個生字的發音，注音字義並練順（若選用注音字母，只要提出一兩個漢字最好）。

……（讀法）

讀完了大家再讀一讀，各用紙條兒正式寫來……（習字寫法）

揀着最好的正式貼上。

到了第二日，麻雀死了。

師問：「怎麼會死的呢？」

大家討究這個原因，

師爲淺說「生物要在空氣中生存」的道理……理科知識

師提議：「這死麻雀應該怎樣處置？」

有的主張「扔在院子裏；」

有的主張「給貓吃；」

有的主張「埋在土裏。」

師自已加入討論；

「扔在院子裏，腐爛了，有害處。」……衛生

「他死了，很可憐的，應該埋了他。」……修身

大家到學校園裏去「埋雀」……校園工作

師問：「大家看，甚麼地方好？」

「這邊要種植；」

「那邊是水道；」

「大路旁邊有無交通。」

找着土山坡裏一個幽僻的地方……地理知識

「大家來掘一個坑罷！」

這坑多麼深呢？

多麼長呢？

多麼寬呢？

量一量，記一記。……算術

埋好了，這大堆子多麼高？怎樣量法？

他的周圍多麼長？怎樣量法？

連高帶深幾何尺？怎樣量法？

算完了，還要替他立一塊「木碑。」

這碑上，也要寫幾個字，記幾句話……就是公製「碑文」……國語

作法，寫法，讀法，習字，都可仿前面寫紙條兒的例，不贅說了。

這段教材，連續用了兩天，經過五六個時間，涉及六七個科目；授課和工作聯成了一氣，知識與行為打成了一片。他們的「揭示」和「碑文」兩種作品，便可作讀本材料。教師再把這次經過的事實整理修飾，簡單的記載出來，便成了讀本中一兩課好文章。這種經驗，可創造他們自己的環境；這種記載，可保存他們自己的經驗；而這種文章，又成了他們環境的一部分。

取這樣的材料，照這樣的教材，可以使兒童的經驗，一天一天的深入而擴張；他們的環境，把經驗做基礎，也就一天一天的新鮮而恢廓。他們的精神思想，聲音（語言）符號（文字），自由自動的在裏邊運用着；受了教師的輔導，經過共同的整飾，便成了他們的文學。也這是「讀本」，也就是「國語科」的上品。

三　中學校的國語教學法

胡適

（甲）課本的討論

（1）小說與戲劇先由教員指定分量，——自何處起，至何處止——由學生自己閱看。講堂上止有討論，不用講解。

（2）指定分量之法，須用一件事的始末起結作一次的教材。如《水滸》的「生辰綱」一件事作一次，鬧江州又是一次；儒林外史嚴貢生兄弟作一次，杜少卿作一次，婁家弟兄又作一次；又西遊記前八回作一次。

(3)課堂上討論，須跟着材料交換，不能一定。例如鏡花緣上寫林之洋在女兒國穿耳纏足一段，是問題小說，敎員應該使學生明白作者「設身處地」的意思，借此引起他們研究社會問題的興趣。又如西遊記前八回是神話滑稽小說，敎員應該使學生懂得作者爲什麼要寫一個莊嚴的天宮被一個猴子搗亂了。又如儒林外史寫鮑文卿一段，敎員應該使學生把嚴貢生一段比較着看，使他們知道什麼叫做人類平等，什麼叫做衣冠禽獸。

(4)無論是小說，是戲劇，敎員應該點出布局，描寫的技術，文章的體裁，等等。

(5)讀戲劇，可選精采的部分，令學生分任戲裏的人物，高聲演讀，若能在台上演做，那更好了。

(6)長篇的議論文與學術文，也由學生自己預備，上課時敎員指導學生討論，討論應注重：

(甲)本文的解剖：分段，分小節。

(乙)本文的材料如何分配使用。

（丙）本文的論理看好文章的思想條理，逸勝於講一番法式的論理學。

（乙）演說與辯論

須認明這兩項是國語與國語文的實用教法，凡能演說，能辯論的人，沒有不會做國語文的。做文章的第一個條件只是思想有條理有層次。演說辯論最能幫助學生養成有條理系統的思想能力。

（1）擇題。演說題須避太抽象，太籠統的題目；如『宗教，』如『愛國，』如『社會改造』等題，最能養成夸大的心理，籠統的思想。從前小學堂國文題如『富國強兵策』等等，就是犯了這個毛病。中學生演說應該選『肥皂何以能去汚垢？』『松柏何以能冬青？』『本村紳士某某人賣選舉票的可恥』一類的具體題目。辯論題須選兩方面都有理可說的題；如『鴉片宜嚴禁』只有一方面，是不可用的。

（2）方法。演說辯論的班次不宜人數太多，太多了一個人每年輪不着幾回；也不宜太少，太少了演說的人沒有趣味。每班可分作小組，每組不可過十六人。演說不宜太長，十分鐘儘够了。演說的人須先一星期就選定題目，先作一個大綱，請教員看過，然後每段發揮，作成全篇演說辯論須先分組，每組兩人或三人。選定主張或反對的方面後，每組自已去搜集材料，商量分配的方法，發言的先後。

辯論分兩步。第一步是『立論，』每組的組員按預定的次序發言。第二步是『駁論，』每組反駁對手的理由。預備辯論時，每組須計算反對黨大概要提出什麼理由來，須先預備反駁的材料。這種預備有兩大益處：（1）可以養成敏捷精細的思想能力，（2）可以養成智識上的互助精神。辯論演說時，教員與學生各備鉛筆，記錄可批評的論點與姿勢，下次上課時，大家提出討論。

四　國民學校一二年級教學註音字母的主張

其一　黎錦熙

問　教育部修正的國民學校令施行細則國文科裏邊，有「首宜教授注音字母正其發音」的話，先生這幾次演說，每說語體文要先改用，就是不依照國音讀也不妨，這豈不是和部令衝突嗎？

答　我這話，原是就沒有懂得國音教員的學校說的。若是有了這種教員，自然沒有丟開注音字母而專授語體文的道理。要知小學校令的效力是永久的，所以經一次修正，那修正的條文，至少也必須有十年八年的計算。難道這十年八年內，中國還不能設通行一種音標，用來作統一讀音的工具嗎？但是這一兩年內，雖有國定的音標，斷不能設使全國的小學教員一時都能傳習，而國文科之改為國語科，又是刻不容緩之舉；所以今年上半年，教育部只好下一道公文，說是從本年秋季起，國民一二年級一律改用語體文。「語體文」有兩面的解釋：一，是依照國音來讀的語體文，就是國民學校令細則上所規定的辦法。一，是暫照方音去讀的語體文，就是恐怕一時找不到教授國音的教員，所以先解脫了兒童國文的「桎梏」再說。前一法是永久的，後一法是臨時的；前一法是經，後一法是權。

問　國民一年級是否應教注音字母？教育界的主張很不一致，先生以為如何？

答　今年北京有鄧朝熙君和黎錦暉君，兩下裏會經著論辯駁一番，可以拿他們兩人論文一看，就知道爭點之所在。但是要解決這個問題，全靠實驗，不能憑空臆斷。實驗的結果，統計起來，在何年級教授比較的合宜，就可決定了。可是據北京的孔德學校和吉林山西等省的報告，一年級教授注音字母，毫無困難；並且不到一個學期，就學得十分純熟了。自此以後便可自動的注音課本上的生字，極易認識，發音也極易準確。我此次調查杭州的國民學校，凡是先授字母的，都沒有發見甚麼困難，並且成績比單授漢字母的好，也可以為證。

問　國民一年級教授字母，實驗的結果，竟沒有失敗的麼？

答　也有的。我有一個朋友，他家裏請了一個先生，教他那不識字的幾個小了頭，半年還學不會。後來仔細考究，才知道是為分別四聲所苦，因為他是南邊人，要將北音的四聲來改變南方習慣上語調的高低長短，自然是格格不相入。所以做這種實驗工夫，也得有一個條件：就是要有合宜的教授法。若不問教授法的好壞，一味無條件的統計比較其結果，來判斷其成功或失敗，也是不對的。我記得今年四月間在北京兩高師附屬小學所組織的小學教授研究會裏邊，曾提出一個議案，對於教授字母，說有三個要點：

（一）應與實物教授併合。

（二）萬不可教他分別平上去入。

（三）拚法須用歸納的練習。

（一）是不離開實質而機械的教授形式，免得兒童枯燥無味；（二）是避去繁複縹渺的事物，以合於兒童籟之自然；（三）是避去分析與推理方法，求合於童心理發展的程度。若逐項詳細說來都是具有教授上的指導的。

問　我們成年的人初學注音字母的拚法，尚覺口裏一時拗轉不來；一年級的兒童，便教他拚音，恐怕更覺爲難能！

答　這是拿成人的心理去推測兒童的心理，是研究兒童心理學根本大忌。須知成人所以爲至易的，在兒童却以爲至難，反之，成人視爲至難的，在兒童却又以爲至易。這種事例很多。我上星期在浙江鹽務小學看見他們學生所臨的龍門二十品，最好的貼在壁間，固然是無論甚麼大書法家都趕他不上；就是在教室裏普通臨寫的時候，我一一看來，都比我臨碑好幾年的朋友程度高些。字的架子有些固然不穩，但是他們的用筆，既能逼肖，而又毫無揉矯造作的痕迹，當時頗以爲奇；回頭一想，恍然大悟，並且悟到兒童易學拚音，也是同一個原則。因爲兒童的手和口，都是天眞爛縵的，不比成人都向一種形式去運用了幾十年，成了固定的習慣；所謂「若金在冶，若泥在鈞」，任憑你教他成一種甚麼樣式，只要避去不合心理程度的推理方法，而用一種反復練習的直覺方法去教授他，沒有不比成人容易收效的。成人說話幾十年，口音已經固定，所謂「習與性成」，所以改學他種語音，十分爲難；兒童却正相反。在北京各省的人住上幾個年頭，說起話來，總脫不了方音；然而他們的子女，一進北京的小學，不到兩三個月，就可以替他們的爺娘當繙譯。學拚音也是如此，成人有向來沒有拚過音的，他不知道這是怎麼一回事；那麼他說話裏邊沒有的音，要他勉強拗轉出來，自然是極其困難；至於兒童，口舌動作，圓活天成，教他怎麼樣就怎麼樣，只要用歸納的練習法，反復數次，就琅琅上口了。所以學國語，習拚音，是愈小愈容易，切不可拿成人的習慣心理去推測他。

問　昨天看見時事新報的學燈上，有張君士一的一篇文章，他說「拚音用字母，是一種分析的方法，論理的方法，不合兒童心理，現在歐美教授他們國文，已經改變方法了。」但是照先生所說，這全是教授法的問題，決不是字母本身的問題，先生以為是不是呢？

答　極是極是！張君的根本誤會，以為教授兒童的注音字母，就和我們從前初學英文一樣：b a ba, b e be, ……一排一排的唱起來。試問教授初入學的兒童，能彀用這樣的笨法嗎？從前歐美的課本，初教拚音，也不是這樣的；他們的方法，已是如我所說的，「與實物教授併合」。現在他們更進步了；只將已經拚成的字，按着喉裏的發音部位，一個一個教兒童讀出來，並不把所拚的字母分開來讀，（所謂「要與實物教授併合」，就是這個法子。先將三十九字母有實物可指的，按着實物或圖畫，提示字母，教他發音。他便看圖而能知音，次將拚成的字，有實物可指的，提示出來。到此又有兩個方法一，合音法；將已經教過的字母，合起來讀成一音，如紙（ㄓ）尾（ㄨ）兩個音，已經教過了，現在教「竹」先示以實物，再把「紙」「尾」兩音，教兒童「連着快讀」出來，便是正確的國音「竹」（ㄓㄨ）字了。——這是有理性的綜合發音，與無意識的拚音不同——二，圖畫法；譬如畫一匹馬，旁邊寫着「ㄇㄚ」教兒童發音，不要分析，等到「木」（ㄇㄨ）「貓」（ㄇㄠ）等字都教過了，他自然知道「ㄇ」的符號，就是表示閉着嘴唇來發音，到了總合練習的時候，再乘機將這「ㄇ」母分析出來，利用兒童的類化作用，教他自動的歸納這個「ㄇ」音到兩唇音裏面去，這就是我前所提三項中的「歸納的練習法」；乃是利用筋肉的習慣，引起推理的作用；以歸納的本能，代替分析的方法；很合於兒童心理之自然的發展，並無絲毫勉強的。——歐美的改良教授法，劈頭不教拚音；何以他們的兒童，也自然而然的漸漸知道一切字的拚音呢？也就是這個道理。我們若要合於世界教授的趨勢，只把注音字母所拚的音，當作他們的拚音文字，一樣用新法教授就好了。這本是教授法的問題，切不可波及到注音字母的本身上去。若說分析的論理的方法，不合兒童心理，現在應該改用新法，後應該把拚音的字母取消；那麼歐美人改用新法，豈不是把他們拚音文字，都已經改換了主形的文字嗎！恐怕他們斷不承認這句話！——

問　照這種教授法國民初學期的國語科，簡直是把注音字母代替漢字了；老先生豈不越發恐慌嗎？

答　那裏能彀顧全得這許多呢？老先生的恐慌，已經不止一次了。初廢八股，是第一次大恐慌；次廢科舉興學堂，是第二次大恐慌，現在改小學國文科爲國語，已是第四次大恐慌了。我們試回想，當初廢八股廢科舉廢止讀經的時候，主持的人，經過幾多的困難波折，才慢慢的蔚爲輿論，見諸實行；可見改革的事，是不容易的，是免不了人家的恐慌的。並且這幾次改革，前前後後的老先生，所持的反對論調，都是一樣。廢八股是「蔑棄聖賢經傳，」用國語，是「毀滅本國文化，」用文化二字來代替聖經賢傳，已經是進步多了。我看這個問題，只好「存而不論」。

問　用新教授法授注音字母，應該教到何時可以了結？漢字應該在何時教授？

答　至多一個學期，可以完全通曉；至少只要四個禮拜；這都是從實驗上統計得來的結果。折衷的辦法，可以定爲半個學期。這半個學期內，三十九字母可以完全出現；有些不常用的拼音，稍緩一點兒也不妨。所以兒童讀半個學期的字母；就可截清界限，從此只授漢字；字母便退讓出來，專站在表明字音，矯正聲韻的地位了。——這層道理原可以向老先生說得清楚的。

問　現在注音字母在社會上用場太少；不如留着這一個半個學期的光陰，多教些漢字，較爲有益，這不但張士一君的文章上有些主張；就是此地一般兒童的家庭，也往往將這個理由責問學校：這應該怎麼辦呢？

答　一般家庭對於兒童，還是千餘年來習慣上的要求，只求他「能文」「善書」。以爲能文善書了，就是沒有考試，不能作官；在社會上所站的地位也要高一點兒；所得的職業，也要好一點兒，他們不明白教育原理，本也難怪。這可以簡單的對他說，「你要子弟多識字，這注音字母就是識字的神法，一個學期學會了這樣東西，可以抵得從前讀書二十年。」不過要這話的信用眞能表現出來，還靠着社會上流行的注音書報，要一天一天的增加，僅僅知道字母的人，依着字旁的注音讀書報，「聲入心通」，本是極經濟的一種神法。東隣的日本，實在是靠着他們的「カナ」爲普及教育的利器，這是不可掩的事實。現在通俗教育，因爲經費的困難，各地方都有停頓之象。以杭州省會之區，竟沒有一種通俗白話報，——可是他們講學理的語體文書報，是已經馳名的——我看要維持學校裏注音字母的信用，這種注音白話報，是應該大大的注意的。這就是替學生造成注音字母的環境。

問　我也有一個意思：以爲教育原理，是重在適應環境的。國音是要將來才能通行；注音字母還要加緊提倡，社會上才漸漸的需要；既不是兒童環境中所有的物事，似乎可以從緩教授，此意何如？

答　適應環境，不是這樣望文生義的解釋。第一須知中國現在的社會，實在沒有良好的環境。要完全適應他，那就只有教兒童作不良好的分子，才能彀適應這種不良好的環境。所以進一步說，先要從世界的大環境中，建立一個標準，然後利用自己所處的環境，自行造成能彀適應這個大環境的分子。更進一步說，對於自己所處的環境，不但利用，而且要改造；是要徹頭徹尾具一番創造的精神。這才是一種合理的人生觀；從這人生觀定出來的教育主義，才是合理的教育主義。教育上應該有統一的國語，是從世界大環境進化的過程中，採定的標準之一。要達到這個標準，就應該從現在所處的環境中，仔細參看：那一部分是應該適應的，那一部分是應該利用的，那一部分是必須排除廢棄的；然後關於國語的一切教材教法，才有適當的選擇。這就是從前所謂「因革損益」「斟酌權衡」。若是一味的講求適應大環境和目前的環境，那還要教國語做甚麼？所以前幾年講實用主義的國文教授，有專門練習寫請帖，立借據，開清單，塡發票的；那豈不眞能應社會的需要，能十分適應環境，所以單詞變字的主義，誤用了，真有「生心害政」的流弊。我主張教育的環境，是學校和社會彼此互助創造的；社會的風習，固然影響於學校，學校的教育，更有改變社會的力量。所以說國語教育不適切現社會的生活，就要坐待社會自已來歡迎國語，才去向他適應的，實可謂自行宣布教育是無能不濟的東西！

其二

汪志青

十月二十五號，時事新報學燈欄裏有張士一君「國語教育上的兩大改革的」一篇文字，我有一部分的意見和他不同，就寫在下面討論討論。

一，主張國民學校一二年級不教注音字母。

這條主張，我說完全不對。原文分做四項，我也照彼的順序寫來：

甲從兒童心理上看

注音字母的讀音在南方除出舌葉音「ㄓ」「ㄔ」「ㄕ」「ㄖ」以外，沒有難讀的地方；——讀複韻母的時候，應該把已經拼成的音來教。——讀四十個字母——三十九個加亡字——和讀四十個漢字沒有什麼區別。如說讀字母聲音難，那麼讀幾十幾百的漢字，豈不更難嗎？所以讀音方面，兒童心理上沒有什麼不合拚音一層，講不到「分析的方法」「論理的方法」，卻是人生的天籟，因爲和英文的拚音不同的在英文裏同一字母，倘使加上了「一」「丄」「八」「⌒」「‥」「•」那麼記號，聲音就不同了；加上「ㄥ」的記號，就有輕音重音的區別；也有一個字裏，有些字母要不準讀音的，——Knife, light, night.——也有長的字是用二十多字母拚成的；所以英文的拚音，不特是兒童感困難，就是成人也不是容易的事。在注音字母裏，我們仔細致研一下，上列的幾種困難都沒有；每一字母，都讀一個音；——五聲可以不讀的——拚合的時候，沒有輕重音的區別，也沒有有音無音的區別；每一注音，至多不過三個字。總之不但比英文拚音容易，就是比從前的反切也便當的多，我說注音字母，說不到拚音，簡直是「字母聯讀」；稍稍練習過注音字母的人，看了漢字的注音，沒有不脫口而出的。兒童有天生的好奇性，看到不認識味好的字，能夠讀音，眞是「逸趣橫生」興到極點，那裏還可以說不合兒童的心理呢！

乙從社會需要上看

注音字母是幫助不識字底人識字的，並不是通行了注音字母，就廢漢字的。——注音字母單行本。只有教會發行的福音——所以注音字母的功效，是由四十個音，可以識無量數的漢字。據教會的調查，我國識字的人，只有千分之七，那麼識漢字是社會上需要的，容易識漢字的方法，當然是社會上需要的。學校裏一二年離校的學生，幸有這個方法，出校以後，還可以自己多識幾個漢字。在教育原理上，也沒有什麼不合。

丙從注音的本身上看

注音字母形式上的分別，不是注音字母本身的問題；是學注音字母純熟不純熟的問題。比喻鄉下土老兒童西洋人，個個面孔都相同的，若是多看了以後，就很容易識別了。寫的時候，不能作行書，也不是大困難的事；因為注音字母的筆劃，最多的只有四筆，寫起來比漢字要簡單。況且行書，現在正在那裏研究。兩聲的方面說，我國的四聲，各地不同；從前也只有書本的統一，現在可以不讀的各地底音，很是複雜，要完全無缺，是事實上做不到的。四十個字母，讀國音的時候，是個個用到的；如說要讀各地的方音，那麼才有「有用不到的音而特別字母」的批評了。

丁從教育法令

教育部底法令，對於教育者底主張，原來不能限止；不過這次的法令，我以為和從前的法令不同；因為這次的法令，是多數學者的結晶，教育部不過是一個代發廣告的機關罷了；因教育部有命令，我們就要反對，也可以不必。所以我很贊成「試驗」兩個字，法令不法令，原來和注音字母沒有什麼關係。

總之，張君底意想，不是國民一二年級不必學注音字母，是注音字母根本上不能成立；所以糊亂的寫了幾句，還要請讀者諸君指教這個。

其三

王嗣舞

我今天在時事新報上，看見張君的『國語教育上的兩大改革。』我覺得張君所主張的，未免狃於己見，不合現在教育上之要求。如今我放開胆子，把張君所言論的，略略用我的個人的意見述之於後，以作討論國語的人一個參考，說的對與不對，還望張君原諒！

(一)主張國民學校一二年級不教注音字母

(二)主張拿京音語做國音國語的標準

張君他說：『拚音字母，是一種分析的方法，論理的方法，用成人的眼光看來似乎很好，但是不合乎兒童的心理，不合乎教授的方法……。』我說拚音用字母，不是分析的方法，也不是論理的方法，他確實是讀音的方法。拚音用字母，是教人知道某字為何要如此讀音，使他明白字之拚法，然後方能教其義與形，若不知道拚音法，就教他字形，字義，好像建一間房子，基礎還沒有立好，就要裝修，這還可以嗎？不知拚音法，往往易把字音讀錯，以訛傳訛，齊言楚語，一國之中，語言生出有幾千種，甚至一鄉一邑之言語，亦不下數十種，這難道不是讀音不統一的緣故嗎？讀音不統一，就是因爲當初教拚音的時候，不知拚音法，祇偏教字音之過錯了。我們既知道如此的錯誤，所以不得由根本上着手。國民小學一二年不教授注音字母，更待何時？兒童的心理，是怕讀書的，有了注音字母，一方面使兒童得知正確的音，一方面可以提起兒童讀書的興趣。以少數的時光，可以看注音字母的報，可以讀注音字母的書，並且可以省教授上許多的力。若不知拚音的方法，遽然教他看漢字讀音，這是根本的錯誤。譬如同字異音的字，如知樂節字，同是一字而平聲與仄聲讀音不同，如是又怎麽使他看漢字讀音嗎？況注音字母也是漢字中之一種，並不是日本文，亦不是西洋文，最適用於兒童，普及教育之利器。張君說不合乎國民學校一二年級兒童的心理，未免言之不當了。

張君他說：『註音字母現在社會上並不需要，學了並沒有大用處，……現在社會上最需的是漢字……』。殊不知一國之強弱，全視乎教育普及與否？而教育之普及與否，尤視乎一國之語言統一與不統一？考東西各強國，他的教育能普及，全在語言能統一，如英，美，法，等強國，他的教育進步，之速未始不因語言統一之功，又如土耳其，印度等弱國，因其語言不統一，教育亦未見發達，由是可見語言關於一國之關係大矣。試問我國今日全國語言統一嗎？既未統一，則欲教育普及可以嗎？那麼注音字母，乃統一語言惟一之利器，促教育進步國家强盛又安可不自注音字母始？張君說注音字母並無多大用處，此又一誤解。

張君他說：「注音字母有許多缺點………」『第一，相似的字母很多，不容易分別，格外難學。第二，用楷書筆畫，不容易寫，不應該作爲普通用字母………』其餘應該討論的地方還多，限於時間，不能詳詳細細的述之，僅將第一，第二兩條，述之如下：

（一）注音字母有三種：（一）聲母………二十四個（二）介母………三個（三）韻母………十三個並未見多，各不相同，反覆熟讀，自然易別，且容易學。在兒童學，不到一年，可以自由看注音字母的報，不有讀過書者，數月後可以看一切書報（注音字母書報）。山西全省，人民大半能看書報，就可以證明了。

（二）注音字母並不難寫，拼音讀得好，字母讀得熟，信筆即可以寫出千言。原來因普及教育起見，用爲普通字母最合宜，舍此莫屬。

以上是我對於張君他根據各省教育代表第一個議案的不同的意見。總之我們中國現在要想極力的提倡平民教育，輸入常識到一般普通平民的腦海中去，非先由注音字母下手不可。再進一層說，注音字母之效力有二：(一)普及教育，(二)統一語言。費時少而成效速，用於國民小學一二年，甚爲適當。至於張君對於各省教育代表第二個議案的主張，我是很贊成的，所以用不着我再來重說了。

五　國民學校一二年級不教注音字母主張　張士一

其一

國民學校一二年級不教注音字母，他的理由有四：

甲從兒童的心理上看。拼音用字母，是一種分析的方法，論理的方法，用成人的眼光看來似乎很好；但是不合乎兒童的心理，不合教授的方法。我們曉得國民一二年級的兒童年齡還小，他們的心理很不容易學這種分析的論理的東西。所以就是像英文這樣的拼音文字，在歐美教授他們國文的時候，最新的教法，也是不從字母拼法入手的了。簡直是把已經拼成的字囫圇的叫兒童認識，這樣反覺得容易學。在沒有曉得過這種敎法的人自然要覺得奇怪，但是這是根據於學理的改良方法，不過是我國人向來不大曉得罷了。現在既經曉得了，應該也就利用的。與其費了兒童許多的光陰腦力去學註音字母，希望可以因注音字母而能讀漢字的音，不如用直接法開手就叫他們看漢字讀音。國民一二年級兒童直接看漢字讀音的能力，實在是很大的，這樣去敎，結果要好得多了。

乙從社會的需要上看。　現在社會上還是需要舊有的漢字，漢字是到底要敎的，不能廢的。但是注音字母現在社會上並不需要，學了並沒有什麼大用處，他的大用處，要等到拼音國文通行的時候纔有。但是拼音國文到底能否通行，先是一個問題，就是能夠通行，也是不曉得在什麼時候。社會上現在最需要的既經是漢字，那麼就應該先敎漢字，況且現在强迫敎育沒有普及，兒童在一二年後就離開學校的格外的多；為社會上應用計，在這一二年裏頭漢字愈敎得多愈好。若是把一部分寶貴的光陰，費在這個社會不需用的注音字母上，是很不合敎育的原理的。

丙從注音字母的本身上看。　現在的注音字母，從形聲兩方面看，都有很大的缺點。形的方面。第一。相似的字母很多，不容易分別，格外難學。第二。用楷書筆畫，不易容寫，不應該作為普通用的字母聲的方面。第一同一字母拼在不同的字裏頭，有讀法不同的。第二有必須分別的音，而祇有一個字母可以用的。第三有用不到的音，而特列字母的。要用這種應該改良的注音字母去把字音注入兒童的腦筋裏去，是萬萬不會教育的方法的。

丁從教育法令上看。　歸到底，有些人以爲國民一二年級不能不教注音字母的緣故，是一個法令問題。因爲教育部改訂小學校國文課細則裏頭有了「首宜教授注音字母正其發音」一語，就好像是不得不教的了。實是注音字母宜先教不宜先教，是一個教授法上的問題；教育法令把這種教授法上的問題，也代替實施教授的教員去決定下來，用心雖是極其周到，但是拿教員當作個傀儡了。明白的教員，受他的束縛，而不能發展他的能力，糊塗的教員，也祇能虛行故事，奉行法令，這種的教育法令，是太呆板了。況且現在國語教授也不過是在最初試驗的時代，注音字母能否的確爲正音之用，也不能驟然決定，應該隨人家去試驗，而不可以强迫一定要在什麼時候教授，所以這個法令是應該改正的。改正主動的人，應該就是實施教育的人，而不是教育部的部員。民主國的法令，是要合乎人民的需要的，我們教育界上儘管照合理的方法去做，那麼法令總要跟而改變的。試看現在國內最進步的學校，不是就是最不拘泥教育法令的嗎？我們對於注音字母的法令，也何必機械的盲從呢？

其二　　張士一

注音字母在國民學校裏頭究竟應否開首就教，我曾經在「國語教育上的兩大改革」一篇裏頭貢獻過我個人的意見（見十月二十五日時事新報）以後黎君錦熙在他「國語問答」裏頭也發表他的意見，我極願和黎君共同研究這個問題，所以就請也用問答體在這裏作一種討論，請讀者指教！

問　國民學校開首就教注音字母，你以為不合兒童心理。黎君說你有個「根本誤會，以為教授兒童的注音字母，就和我們從前初學英文一樣（把字母拼成沒有意義的音節）一排一排的唱起來」他說用改良的新教授法（就是用有意義的字和歸納的練習，并且不去死教平上去入），那麼就合於兒童心理而可以開首就教了。這個話你看怎樣？

答　黎君說明新教授法不厭求詳，我極以為是的。至於他所說的根本誤會是不對的，因為我並不是以為教授注音字母祇有一種無意義的機械方法，而就說不能開首就教。所以我在那段文字裏頭，也指出歐美的圖字教法，說我們也應該利用，這是很明瞭的。我的意思分析起來：第一，外

而用機械教法的實在不少，所以應該指出這個毛病。第二就是用歐美的新法去教，也是不經濟的。所以我在那段文字的末了就說「與其費了兒童許多的光陰腦力去學注音字母，希望可以因注音字母而能讀漢字的音，不如用直接法開首就教他們看漢字讀音。國民一二年級直接看漢字讀音的能力實在是很大的。」

問　爲什麼用歐美的新法去教，也是不經濟呢？

答　第一歐美的文字，也並不是完全拚音的（同一的字母，不是在無論那一個字裏頭，都是這樣讀的；還有同一的音，也不是在無論那一個字裏頭，都是用這個字母拚的。）若是我們先教注音字母的方法最好，那麼他們先教字典裏的注音符號或是萬國音標最好了。但是他們並不先教，因爲既經總是要用歐美字的教法，那麼先教習用的字體是較爲經濟。我們要曉得歐美的習用字是拚音的（並不是說完全拚音的），所以他們先教習用字就是先教拚音字；但是我們的習用字不是拚音的，所以先教習用字就是不先教拚音字。他們不是因爲他們的字拚音而先教，我們怎麼好就因爲他們先教拚音字，而也要先教注音字母呢？

第二科學的教字方法，是不必着重分析的。因爲無論文字是拚音的或是不拚音的，從心理學上說，看字讀音是在腦筋裏頭要做成（囫圇的字形↓一連串的語音）的結合，看字懂意，是要做成（囫圇的字形↓一個意思）的結合；有意寫字，是要做成（一個意思↓一連串的手臂動作）的結合；目的不重分析，方法也儘可以不重分析。並且學的時候的方法，最好就跟用的時候的方法一樣。開首就是用囫圇的連續的方法去教，最爲直截了當；將來看書寫字的速率，都容易高些。我們又何必轉彎屈曲的先用囫圇字的教法，去教注音字母所拼出來的字，再從這種拼出來的字裏頭，去用歸納法教他分析開來認識單個字母，然後再學漢字呢？不是一上手就學漢字較爲經濟嗎？

問　這是不錯，但是這個注音字母學了之後，可以去注生字的音，可以做字與裏頭的音符，可以幫助學生記憶已經學過的字音；起初雖是不經濟，以後不是很經濟的嗎？

答　你是把起初的不經濟看得必不能免的了，實在我們儘可以開首就教漢字，而以後逐漸逐漸的教一字注音的字母。什麼時候有真正注音的需要，就趁這個機會教一點兒；這樣教出來，你所說的各種用處，不但完全無缺，並且處處着實，又何必大起盤旋，開首就教注音字母，丟了現錢巴賒帳呢？

問、這也不錯。不過黎君說「據北京的孔德學校和吉林山西等省的報告，一年級教授注音字母毫無困難，并且不到一個學期，就十分純熟了，自此以後，便可自由的注音，課本上的生字極易認識，發音也極準確。」又說他自己「此次調查杭州的國民學校，凡是先敎字母的都沒有發見什麼困難，并且成績比單授漢字的好。」他不是有實驗證據，可以見得先教注音字母很合算的嗎？

答　這種實驗的證據，用眞正科學的眼光去看，那是不能就認爲可靠的。請說幾種理由出來。第一，孔德學校和吉林山西的報告，跟杭州的調查，不定是正確。第二，即使報告都很正確，這幾處的情形，是否就可以代派全國。第三，「毫無困難」「十分純熟」「生字極易認識」「發音也極易正確」幾何話裏頭所用的「毫無」「十分」「極易」的說法，很像過於鋪張，反而使報告有不確的嫌疑。第四，即使的確是「毫無困難」「十分純熟」「生字極易認識」「發音極易準確」，也是並沒有和不教注音字母的結果比較而說；或者不敎注音字母生字也極易認識，發音也極易準確，竟或比他還要容易也未可知。杭州調查的話，雖是從比較上說，也難說是可靠的。我們要曉得凡是眞正科學的比較法，第一，要拿兩方面不要比較的情形都使他一樣，然後去拿要比較的一種情形使他不同，看他的影響。第二，要比較的結果，可以用確實的數量表示出來。現在所說的實驗，並沒有周密的佈置，所說的結果，是很不可靠的，很容易因爲報告的人調查的人自己的成見而受主觀的影響。現在歐美教育家研究教育尺度，教育測驗，教育實驗的方法，就是要使教育上的比較也有科學的價值。這個話說起來很長，我祇好這樣說個人粗淺的大意。

問　從這裏看來，那麼黎君所說用新教授法教授注音字母「至多一個學期可以完全通曉，至少要四個禮拜，這都是從實驗上統計上得來的結果，折衷的辦法，可以定為半個學期。」的話，不是就都未必可靠嗎？

答　你的話很對。我們用科學的眼光去看，不能就相信這個話，「實驗」「統計」不能隨便拉來就可以算數的。

問　這是不錯。黎君也是說他很贊成你的歸納法客觀法的。

答　不錯。我也很欽佩他贊成這種科學的方法不過我還有兩層意思要表明的。第一。這種科學的方法，並沒有國界的關係。黎君說他是「美國式」似乎不很妥當。第二。這種科學的方法，是很精細的。要有許多研究纔能明瞭的，實用起來必得靠專家的，不能隨隨便便就算能用的。無論那種問題，要解決得實在的，當總是要信任專家的。現在我國的學術研究上，有一種最大的痛苦，就是缺乏專家，所以議論雖多，價值很少。而且專家的議論，又往往因為一般人不易了解而少生效力，或是覺惹起了許多無根底的辯駁使專家也無從去回答的。

問　黎君所說的實驗雖是未必可靠但是他還有理論上的說話我也要問你的，他說「成人有向來沒有拼過音的，……那麼他說話裏頭沒有的音要他勉强拗轉出來自然是極其困難。至於兒童，口舌動作圓活天成，教他怎麼樣就怎麼樣，只要用歸納的練習法，反覆數次，就琅琅上口了。所以學國語習慣音，是愈小愈好，切不可拿成人的習慣心理去推測他。」這個意思你看怎樣？

答　教授注音字母有兩方面，須要分析開來說。一方面是方言裏頭不用的音，兒童學起來是比成人容易，在這方面黎君的意思，是很不錯的。還有一方面，是拿一個音節分做幾個音，或是拿幾個音合做一個音節，用字母去拼音的方法，兒童學起來，不比成人容易，在這方面，黎君沒有分析得清楚。第一方面的事，靠摹倣的多，所以兒童容易學。第二方面的事，靠理會的多，所以成人容易學。從心理上說，也要分清的。

問　黎君又說「若說分析的，論理的方法不合兒童心理，現在應該改用新法，就應該把拼音的字母取消。那麼歐美的改用新法，豈不是把他們拼音文字，都已經改換了主形的文字嗎？恐怕他們斷不承認這句話。」這個話你看怎樣。

答　這個話我看黎君有一點兒誤會。注音字母可以改用新法教是一個問題，國民學校開首不就教注音字母是又一個問題，取消拼音的字母更是又一個問題。我所主張的是國民學校開首不就教注音字母，並不是取消拼音的字母，更不是因爲要改用新法教而取消拼音的字母，這不可以渾起來的。從教授法上講，我承認用新法比用舊法好。從拼音字母上講，我不承認這個法子是對的。我的理由早已說過，這裏也不必再說。黎君拿歐美並沒有把拼音文字改變主形文字來做開首就教注音字母的理由，是很牽强的。他們的拼音文字，剛巧就是他們的習用文字，況且也並不是完全拼音的。我上面已經說過。假使他們的習用文字，本來也是主形的，我們也不能保他們就不先教主形的文字。總而言之。先教不先教的問題，不是在這個文字是拼音的還是不拼音的上。是在這個文字是現在社會上習用的還是不習用的上，我們不可以拿人家先教拼音文字來做我們先教注音字母的理由。

問　這是說得很透澈的。我還要問你，你說注音字母現在社會上沒有大用處，這就是不宜先教的一個理由。但是黎君說我們不可以「一味講求適應小環境和目前的環境」不是說就是目前的社會上不需要，若還將來的社會上需要，那麼這注音字母也應得教的嗎？

答：我回答你這個話，先要請你注意我所主張的不過是個不先教注音字母，這個「先」字是有意義的。黎君所說不能「一味講求適應小環境和目前的環境」，那自然是不錯的。還有他所說「教育上應該有統一國語是從世界大環境進化的過程中採定的標準之一，」大致也是不錯的，不過卻不能就拿他來做開首定要教注音字母的理由。爲什麼呢？第一，開首就教注音字母，不就是統一國語。現在外面有一種不正確的觀念，以爲沒有注音字母就不能統一國語的；不曉得有了注音字母不是就能統一國語，沒有注音字母也可以統一國語。所以不先教注音字母，並沒有損害那統一國語的標準。第二，我們雖不能一味的講求適應將來的環境的，我們要曉得目前和將來，不是能夠一刀兩斷完全劃開的，將來是要從目前渡過去的。注音字母就算他是將來的環境裏頭萬急的需要，漢字目前的需要，總是比他急些，他的位置，總不能讓給注音字母的，怎麼就可以在強迫教育沒有普及的時候，一定要拿開首的半學期一學期完全去放在注音字母上呢？

問：黎君又說你因爲「主張要改造字母，……所以就想拿社會上不需要的理由來打消他」就說「若是他改造的字母成功了，我料他一定不會說這套話了，不過這個假借的理由，終不成立。」這個揣測，究竟對不對？

答　完全不對。社會上不需要注音字母，是不必先教的一個理由，注音字母做得不好。是要改造的理由，這兩樁事是分開的。黎君把他們渾了起來。憑空去構出一種猜想來，我以為研究學理不可以這樣的。他料到字母改造成功了。就一定不會說不要先教注音字母的話了，他怎麼可以料到這樣定呢？這種虛料，是沒有價值的。他拿虛料的方法，來構成「假借理由終不成立」的批評，其實自已在那裏「假借理由」了，這是「終不成立的」。

問　這是很明瞭的說到改造注音字母，黎君又說「若是先推翻了人家的，自己還沒有一套比較好些的起而代之，那就祇能『阻遏新機，』沒有別的良好結果了。」你究竟有沒有實在的改造計劃呢？

答　有。我將要在新教育發表的文字裏頭有了一個端倪了。詳細的討論將來再要專用一篇文字來發表。但是無論我已經有沒有計劃，黎君的話，是不確當的，天下改良的事，斷斷不是件件先要做好了改良的東西，然後可以去批評沒有改良的東西的，這是不必的，而更不能的。凡是學術上的進步，都是先不滿意於已經有的東西，而後再去求滿意的東西；若是一定先要自己把滿意的東西造出來，然後可以去批評不滿意的東西，那麼凡是講改造社會的人，先要把改造的社會造出來給人家看，然後可以說改造說改良人種的人，先要把改良的人種生出來給人家看然後可以去講改良。就論我們國語統一的本題，那麼要說中國語言不統一的不好，先要把語言統一的中國做出來給人家看，然後可以說要統一語言，這不是斷斷乎沒有的道理嗎？這樣看來，我不滿意於注音字母而說要改造，不但不是「阻遏新機，」有且是「啓發新機；」或者從此大家研究起來，得到一種改良的字母，也未可知。但是黎君必要說是這不可以做的事，叫他是「阻遏新機，」其實黎君自己未免是「阻遏新機」了。

問　這也是很明瞭的。你要改造注音字母，一部分是因為他形式的不好。但是黎君說「字母的形式不好，是向來一個搗亂的大題目，除開直接用羅馬字母之外，沒有一個人能做得一套合式的出來，不是日本字，就是朝鮮字，不是巴比倫文。就是亞里亞文；……因此我以為已經法令公布的東西，只要他有向上改進的可能性，就是笨一點也不要去動搖他。」這個話你看怎樣？

答　向來人家的搗亂，因為並沒有把原理弄清楚而亂做的緣故。像想沒有適當的原理，也沒有科學的方法，怎麼可以做得對呢？至於羅馬字母，實在要把他做日常通用的字母，也並不是就沒有不合式的問題了。為什麼呢？羅馬字母裏頭的 u•n•m•w•v•等草寫的時候，是極容易相淆的還有C和E．A和D．B和L．草寫也是很容易混的；還有i．j上的點．t上的畫，寫的時候往往漏去的；我們也不可以就推崇那羅馬字母而鄙棄那日本．朝鮮．巴比倫．亞里亞各種的字．我們要做一套合式的出來．第一．先要把原理弄清楚了．第二．要用一種真正科學的方法．這種原理和方法，我將來還要專做一篇文字來和大家研究．

再講現在的注音字母「有沒有向上改進的可能性」那麼自然是可以說他有的，不過要改進，實際上就是要改造．因為你要改進他，就要用適當的原理，適當的方法，這個結果，就可以是大不相同了．改進就要歸到改造，改造就是求改進，本來不必拿「改造」兩個字看得太可怕的樣子．還有「已經法令公布」的話．我想第一．法令裏頭的確也有可改良的意思．第二．法令須跟學理走的，學理是不可以跟法令走的．第三．即使改變法令，也是常有的事，不足為怪；用正當的手續去改變法令，不但絲毫不失信用，並且可以見得法令機關從善如流，不事專制．還有我們既經要去改進他，那麼就不能說「就是笨一點兒也不要去動搖他」因為改進就不能容他的笨，改進就不能不動搖他，這是很明白的道理．所以我很希望行政機關方面不要把研究學理方面對於法令希望改良的話，就看做了要使法令失信用，要使國語教育根本推翻，而大起恐慌．法令不良而不改，人家也未必去從他到底總是失信用國語教育的根本，那麼現在究竟是立定的了，統一語言的前提，是不能推翻的了，我們不必過慮。

固　但是黎君是恐怕那些腐敗的老先生既不贊成用語體文，又不明白語言統一的好處，就要「趁着這個當兒盤踞把持若干年」。所以他說「若是現又大家鼓噪起來，根本推翻，這一個觔斗又要打到民國二年的地位，而且就是回復到光緒三十四年的地位了」。這不是可慮的嗎？

答　黎君的苦心，我也曉得，不過這實在並不可慮。為什麼呢？第一。那些腐敗的老先生，即使要想盤踞把持，也沒有多大勢力去做到那個地步；只要我們一方面竭力改良我們的方法，一方面竭力去開導他們就是了。開導得通，自然是很好的，開導不通，那麼隨他們去好了，他們也自會消滅的。第二。即使他們果然有盤踞把持的力量，那麼請問我們是否應該就不把我們的方法來改良，若是我們的方法不改良，那麼我們的結果不良好，我們的結果不良好，他們盤踞把持的機會就更多，就更容易成事實，所以改良我們的方法，就是免去他們盤踞把持的積極辦法。這樣看來，「根本推翻」實在不成問題，「鼓噪起來」不過是個惡名詞，「研究討論提倡指導」是個實際；說到「觔斗」，那麼腐敗的老先生們要想翻的是個倒翻觔斗，很不容易翻的，並且他們太老而沒有氣力了，翻不成功的。我們祇要開了正步向前走去，既有學理的氣，又有教育的力，再加一陣兒行政法令的風，那是很得法的，我希望你跟黎君一同來開正步向前步去。

問　黎君也說過「對於自己所處的環境，不但利用，而且要改造，是要徹頭徹尾具一番創造的精神，；這才是一種合理的人生觀從這人生觀定出來的教育主義，才是合理的教育主義。」從這裏看來，改造注音字母，不是正合於黎君所說的話嗎？

答　極是。所以若是黎君反對改造注音字母，那麽是自相矛盾了。

問　不錯。不過黎君還有一段話說「最好是結合同志，按着所定的方法實地去做，做成了一副新音標，不必問他和注音字母是同是異，便自已實地去試用，試用得成效昭著了，難道行政機關還不肯照着他的改良嗎？」從這個話裏頭，似乎看得出黎君並不反對改造字母，不過反對有改造出來而來說要改造罷了。你看對不對，

答　你所說的也很近情，不過沒有改造出來而先說要改造，是不應該反對的。我上面早已說過，不必再說。至於你所引黎君的話，他的上一段「最好是……自已實地去試用，」我是十分贊成的。黎君而能說這個話，那麽就是我的同志；我很希望他幫我一同去做，我就是因爲要多找同志，所

以不得不先發表言論，而黎君竟以爲是「從行政上法令上來鼓吹消極的改革，」那是很可惜的。在行政上法令上我所希望改革的，是把小學校令裏頭「首宜教授注音字母正其發音」一句改去，使教員有活動的餘地。還有公佈標準語爲「北京本地人受過中等教育者之語，」使國語國音的實際確定而能施教。這兩種改革，都是很積極的，怎麼好叫他鼓吹消極的改革呢，我們研究學理的人，本來是不過盡我們的責任，把自己所看得到的貢獻給人家罷了。行政法令的機關，以爲是的而照他去做，那麼恰合我們的希望，以爲不是的而不照他去做，那麼我們也斷沒有可以勉强他們做的道理。若是把研究的人看做了亂黨，好像滿清時代防革命黨的樣子，怕他們鼓吹革命成功，設法去遏阻他們，那是完全弄錯了。若是因爲驟然聽見人家指出自己的錯誤，而覺得一點兒不高興，那麼也是人情之常，自己曉得這一種心理，原來可以用理性同制服感情，不必因此而大起恐慌，亂加人家一個鼓吹消極改革的罪名。法令可保即保，信用當然維持，行政人員把這一方面看得格外要緊，我也不怪他們。我對於他們，一方面很表同情，一方面很希望他們拿學理來轉移法令，使法令可以有眞實的信用。生心害政，君子不爲，猜疑決不相宜，我願執政諸公放大胸襟，容納社會上的貢獻。

再說黎君下一段的話：「試用得成效昭著了，難道行政機關不肯照着他的改良嗎？」我但願如此，不過我有所懷疑的地方，就是我國的行政機關，向來並不見得就肯這樣做的。從事實上看，從前王照字母在北方不是可以說試用的成效昭著了嗎？勞乃宣的簡字，在南方不是也可以說是試用的成效昭著了嗎？但是行政機關却沒有因爲他們成效昭著而就用他們的字母。現在果然能夠不是這樣，那麼眞是我國人民的大幸。黎君這一句話，實在使我一則以喜，一則以懼。

問　黎君說「現在的國音字典……仔細檢查起來實在百分之九十九是北京音。」這個說話究竟確不確？

答　現在最便當的一種研究，是拿王璞所著的「國音檢字」來對證。國音檢字裏頭早已有一個「國音」京音不同的表。我曾經請人數過，這部書裏頭共有七千一百二十八個字，裏頭不是京音的字有五百四十三個，照這兩個數目算起來，「國音」頭裏有百分之九十二强是京音，百分之九十九的說法，似乎不確。卽使國音字典是曾經讀音統一會會長一人改變過的，而國音檢字是完全照當時多數表決的，而兩面有不符的地方，我也不能就相信百分之九十二强，就變爲百分之九十九。還有南通師範教員易作霖君，在時事新報發表的「標準音問題」裏頭，也有一種考證，指出百分之九十九，未見得確•總之無論他百分之九十二，或是百分之九十九，若是不是百分之一百，那麽這個標準音就是沒有自然這樣用的人而行不通的，這是最緊要的一點•所以單從百分上去爭個多少，是毫不相干的，裏頭京音的字，無論是多是少，這個「國音」一樣的不能成立，幷且要拿裏頭京音字多的語來保護這個「國音，」實在正是承認京音應該作爲標準音，否則京音字多，也還有什麽價値呢？

問　是的•我還要問你，黎君說我們可以向兒童的家庭說「你要子弟多識字，這注音字母就是識字的神法，一個學期學會了這種東西，可以抵得從前讀書二十年•」這個話究竟能說不能說？

答　我看還是不要這樣說的好•爲什麽呢？注音字母叫他是個識字的神法，究竟未免誇獎太過了；即使他的價値很高，我們也不要人家去迷信他，而當他一個神物•這個一種字母，不過是個人造的工具，好則用下去，不好則可以更換的•現在有些人就是因爲把這個注音字母看做神聖不可侵犯的，所以就不喜歡人家去批評他，實在我們並不必這樣去崇拜他，學會了注音字母，也決不會就「可以抵得從前讀書二十年•」我們故神其說，去藏混兒童的家庭，反而惹起他們的疑心，即使信了，也是迷信；迷信也有一旦覺悟的，那兒童的家庭，早晚怕就要覺得你的話是不確的，那麽就更加不信了。所以據我看來，還是這個字母有幾分價值就告訴他們有幾分的好。

問　這不錯。但是黎君的意思，若是注音書報一天增加一天，那麼就可以把他這個話的信用表現出來了。他說「僅僅知道字母的人，依着字傍注音讀書報，『聲入心通』，欲是極經濟的一種神法。東鄰的日本，實在是靠着他們的「カナ」爲普及教育的利器，這是不可掩的事實。」你看是怎樣？

答　我看要單曉得字母的人，依着字傍注音讀書報，而就聲入心通，那是第一，這種人先要能說一種標準口語。第二要他們看的語體文，都要實在是照這個標準口語寫的。第三這種字母要能把這個標準口語的音注得實在正確的。現在這三種情形都沒有，所以注音書報，這種人還是不能用注音書報的。所以不發達，我看這也是一個大原因。歸根到底，還是一個先教一種標準口語的問題；這個問題不解決，那麼注音書報無論出得怎樣多，照字母讀出來也不能够聲入心通。日本的所以能够借注音來幫助通俗教育，因爲他們是有强迫的普及教育的，在這個强迫教育期內，全國的兒童在學校裏頭先學會了東京音，標準語，所以以後就可以單看假名而聲入心通，若是他們沒有這個根底，那麼也是行不通的。

問　這個道理極是。我現在很明白崇拜注音字母而不去指定標準語教授標準語的書本來末了，黎君要想把這種注音白話報去「替學生造成注音字母的環境」，恐怕不過是泡影罷了。

答　你話極是。各處的外國教會實在有早已見到這點的，所以他們就拿這個注音字母改變了些，去拚各地的土音，這樣倒有一點兒的實際。不過他們這個辦法，祇為目前的社會教育和傳教計，而並不是為統一語言罷了。

問　現在標準語雖是還沒有指定，但是黎君說他可預言注音字母就是依著你的方法「根本改造起來，結果一定和現在的注音字母相差不遠。因為注音字母，實在就是把北京受過中等教育的人所說的話做標準，而分析出來的音素……所以改造起來，百分之九十以上是相同的。」這個話你看怎樣？

答　我不敢就用預言的方法去批評人家的預言，要看怎樣去改造，纔可以有把握；況且改造注音字母，也並不是單從音素分析上着想，還有形式拚法種種上的關係。黎君說「就是把北京受過中等教育的人……」，他把「本地人」這層意義忽略去了，那麼這個標準大不相同了。就是非在北京的人，無論他是蘇州人杭州人，祇要受過中等教育的都是了，這樣是拿雜湊的「普通話」做標準語了，這個標準語就不是完全互相聽得懂的了，我所要根據的標準語，實在不是這個。還有當時製造注音字母所謂分析音素的事情，據我訪問得來，並沒有用客觀的科學方法，所以無論如何是不可靠的。

問　現在我能否請歸束起來，說幾個要點：(一)改造注音字母，是儘可以討論研究的。(二)國民學校開首教不教注音字母，是不可以在法令裏頭定下來的。(三)要用注音書報去教育不識漢字的人，必定要照他們已經會說會話注音的。(四)統一國語的根本方法，是要教授一種標準口語。

答　你所說很對。我請再加一句，做這回討論的總結束，就是「要教授一種標準口語，先要指定一種可以教授的標準口語。」現在這個可以教授的標準口語還沒有指定，注音字母無論如何總是落空，所以要解决注音字母的問題，實在先要解决標準語的問題。

其三　　吳研因

黎邵西君主張初年級不教漢字，只教注音字母，說可以消滅「文字障」；「文字障」正意所在，是否就是『國語教育固不重在注音字母，但教注音字母，却可以消滅文字障的？』如其如此說，我們可有一個答案：『教注音字母非但不能消滅文字障，初年級教注音字母，卻反多了一重文字障；如眞要消減文字障，漢字不可就教，注音字母更不可就教，教了却添了文字障了。」何以呢？我且伸說下去。

原來漢字不能就廢，注音字母不過供漢字注音之用，不能直代漢字；——這層意見，無論何人都知道。——邵西君也只主張初年級用注音字母做工具，高年級仍要教學漢字。然則初年級教了注音字母，高年級再教漢字，在教注音字母的時間，豈不枉費了？若說初時教注音字母，往後教漢字，自然容易，這却未必；因爲注音字母，充乎其量，不過注漢字的音，漢字母是會讀了音，就算識得的，還有義和形體呢；義和形體不知道，單只知音，不見得就算識字。與其初年級用許多時間去教注音字母，結果不過幫助漢字的讀音，何不省下了這時間，就教漢字爲直捷呢？不要說教育部所頒行的注音字母不適用，我們不願意教學生，使學生多一重文字障；就使注音字母改造得很完全了，我們也願意用來教學生，使學生識漢字時眞可以幫他知道些讀音了，我們的意思，也不犯著空費初年級很可寶貴的時間，去教學這種注音字母。因爲注音字母不過給漢字注音之用，音可用教師直接傳授，教學時並不費甚麼力；如高年級要用字典自習，自認漢字，字典中的漢字確已用注音字母代反切了，那就我們當然也要教學注音字母；但那時的教授，不過一兩星期中指點一下，便也容易使兒童學習，不必費什麼光陰；怎樣在低年級時倒要把這東西教兒童學習呢？所以低年級不教漢字倒可以的不教漢字而代以注音字母，其實多了一重「文字障」。邵西君以為何如！

邵西君若說用注音字母並非重在文字，不過借他做工具，注音字母這種工具，終比漢字容易使用；這也未必盡然。因為注音字母卽可用作拚音文字之用，拚音又談何容易！難道讀了幾十個注音字母，就能夠自由運用，拚出言語來嗎？不要說有京蘇州的孩子不能，北京的孩子也必不能如其能的；只請看英文英語，怎麼識了二十六個字母，還要教學許多拚成的文字呢？這種工具比漢字略異，或者可以說得。要用來『表情達意』，實與漢字沒有什麼兩樣的。進一層說表情達意的工具，在初年級莫妙於就用言語，就用土語，不必講什麼國語，更不必講什麼注音字母，怎見得用了邵西君所謂的國語和注音字母，嶄新的教材和教法，就免了文字障，不『打斷兒童的生趣和天機』呢？

再退一步講，我們承認注音字母，確是一種較漢字便利的工具，但料也不過和音樂所用的正譜簡譜一般。簡譜1　2　3　4……果然比五線譜容易認識，但何以講究音樂的，講究音樂教學法的，不主張用日本式的簡譜，偏要用正譜呢？原來簡譜不過是很粗陋的工具，不是可以用作細工的工具，音樂的符號，不是簡譜所夠代用，與其初年級用簡譜，高年級再用正譜，徒使兒童多一重『符號障』，還不如簡譜也不用，直待高年級逕用正譜為宜。——不教注音字字，母就是這個意思。

第六編　國語統一問題

一　國語統一問題

張士一

國語統一問題，現在已經惹起了許多人的注意；實行統一國語的試驗，也可以說在那裏進行了。不過已經做的究竟做得對不對，將要做的究竟應該怎樣做？我們還沒有拿學理去澈底的研究。現在請大家先撇開成見，然後用科學的眼光一層一層的看去。

一語言統一和言文一致，有什麽分別？有什麽關係？先說分別，那麽語言統一問題，發生在全國各處的人，不能完全互相懂得口說耳聽的語言。言文一致問題發生，在手寫眼看的文字，因爲不是直接記出口說耳聽的語言，所以十分的難學。語言統一，是求有一種全國人都能說都能聽的國語；言文一致，是求有一種可以直接記出國語的語體國文；兩個問題所從而發生的困難不同，不能混起來的。

再說關係，那麽第一，言文一致是要靠語言統一的；因爲語體國文既經是照口說耳聽的國語寫的，那麽自然先要有統一的國語，纔可以有統一的語體國文，第二，語言統一有可以利用言文一致的地方，因爲語體國文可以用做一種工具，幫我們去推行國語的兩個問題的關係，是天然不能截斷的。

語言統一，和言文一致，是國語問題裏頭的兩大部分。我們既經曉得他們的分別和關係，那麼就可以分開來去研究語言統一了。

二為什麼要國語統一？我們時常聽見人家說，要教育普及，非國語統一不可；但是從教育史上看，世界各國卻有語言不統一而教育很普及的，例如瑞士，可見語言不統一，教育還是能普及的。不過語言是一種交通的器具，如同鐵路輪船一樣。語言不統一，交通上就有一種不便利。交通不便利，教育普及自然是也要難些，但是我們要國語統一直接的緣故，究竟是為要交通便利；不過統一語言的手續，是個教育的手續罷了。

三統一國語要辦到怎樣地步？這個問題有兩個答法。一個是要把各處的方言都改變一些，使他們趨於折衷，成為統一。又一個是不求改變方言，祇求個個人除了方言之外，還能說第二種同一的語言。

這兩種辦法第一種是不能成功的，因為語言是人生的一部分，有社會性質的方言跟社會生活一同繼續下去，是很容易的；這兩樣東西，是分不開的。所以我們在家庭之間，同鄉之中，總覺得說方言是自然些•總之，從語言學上看來，方言的壽命很長，難死得很；要强制去消滅他，或是改變他是做不到的•祇有第二種的辦法，還可以成爲事實；因爲學習第二種語言，的確是可以做得到的•我們可以學習外國語，就是一個明證•但是統一這兩字，要辦到算理上的完全同一，是不能够的•因爲從語言學上看來，無論如何，語言裏頭是總有參差的，我們所求的統一，不過是求這公共的第二種語言，全國的人說出來雖是未必完全同一，却是彼此可以完全聽得懂•這個完全聽得懂，是除去了純乎因爲意義上的困難而聽不懂的地方說的•因爲這種的聽不懂，就是在說同一方言的人裏頭也是有的，不是從語言上來的•

四怎樣去統一國語？這件事已經教 部籌辦了多時了•我們應該先去研究他所用的方法是否適當•他所用的方法，第一步，是開讀音統一會；就是把讀音統一認爲國語統一入手的辦法•讀音統一會所做的事，一是造字母，結果就是現在的注音字母•二是定標準音，結果就是現在的國音字典•第二步，是傳習注音字母•第三步，是定標準語•就是想編國語詞典，去定所用的詞，又編國語文法去定所用的語法；希望有了音典詞典文典這三種書，就可以定國語的標準，大家就可以照他去學了•第四步，令國民學校裏頭一律改教語體國文•這個方法究竟對不對，我們須得一層一層的去研究。

第一，認讀音統一爲國語統一入手的辦法，不免是個隔靴搔癢。因爲現在的大困難是在口頭的語言用詞，發音，造句，都有不同，不是在紙上的文字讀音不同。口語統一的需要很多，讀音統一的需要很少。從日常生活上說，讀音統一就是辦到，也不過在讀祭文頌詞等類的時候用得到；但是這種東西老實說聽不懂是儘不要緊的。若是真要去研究他，那麽還是總要用眼睛去看的。并且口語統一，讀音自然可以統一；讀音統一，口語未必就能統一；因爲文字的讀音是跟口語而劃一的，所以凡是說同一方言的人，文字的讀音，也是同一的。向來不用語體文，尙且如此。但是口語的統一，決不是可靠文字的讀音統一的；文字就是用語體，也不過能利用他去幫同記憶所學的口語。決不能就把語體文去統一口語。以後講到教授法的時候還要詳說。總之把讀音統一認爲語言統一入手的辦法，不但是文不對題，并且是本末倒置。

第二，先造字母，後定標準音，也是先後顛倒。因爲字母是用來拼標準音的，應當依標準音的需要而造，不能憑空造的。譬如沒有數目，自然不能有號碼，但是現在恰是先有號碼，後有數目了。

第三，先定標準音，後定標準語，又是先後顛倒。因爲標準音就是標準語裏頭所用的音，是應該從標準語來的。譬如羊毛是從羊身上來的，但是現在恰是羊毛不從羊身上來的了。

第四，標準語還沒有確定，就去傳習注音字母，也是個糊塗做法。因爲注音字母既是用來註標準語裏頭的音的，那麼在標準語沒有定的時候，叫他去注什麼呢？譬如一篇音樂裏頭所用音的調，還沒有確定，就要叫人家去用五線音譜記出來，請問糊塗不糊塗？

第五，做幾本音典辭典和語法書，以爲標準語就可以定了，這又是一個妄想。因爲從語言學上看來，語言是一種活的東西，變化很多，包括很廣，語言大全這樣的書，是做不成的。說話的人，纔是真的語言大全。要定標準語，須要拋開死書，指定一種說話的人，纔能真的確定。

第六，標準語還沒有確定，就令全國國民學校去教授語體文，也是欲速不達。因爲語體國文須要根據口說國語的，要先有確定的口說國語，把他先教起來；然後一步一步的把兒童已經能夠說的寫下來，教他們認字，這纔是小學生應該學的語體文。現在這樣的教語體文，完全是個拋空的做法，沒有根據的。若是說口語可以從語體文裏去教出來，那是沒有懂得口語的教法。口語是要從耳口入手的，不可從眼睛入手的；即使口語可以從語體文裏去教出來，這個語體文也必定先要根據於標準口語，纔可。現在標準口語還沒有定，這語體文總是落空的。

上面所說的六個錯誤，是根本上的錯誤，大概有三個原因。一，沒有處處按着發生國語統一問題的根本困難做去。二，沒有明瞭語言的性質。三，沒有懂得語言的教授法。總而言之，沒有應用學理去做。既經沒有應用學理去做，無論做的人怎樣熱心，到底總要失敗。現在從表面上看，似乎各方面對於這個事情很抱樂觀；但是眞的樂觀是理性作用，不是感情作用。試問現在對於這個語言統一的問題，有多少人是曾經細細用研究的態度去澈底想過一番的，有多少人不過是隨聲附和毫無研究的。說一句老實話，現在在那裏大聲疾呼提倡注音字母的人，大半自己連注音字母都沒有識得的；還有在那裏興高彩烈提倡國語國音的人，大半是不過空慕國語國音這個名詞的好聽，若是問他國語在那裏，國音在那裏，就瞪目不能對的；或是回答說道國語是在國語教科書裏頭，國音是在國音字典裏頭。不曉得國語教科書和國音字典，是要根據於有標準的國語國音的。現在的國語教科書，不過是書商投機的東西；那國音字典，不過是一部再版的滿清皇帝欽定音韻闡微；這種的國語國音，是冒牌的國語國音。國是應該愛的，但是冒這個國字名的東西，不可就糊亂去愛的；否則麻雀牌可以叫他國牌，鴉片烟可以叫他國烟，纏足可以叫他國裝，一律就可以去崇拜了？

但是這個國語統一的亂子，在現在這個學問缺乏的時代，是免不了要鬧的。祇要自今以後，力改前非，聽學理的解決用正當的方法去做那麽往者不可諫，來者尤可追。正當的辦法是怎樣呢？

第一步　定標準語。

第二步　定標準音。

第三步　製字母。

第四步　師範傳習。

第五步　在學校裏和社會上推行。

照這個程序去做的時候，一步一步都要應用近世科學的知識，和科學的方法。凡教育學，語言學，語音學，心理學，普通教授法，外國語教授法，速記術，種種原理和方法，都要盡量去應用那麽所得的結果方纔可以相信得過。現在我們可以把這個程序裏的五步，分開來去研究了。

五怎樣去定標準語？定標準語的方法有兩種。

(一)用一種混合語。這混合語或是現成的，或是特地去造成的。

(二)用一種方言。這方言是現成的這兩個方法，一般人都以爲用第一個好。因爲混合語好像是大家有分，至公無私，不偏不倚。但有以下種種原因，不如用方言好的。

（1）用一種方言來做標準，實在也是大家有分；因爲無論那一種方言，同別種方言公共的地方是很多的。

（2）凡是標準愈客觀的愈好。混合語不容易定客觀的標準。爲什麽呢？請先說現成的混合語。現成的混合語，在我國莫非就是普通官話。普通官話究竟是什麽東西呢？有人說，就是各省人到北京因爲言語不通，就自然用一部分的北京話，一部分的大鄉話，彼此談話生出來的；就又叫做北京官話，或是普通官話。還有人說，官話是各省都有的，發生在大都會；例如江蘇各處的人到了南京，福建各處的人到了福州，就一部分用省會的話，一部分用本鄉的話，混合成了江蘇官話，福建官話。普通官話就是說這種各省官話的人會集在全國最大的都會所發生的；就是一部分是北京本地話，一部分是各省官話。這兩個普通官話的定義，原是大同小異；無論照那一個定義，這普通官話，總是隨說的人的方言而不同的。實在他裏頭所用的音，詞，語法，種種，是很不一律的。我們究竟去求怎樣的呢？若是說可以去定出一種一律的來，那麽就是和特地去造成的混合語，歸入一類。下面再要詳說他的不能做標準。總之這個普通官話的名詞所指的東西，是很含混的，實際上是很不一致的，在應酬閑談的時候，似乎彼此尚可懂得；到了談緊要事情的時候，那就往往有不備的困難了。所以拿普通官話做標準，第一因爲他不能有確定的客觀標準，仍舊是沒有標準；第二並不能達到語言完全彼此相通的目的。

再說特地去造成的混合語，也有不能定標準的地方。第一，怎樣去把方言來混合，是很不容易決定的，祇要看從前的讀音統一會就可以曉得這個弊病。他們那個時候就是要想造成一種混合的國音標準，因此古音，今音，南音，北音，鬧個不休，總沒有一個滿意的混合；以後鬧得時候太久了，就勉强求一個結束，把一部舊韻書來做根據。用多數表決法審定了幾千個字音。當初教育部的當局，曉得他們沒有眞正研究到底，所以注音字母和審定的字音，都不發表。那知道後來隔了數年，當局換了人，這個沒有研究到底的字母，竟公然發表出來了，弄成今日這個注音字母的大迷信。因此可以見得用特地造成的混合語做標準不妥的地方。還有第二個不妥的地方，就是即使混合的方法能彀妥定，這個特地造成的混合語，是全國找不出一個人完全能照他說得純熟的，那麽祇好靠幾本死書去記出這個標準來了。但是死書是不能定活語的標準的，上面已經說過。這樣看來，即使有了特地造成的混合語，仍舊不能實用他的標準。那麽這個標準，就等於沒有。

(3)用混合語不能得適當的師資，無從去教授。因爲若是用現成的普通官話，那麽普通官話是隨各人的方言而異的；這個人說我說的是普通官話；那個人也說，我說的是普通官話；凡是把本鄉話改變了一部分的人，就都可以說他說的是普通官話．但是究竟說到怎樣的纔可以算他確是說普通官話，可以去做敎員呢？這是極不容易定出來的．若是要把書本去定出來，那麼上面已經屢次說過不能行的．再進一層，卽使語言大全可以編得出來，令敎員去從這部書裏頭學國語，那麼還有不合於口語敎授法的地方．口語的敎授不能從書本入手，上面也已經說過．所以要靠幾本死書去學到口語純熟可以敎人，是辦不到的事．

若是用特地造出來的混合語，那麼適當的師資，更不必說了．全國旣找不到一個人說得純熟的，那裏可以去傳習呢？

（4）方言是已經在一個地方通行的，就是在生活上已經實在試用過而沒有困難的．但是普通官話是還有不能完全互相懂得的困難；特地造成的混合語，更不能斷定他將來必能合用．

從這幾個理由看來，用一種方言去做標準語，是最直截爽快的辦法，可以免了種種行不通的地方．旣是用一種方言去做標準語，那麼就要進一層問應該用那一種方言．這個資格分析起來，有以下這幾層．

(1)要這種方言最近於文字有這個資格的是北京語。

(2)要向來用這種方言的書籍報紙等類最多有這個資格的，也是北京語。

(3)要向來研究這種方言的人最多，研究所得的結果最多有這個資格的，也是北京語。大概外人來華研究北京語的最多，著的京語書籍也最多。即如字典一類，很有好的可以利用本國人所著京語的研究書籍，也是比其他的方言多。

(4)要最容易靠自然的交通平均傳播到各地方去有這個資格的，也是北京語。因為各地方的人，到京都去，和從京都出來，是最平均。

(5)要教授方面的經驗最豐富有這個資格的，也是北京語。

(6)要向來為各地方的人所最信仰的有這個資格的，也是北京語。

(7)要用在最講究說話的地方的有這個資格的，也是北京語。因為北京是政治外交的中心點，也是教育的中心點，說話自然最為講究。

(8)要是最優美的。這個資格，不比上幾的容易審查，但是可舉一二端來表明北京語的優美。先說他本身上的優美，例如拿南京語來比；南京語有入聲，音調急促難聽，北京語無入聲，音調舒展好聽；南京語的音調抑揚少，北京語的音調抑揚多，南京語不及北京語的優美，這是一端。再說附帶的優美，例如北京人說話聲音圓活，發音經濟，南京人說話聲音剛厲，發音太彎，附帶的優美，學口語的時候，就一同學得的。北京語有這兩種的優美，是很確實的。凡外國人熟悉我國各種方言的都是這樣說，本國人細細一辨，亦自明瞭。

照以上八層看來，北京語最合於做標準語的資格。此外還有幾層也要討論的。

(9)要全國聽得懂的人最多。這一個資格，是很難審查的；因為從沒有人用過試驗法，統計法，去這樣比較各種方言。即使要去比較，也是因為裏頭包含的東西太多，所用的手續太繁，極難辦到的。

(10)要說別種方言的人最容易學。這個資格同上一個資格一樣的難審查。但是有一種普通的誤會，是可以解釋的；往往有人以為混合語最容易學，其實不然。譬如北京語和蘇州語，本來也有一部分相同；若是改去蘇州語一部分，使他成了混合語，這個混合語，和本來的蘇州語，也不過是一部分相同。蘇州人去學他，不見得就比學北京語容易。并且容易學不容易學的問題，還有教授上便利不便利的關係。一種現成的方言有確定的標準，有適當的師資，可用適當的教授法，那就比混合話容易學了。

（11）要最近於將來因交通十分便利而自然成功的統一語言這個資格，最難審查。因為將來自然的統一語在什麽時候纔可以成功，并且究竟是怎樣的，現在先不能斷定，又怎樣好去拿他來比現在各種方言看那一個最近呢？

照這樣看來，用北京語做標準語最為適當。世界各國裏頭凡是有標準語問題的，大概所用解決的方法也有一種公共的傾向，就是用京都的語言做標準語。這個緣故，就是上面第3.4.6.7.等項。我國若是也拿京都的語言做標準語，可以說是最安穩的辦法。因為利用先進各國的經驗去辦，是冒險最少的。但是有人說，北京語裏頭有許多狠粗俗不堪的分子，不能入標準語的，這個話是很有道理的。我們拿北京語來做標準語，自然不應該用他裏頭很粗俗不堪的分子。但是怎樣可以分別這些分子出來呢？我們不能逐字逐句去列出表來的；若是要去列出表來，那是又是一個編語言大全的辦法了。最適當的辦法，是一種具體的辦法。具體的辦法是怎樣的？請先把標準語的定義說出來，就可以明白了。

標準語定義　中華民國的標準語，就是有教育的北京本地人所說的話。

說明　本地人是指實在生長北京的人，不指單是籍貫北京人；因爲單是籍貫相同的人，說話未必相同。有教育的是指至少受過中等教育的，因爲受過中等教育的人，是社會的中堅人物；拿他們的話來做標準，是最適當的。這個定義，若是說得再要周密，那麼可以加兩個小註：一個就是這樣的人，要並無口吃或其他相類的語言毛病的；二就是用這樣的人在常態裏頭說的話，不是在瘋癲裏頭說的話，就是不是在病態狂態等類裏頭所說的話。但是這兩層本是不言而喻的。

照這個定義，用北京有過中等教育的本地人的話做標準話，那很粗俗不堪的分子自然沒有的了。並且用這個定義於實行教授上，是很有把握的。因爲照這個定義，凡能說標準語的人，是的確能分別出來的，是的確能找得到的；請他們去做傳習國語起點的教員，是最爲適當，也是很容易辦到的。但是這個話，並不是說凡是國語教員，就都應該讓北京這樣的人去做；不過是說凡不是北京這樣的人而要教國語的，他們究竟能教不能教，就容易辨得清楚了。

還有人說，就是用北京語做標準，也不見得就能全國一致；因爲照這個定義的北京語也不是完全一致的。這句話也是很有道理的。因爲無論用那一種話去做標準，決不能辦到一百分的全國一致的，上面已經約略說過。就是各國裏頭語言，算是全國一致的，也沒有完全一致的。從語言學上看來世界上實在沒有兩個人講的話是完全一致的，就是同一個人的話，也不能無論何時都完全一致的；即使我們能夠造出一種完全劃一的混合語來，用同一的教師去教全國的人，所得的結果也不能完全一致的。總之，完全一致，是辦不到的，但是太不一致，是要生困難的；標準語須要最近於完全一致，而又可以行得通的。有教育的北京本地人所說的話，雖不是完全一致，但是最近於一致，沒有彼此聽不懂的困難，又的確可以用經濟的方法去教授，我們又何必定要去求他完全一致呢？

還有人說北京語沒有入聲，祇有四聲，是五聲不完全的，不能做標準。這個話是毫無理由的。語音的五聲不完全，不是像人的五官不完全，就成為廢人的。福建廣東等處的話，有用八九聲的，比五聲還要多。那麼怎麼用五聲，就可以算完全呢？從語音學上看來，這個聲的變化，是樂調高低的變化；要說多，那麼簡直可以有無限數的聲。所以五聲完全不完全的說法，是不合科學的，泥古不化的。實在北京語祇有四聲，而能夠用到如今，不因聲少而感困難，那就是他的四聲已經夠用的確證；他在用聲這一點上，却是很經濟的。

還有人說，即使用有教育北京人的話做標準，這個語裏頭的詞，也要加以選擇的。例如洋火一物，北京語裏頭有幾個不同的說法，就是洋火，自來火，火柴，取燈兒四個名稱，這裏頭取燈兒一個名稱，是決不可用的，火柴是最好，應該定他做標準語裏頭的詞。這種議論，也是似是而非的；這幾個詞細細從字面上討論去，那是各有妥處各有不妥處。火柴不見得就比取燈兒好，取燈兒不見得就比火柴不好，若是一定要去說取燈兒最好，也是說得圓的，因爲這取燈兒三個字細細辨來，是指可取以燃燈的意思，倒很有文學上的趣味，極其委婉有致的。還有一個例，人家也是常常引用的，就是鼠的叫法；北京語裏頭，可叫老鼠，可叫耗子。人家往往說耗子是標準語裏頭一定不可以用的，不曉得老鼠兩字，未見得比耗子確當。老字若是作年老的老字解，那麼鼠何嘗多是老的；若是作老弟的老字解，那麼何必這樣去恭敬他。論到耗子裏頭的耗字，那倒是說鼠的性質很對的，何嘗一定不好。但是這種咬文嚼字的辦法，是無濟於事的。從語言學上看來，無論那一種語言裏頭的詞，決不都是完全合理的。若是講到標準語裏頭的詞，處處要從字面上去推敲，那是寸步難行的了，是跑到牛角尖裏去了；這樣去定標準語的詞，是白費功夫，恐怕一百年都定不起來的。最有實效的辦法，祇要這個詞的確是在照定義所說標準話裏頭通用的，那麼就可以用的。若是同一的東西有幾個叫法隨時換用的，那麼標準語裏頭，也可以隨時換用這幾個叫法。這樣辦法，可以靠口語純熟的教師，用他自然的說話去教授，是最爲直截了當的辦法。但是這個話，並不是說凡是有幾個詞指一個東西，就無論什麼時候都沒有選擇的問題了。選擇的問題是有的，不過是在於個人用詞的時候隨形酌定，不可勉强把詞與去劃一的。例如平常說話裏頭的用處和詩歌裏頭的用處，自然有時狠不相同的；不過這是修辭學裏頭的問題，屬於個人自已的取舍。講究修詞的人，選擇自必精細，必不可用强制的手段，照一二人的意思去武斷下來，叫全國人遵行的。將來國裏頭出了大演說家大文學家，那麼有些的詞是要受他們影響的。但是現在在統一國語的問題上，祇要這個詞是照定義認為標準的語言裏頭的確通用的，那麼就是標準語裏頭可以取用的；斷不可因為我自已向來少見這個取燈兒耗子的叫法，就說他不好，人的心理，凡是不習見的東西，初見往往以為不好，這是不可靠的心理，切不可自已上自已的當。

六怎樣去定標準音？要說定標準音正當的辦法，不得不再細細一看讀音統一會審定字音的辦法，究竟有什麼不妥的地方。讀音統一會用多數表决法定字音，是拿學問的問題用政治的方法來解决，這是第一個不妥。表决之後，因為當場記錄的人沒有科學的聽音記音的訓練，把音聽錯了記錯了一部分，這是第二個不妥。字音已經記下之後，編輯字典的會長，又用一個人的意見改了他一部分，成為這個假冒的國音字典，這是第三個不妥。現在教育部籌辦國語統一的人，因為這部字典裏頭有許多古音不適於用，還有因爲當初列入的字，是根據音韻闡微這一本舊韻書的，有許多現在狠不常用的字，而常用的字反有遺漏，所以要去修改這本字典；但是這一修改，豈不是教人家更無所適從嗎？沒有客觀的國語標準而去修改字音，那麼將來更不知道還有幾次要修改這種音典，反而使人家是無從下手去學，這是第四個不妥。還有第五個不妥，就是上面已經說過的標準音定在標準語以前。要除去這種種的弊病，第一應該拿有教育的北京本地人的語，定爲標準語。第二應該從這個標準語裏頭，去研究所用的音，分析到最簡單的分子，先用科學的方法記下來；然後依了他去製字母，編音典。這纔是用客觀的方法，去定標準音，不是由個人憑空構造的。至於論到科學的析音記音方法，那自然不能在這裏詳細說明的。不過有一句話是不可不說的，就是須請眞正有科學的語音學訓練的人，去做這個事纔對。

七怎樣去製字母？字母有兩方面：一是他所表的音，一是他所取的形。現在就從這兩方面去討論。

(一)音的方面。北京音一字（就是一個音節）至多有五個簡單音，究竟最好是用一個字母單注，還是用雙拼，三拼，四拼，五拼的方法？這是第一應該研究的。現在的注音字母是用三拼法，就是一個字，至多用三個字母來拚・共用四十個字母，（舊三十九個新添一個・）四十個是否拚起來不多不少，另外再論・若音用五拚法，那麼字母最少，約三十個已夠；因爲實用上，必須要分別的眞正簡單音約三十個・若是用單注法，那麼字母最多，大約要有四百十一個・（照一種最可靠的研究計算，向來各家研究所得的數目略有出入・）每一個再用符號去分四聲・若是不用四聲符號而每聲另製一個字母，那麼字母的數目更大，要有四百十一個的四倍，就是一千六百四十四個・把兩個極端來看，一端是三十個字母，一端是一千六百四十四個字母，相差狠遠；介乎其間的，還有雙拚三拚四拚的辦法・人家往往以爲字母愈少愈好，但是根據心理學來講，字母最少，不見得拚出來的字就最容易學，容易學用的時候就最容易用，字母最多，不見得就最不容易學，不容易用，字母多些或者反容易學容易用些・因爲字母多，那麼拚出來的字相像的地方，可以減少，就容易分清楚些；容易分清楚，就容易學些・我們不妨看一看，若是竟用極端多的一千六百四十四個字母共要多少時候纔可學完・假如平均每天學七個，每星期學六天，每學年學四十星期，那麼一學年可以學完而有除・（7×6×40=1680）假如國民學校一年級就學這套字母，那麼將來若是國民教育有一年的普及，這套字母全國國民就都識的了・若是用四百十一個字母再去分四聲，那麼從表面上計算，十星期可以學完而有餘，$\left(\frac{411}{7\times6}=97\cdots\cdots\right)$有兩個月半的普及教育就行了。但是這個十星期的計算，是不可靠的；因爲名稱上的字母雖是祇有四百十一個，實際上的字母却是仍有一千六百四十四個。爲什麼呢？因爲四百十一個用的時候各要加上四聲符號，每一個仍舊成爲四個必須分別的形體。從心理學上看來，那學的時候就同有四個字母一樣。（今年五月我曾經用試驗心理學的方法試驗過近百個的國民學校一年級兒童，結果也是這樣；這一番試驗的詳細報告，將來另登。）從此看來，要解決這個單註和幾拚的問題，不可單從字母數目多少上去著想。這是關於製字母的第一要點。

第二要點，凡是一個字母，無論拚在那一個字裏頭，祇應當有一個讀法。但是現在注音字母裏頭，就有違背這個原理的。例如門字拚ㄇㄣ，音字拚一ㄣ，這兩個字裏頭的ㄣ，就是作兩個讀法。又如政字拚ㄓㄥ，櫻字拚一ㄥ，這兩個字裏頭的ㄥ，也是作兩個讀法。若是拿萬國語音學會的符號來表明他，就是門字中的ㄣ讀作ən，音字中的ㄣ僅讀作n；政字中的讀作əŋ，櫻字中的ㄥ僅讀作ŋ。還有第三要點，就是凡是標準音裏頭所分別清楚的音，在字母裏頭也要分別清楚的。但是現在的注音字母却有渾起來的地方，例如江，湯，汪，三個字末尾所收的韻，實際上是有分別的。但是註音字母裏頭祇有的一個字母可用，所以就拚成ㄐ一ㄤ　ㄊㄤ　ㄨㄤ。若是用萬國語音學會的符號表明他，江是

triæy 湯是 t'ay 注是 uoy 裏頭的 æŋ aŋ cy 是不同的，不能就用尢的一個字母去拚的；這個也就是犯一個字母有幾個讀法的毛病。

（二）形的方面。就形的方面講，第一，字母要彼此容易分別，否則易混，不易學也不易用。現在注音字母，犯這個毛病的地方很多。列表如下。

（甲）ㄅㄉㄌ

（乙）ㄦㄫㄜ

（丙）ㄡㄆ

（丁）ㄋㄎㄞ

（戊）ㄇㄣ

（己）ㄙㄠ

（庚）ㄏㄕ

（辛）ㄑㄍ

（壬）ㄈㄛㄊ

第二，字母若是不但用在印刷品裏頭而也要手寫的，那麼應該也要容易寫。按速記術的方法，容易寫的字裏頭所用的曲線，須要容易聯接，少換方向，少大角度的屈曲。這樣看來，宜乎用草書的圓筆畫；但是現在的注音字母，是用楷書的方筆畫，狠不便寫。有的人說，我們可以添做一種注音字母的草體，專為手寫的時候用；不知道字的有正草兩體，實在是不經濟的。從他的歷史上看，不便寫的正體變成草體，是由需要而來的。現在新製字母，祇要一種草體就行了；草體便於書寫，也可以印刷，何必定要用正草兩種，叫人家徒費腦力去學兩套的符號呢？

第三，現在四聲的記法，非常不便。部定的四聲符號，是用同一的點，加在字母的各角上；例如丫丫丫丫，實在還有別的方法，可以去分別四聲，我們不可以不仔細研究一下。

(1)用幾個不同的筆畫去連在韻母上，例如丫丫丫丫。但是用這個法子，有一個困難，就是不容易把個個韻母做得狠自然的連這個幾個筆畫上去。

(2)用幾個不同的筆畫列在字母的同一處，所就是或是都在上面，或是都在下面，或是都在左邊，或是都在右邊，例如丫丫丫丫是都在右邊的。

(3)簡直用四個不同形的字母，例如丫乙夕ㄋ。這第三個的辦法，一般人必定以為大難學；以爲如此不是學一個字母，是學四個字母了。不知道就是用一個字母，加上符號去表出四聲來，實際上連符號總看起來還是四個字母。上面討論字母數目的時候已經說過。這種用四聲符號的四個字母，形體天然相似，相似就不容易分別，反不如四個不同形的字母容易學。就拿現在的注音字母來講，若是介母韻母各加三個，那字母的總數雖是要從四十加到八十八，但是學起來祇有容易，沒有困難。

近來教育部，也見到這原定點四聲的方法不好，就有人提出不記四聲的辦法。說是若是把幾個字合成的詞連寫起來，那麼就不記四聲，四聲也可以從上下文的意義猜得出來。這個辦法究竟好不好，須得細細去討論。

（1）若是北京的本地人，說標準語已經是完全純熟的，那麼還可以希望他猜的時候沒有大困難；加了幾個字合成的詞連寫的辦法，自然意義是更容易明瞭些。但是他處的人說標準語還沒有完全純熟的，必無可猜的希望。因爲從心理學上說來，我們雖是很不曉得的東西，卻是不能拿不曉得的東西來猜他。譬如有一個人閉了拳，叫我猜手裏握的什麼東西，我可以猜他是銀錢，是核桃，是別的東西，但是猜來猜去，總是我素來曉得的東西；若是那個人的拳裏是一個我從來沒有曉得過的東西，那是我斷斷乎沒有猜得著的機會的•現在標準口語還沒有完全說得來的人，要叫他去猜字母的四聲，那凡是他還沒有說得來的話，是斷斷乎猜不到的•若是說我們可以先教口語到完全純熟的地步，纔教看拚出來的字，那是不明白語言的教授法了•口語的教授，雖是須從耳口入手，但是並不是等到口語完全純熟然後去看寫的符號，學到口語有了根基，就應該用寫的符號去幫助了，這是最為經濟的教法•

(2)即使凡是學看拚法的人，能一律先教他們口語，使達到完全純熟的地步，可以猜得出四聲，這個猜的辦法，在心理學上看來，還是很不經濟的•因為從上下文意義去猜測的時候，每一個字的拚法先同時引起四個不同的動應，以後纔禁止了其中的三個，發表了一個；這個一番手續周折得很多，耗腦力也多，費時間，閱看文字的速率必低而疲倦必多，是很不經濟的•

(3)拿算理來推測，也有辦不通的證據•每一個字照他的拚法既有四個可讀的聲，那麼每逢一個字的一句話就有四個讀法；兩個字的一句話，就有十六$(4\times4=16)$個讀法；三個字的一句話，就有六十四$(4\times4\times4=64)$個讀法；列成公式，就是每逢n數字的一句話，就可有4^n個讀法•照這個公式，若是有五個字的一句話，就有一千零二十四個讀法；六個字的一句話，就有四千另九十六個讀法讀法可以有這樣的多，要去猜出一個不錯的來，那是非人力所能辦得到的。

但是有人說，中國古時本來沒有四聲，不過有長短之分。現在簡直也不要教人去分別四聲，無論遇到一個字，就隨他去讀一個聲就行了。這個辦法，看似容易，但是結果，也就是一句話不知要有多少讀法，和上面所說的困難一樣。我們要曉得從語音學上看來，四聲的關係，就是樂調的關係，樂調的關係，是語音裏頭四大要素之一；凡是語音，都逃不了他的關係。就是不分別四聲的語言如英語，也是個個字說的時候要照他的用處用適當的樂調纔行，否則也不容易聽得懂。凡人說外國話而外國人聽不懂，一部分的原因，往往就是這個樂調的不對。從此看來，我國古音的不分四聲，恐怕也不遠像英語的不是字字把樂調來單獨分別意義。但是用的時候也是處處有適當的樂調，不能錯的。現在不分四聲，就無適當的樂調可憑，是把一切樂調的關係都脫離了。但是語音斷斷不能脫離樂調的關係的。況且我國古時的話，比現在的話，決不是就在有無四聲這一點上分別，必定還有許多別的地方的不同。那個時候的話行得通，因為是他自然演到那個地步的，不是強制把他造成的；我們怎麼以拘泥古時一方面的情形，就來類推現在的一切。加以我國語言裏頭同音的字已經很多，還要去使本來祇有一個讀法的字，生出許多不定的讀法來，這個語言恐怕就不成其為語言了。總之，這個記四聲的問題，不可就用不了了之之法去解決的。譬如衣服總是要穿的，不可因為織布難裁縫難就說不要穿衣服了，應該去求織布容易裁縫容易的方法。現在的問題，是在用那一種分別四聲的方法最為適當，不是在應否分別四聲。若是問究竟用那一種方法最好，那麽從我上面所說的試驗裏頭看來，是用四個不同的字母，最為妥當。第四，字母的取形，雖是也要顧到印刷上的便利，但是現在做鉛字模的機器十分靈便，什麽草體的字，都容易做，祇要排字太不費時就行了。我們要曉得印刷所以求看書的人的便利，與其多犧牲看書人的便利，不如略為犧牲印刷上的便利。總而言之，既要做字母，那麽形聲兩方面都要做得好些，因為現在雖說是單為注音之用，將來恐怕就是要為一切拼音之用的；若是一時不能做得好，就是多費些時間也不妨。沒有字母我們還可以去教標準口語的；但是沒有標準口語，就是有了字母也沒有用。我們一方面改造字母，一方面就是暫用幾個漢字來注音，也是可以的。或者簡直用萬國語音學會的符號來注音，也是很便當而正確的。像現在這樣的迷信這個形聲兩方面都有許多毛病的注音字母，去拼沒有標準的冒牌國音，奉為至寶，視若神明，惟恐有人去破壞他侵犯他的樣子，那眞是太無辨別之力了。現在不是大家到處都說改造改造這兩個字嗎？難道社會都可以改造，思想都可以改造，這幾個注音字母就不可以改造嗎？注音字母不過是一種工具，好像木工所用的斧一樣。木工見他的斧不適用，儘可以換一把，我們又何必死守這個不適用的注音字母呢？

八 怎樣去辦師範傳習？要辦師範傳習，須要特別注意以下幾個要點。

（一）時間要多。現在各處所辦的國語傳習所講習所等類，期間大約從一星期以至三個月，實在太短。在這個短的時間裏頭，不過學了幾個字母和拚法。但是我們要傳習的主體，是個標準口語；要在這短期內把標準口語，學到可以教授的地步，除了方言本來極近標準語的少數人以外，是斷斷乎辦不到的。從心理學上看來，凡學一種語言，腦筋裏頭須要做成很多很多强固的結合，斷沒有兩三個月可以做得到的。所以凡是學一種外國語，非用功多年，不能純熟。國語名稱上雖是本國語。但是實際上學起來，却是跟外國語同一個性質；就是用很好的方法去教，平均至少也要有一二年的工夫，有一二千個小時，纔能够把極常用的東西學得純熟，否則不過是自欺欺人罷了。

（二）方言不同的人，應該分別教授。各處方言和標準語的相差，各有多少，相差的性質也有不同。教授的方法，就應該不同，期限的長短，也就應該不同。所以現在普通所用的混合教授辦法，是很不適宜。

(三)須要多注重常用的口語。耳聽標準語，口說標準語，能應用於日常的事物上，那麼纔能去教國語。若是單去死記幾個注音字母，那麼就是能彀學到這四十個字母倒背得出，那四百多個拚音倒拚得出，仍舊不能去教國語。但是現在各處都是不過傳習注音字母，不是眞的傳習國語。

(四)不必多費工夫在音韻的歷史上。現在各處傳習國語，往往教授我國音韻的歷史，費去的時間，未免太多。這種音韻的歷史，在學問上原來是有價值的，不過現在所急於需要的，是能聽今音，發今音，和教今音；我們須應用眞正科學的語音學，去教這三種本領。音韻從前的怎樣變遷，却沒有應用的價值；況且那些半科學的舊音韻學，卽使要教，也要好好的去修改一番，纔可以教的。現在竟拿來當他國語傳習裏頭的一種正課，未免搶去了學習口語寶貴的光陰了。

(五)教字母不可靠舊式漢字來注音。現在往往有人把漢字來注注音字母的音，但是漢字的音隨方言而異；因此各地的人讀注音字母的音，很有不同的地方。凡是發音必須要口授的，就是留聲機器，也不能代替口授的；這是在語言教授法上，已經是毫無疑義的了，怎麼就可以去用漢字來注注音字母呢？

(六)教授國語須應用現在最有價值的外國語教授法。這種外國語教授法，自然不能在這裏詳細說出來的不過可以選擇幾個要點略爲一提。

(1)要用最近於生活上眞實的說話情景去敎授。

(2)要敎有連貫意義的句子，不要敎不連貫的單字。

(3)入手求聽得懂，以後逐漸求說得出。

(4)文字的符號在耳口已有訓練之後纔學，不可死靠書本。

(5)起初要多用實物實事敎授，和聯想示意的方法去敎新材料。

(6)舊材料要有延長甚久的溫習。

(7)語法要從活的語中指出來，不可另外死敎規則。

(8)要學生自已造句，先要看句子的樣式和裏頭所用的字面是否已經學過，否則反是去練習說錯誤的話。

(9)敎的時候，要盡量多用所敎的一種語言，少用別種語言來繙譯。

(10)敎授發音須應用語音學的方法。

(七)敎授國語，自然也應當用普通敎授法的原理。

（八）須要在北京辦長期傳習所。在北京傳習和在別處傳習，在北京有一種特別的好處。就是北京的環境是一個說標準語的環境；這個環境在學習標準語上，是很有幫助的。

（九）各地方須有長期的傳習。教育部和各高等師範學校雖都辦過國語傳習，但是小學教員裏頭，能真的補習到可以教授的是很少。國民學校教授語體文的通令下來以後，各地方因急於預備，方請教育部和各高師傳習回來的人，在本地傳習。但是這些傳習回來的人自己學的時間太短，加以沒有一定的標準語；不能用純熟的口語去教人的，要補救這個弊病；須在各地方辦長期的傳習。現在請把這個辦法，略為一說。

各縣應該籌款去辦小學教員長期的國語補習。應請照標準語定義合格的北京人，或能說標準語正確而純熟的他處人，擔任教員；若是請初級師範和高等師範畢業生最為適宜，因為他們有過教育上普通的研究，教授易於合法。大概高師畢業生月薪在四十元之數，初級師範畢業生在二十五元之數。常年每縣用一人，看地方情形，定傳習方法；若是交通便利的縣分，那麼可以找一適中的地點，令各鄉小學教員每星期六或星期日集合補習。若是交通不便的縣分，那麼行循環教授，由教員輪流到各鄉教授，以一週為一次，或數日為一次，各小學教員必須學到真的純熟，經考驗認為合格，方可不學；否則儘須學下去，不定年限。這樣辦法，一個教員的薪水，每年約在三百元至五百元之間，若是再加循環教授的旅費和雜費一百元，合計全年一縣平均費去四百五十元，就可以眞的辦出一點兒效果來。照現在這樣的以訛傳訛，錢也費得不少，但是結果，是不過騙人罷了。做小學教員的，自己肚子裏很明白，曉得要去教統一的口語，是沒有把握的；但是迫於部令，祇好拿幾本教科書，去教些三不像的語體文，敷衍敷衍，保全了自己的生計，這樣的恐怕是占大多數。可憐的小學教員，他們是已經抱盡佛脚的了；不是他們自己的不好，是提倡統一國語的人，沒有把辦法提倡得好。各地方熱心教育的人，應該從積極的方面快去做起來。照怎樣去在學校裏和社會上推行？講到這個推行的問題，我們先要曉得無論標準語標準音怎樣定得好，字母怎樣做得好，師範傳習怎樣辦得好，若是國民教育全國不普及，那麽國語也斷斷不會眞的統一的。因爲統一語言，究竟要靠國民學校的力量的。試問現在全國的學齡兒童，有百分之幾，是有機會受國民教育的？但是這個話，並不是說在沒有辦到全國強迫教育之前，就不必去做國語統一的事。現在急於要去試辦的了。現在有了經驗，那麽到了教育普及的時候，就可以照法做去，不生困難。這個一點說明了，我們可以先從學校裏推行的一方面去研究。

（1）須要引起學生學國語的動機・大概中等以上學校的學生尚容易明白國語的緊要，幷且若是把國語列為必修科，那更是不能不學的・但是小學校的小學生，是不曉得什麼國語統一不統一的，這個必修兩個字也是勉强他們不過來的・在家庭裏學校裏他們自己的方言，既經用得通，自然是不覺得國語的需要的・所以教授小學的國語，第一要引起兒童學國語的動機；應該利用兒童經驗裏所能懂的有趣味的事物，用國語去說，凡是講故事表演唱歌種種都可以用國語去做；因為兒童喜歡所講的東西所做的事情，那就有聽國語說國語的動機了・

（2）不可專靠書本須從耳聽口說入手，到了耳聽口說有了根底，那麼纔教筆寫的符號・若是先教注音字母，或先教注音字母和並列的漢字，那不是教口語的方法・符號學得太早，反而失去符號正當的功用，因為符號所代表的東西，必須先有了把握，那麼纔可以去利用符號・況且拚法是一個論理的方法，不合兒童的心理・所以就是像英文這一類的拚音文字，在西國最新的教法，也是不先教用字母拚字，而先教已經拚成的字・竟是把拚成的字一個一個囫圇的和我們漢字一樣教法；這是根據於心理學而試驗得來的改良教法，我們不可不曉得・論到中學裏頭初學國語的學生，那麼因為他們早已識了許多漢字，並且他們的心理較近於論理，就可早些去用符號和拚法；但是每

課仍舊宜乎先行口授然後看字•凡是主要的練習,還是要從耳口兩方面去做,否則必不能達到口語純熟的地步•

(3)不要以爲小學生一定容易識注音字母所拚的字而不容易識漢字;因爲注音字母所拚的字,相像的地方很多,不容易分別,拚法又是論理的方法,不合於兒童心理,上面都已說過•所以凡是用注音字母和漢字並列而敎的,不要就以爲兒童因爲看了注音字母而讀得出漢字的音,恐怕分開來讀,還是漢字讀得出的多,注音字母拚出來的字讀得出的少•總而言之,不把這個注音字母看做一個敎授發音萬能的神物,那麼倒可以免去了許多無謂的周折;況且現在的注音字母,拚音也拚不正確,敎授國語,簡直沒有敎這個注音字母的必要•

(4)應當應用普通敎授法和外國語敎授法種種的原理•

講到社會方面的推行,那自然不能像在學校裏的做得周到,但是也不可以敎幾個注音字母就算了事•這種辦法,不但仍舊沒有敎人家國語,幷且給人家一個不正確的國語觀念以爲注音字母,就是國語了•不曉得國語是全國的人都說得出聽得懂的一種口語,用他去除吾們口語不相通的困難的,注音字母,決不能去代替他的;若是單敎注音字母而能統一國語,那是統一國語的事太容易了。社會上對於國語的觀念正確不正確，於將來推行國語的有效無效實在很有關係，我們不能不特別注意。還有一點，關於社會方面的推行，應該研究的就是現在各地方的教會，把注音字母加了幾個閏音字母，去拚方言，教授一般年長不識字的人，希望灌輸一點兒童極普通的智識，并且幫助他們去讀教會中的經典；這個辦法，有些人以為不但於語言統一毫無益處，並且有使將來文字也不統一的危險。但是我們要曉得他們的做法，不過是一時的關係；這些年長不識字的人，沒有多大力量去把這個拚方言的文字去傳子孫。最大的力量，究竟是在國民學校，祇要國民學校裏頭，好好的教一種有標準的國語，那麼教會所做拚方言的影響，比較起來是很小的；並且他們的做法的確於目前社會教育上，有一種好處，我們儘可以使他們做的。

照怎樣去實行改革？現在已經在那裏用的方法，種種缺點和應該怎樣改革，已經指出來了。現在就是應當及早去實行改革，以免貽誤下去。但是人家對於實行改革也有幾種懷疑，是應當解釋的。

（一）有人說國語已經推行到現在。注音字母，學的人也已經不少了，要改是很不便利的。不曉得推行國語，就是好像造鐵路一樣，因為從前造得不好，看來有危險，那麼應該趕快去改造，怎麼好將錯就錯因循下去呢？若是今日怕事，那麼當初也何必自討煩惱，惟其不怕煩惱，要求進步，所以想去統一語言。現在見有進步的方法而不肯去進步，那是說到天邊去，都沒有充分理由的。況且國語雖是說已經在那裏推行，但是這國語兩字，不過是一個空名詞。請教國語客觀的實際在那裏？有沒有標準？讀熟一本國音字典，就可以達到口語統一嗎？已經學注音字母的人，在全國人民裏頭，究竟有百分之幾？并且注音字母，就是已經學的人，學得清清楚楚的有百分之幾？這個字母，是將來要給全國的人學的，怎麼好就此敷衍下去呢？總之，辦教育的人，辦得不好，所造的孽，不比做工程師的人，做得不好的容易看得出來。橋樑一天斷了，大家都知道工程師的不好，無可強辯的。但是推行國語，做得沒有眞實的效果，是不容易看得出來的，所以推行的人，還儘可以說已經推行得很好的了；面子果然是拉得好了，但是教育是沒有效果的了，我們千萬不可以受這種人的愚。

（二）又有人說，要等到照那個改良的好方法去做，是等不及的。這句話的回答簡單的有兩層。

（1）病人急需服藥，但是延醫需時，說是等不及就給他隨便亂吃些藥，可以不可以。

（2）照改良的方法去做，費時也不多。國語的標準，是一句話可以定出來的。標準語裏頭的標準音，由適當的人專門去研究，是一年半載可以分析得清楚的。況且現在已經有人分析過的了，拆標準音的字母，也由適當的人去做，一年半載裏頭，也可以製得好的；一共合起來，至多一兩年的工夫，樣樣都可以做得好好的了。論到傳習，那麼國語標準一定之後，就可以有適當的敎員敎去了，不必等到字母做好纔去敎。這樣說來，還有怕什麼來不及呢？

（三）又有人說，關於現在的辦法，已經有許多人投了資本了，或是靠他謀生的了。例如發行國語書籍的書店，和各處擔任國語敎授的敎員，如其一旦改變方法，不是他們很吃虧的嗎？這個話實是說得有情有致。但是書店雖是已經出版了許多的書，實在早已出本了；改革之後，他們再去出版一種新書，又可以生了一個大銷路，做生意的道理，原來是要花樣翻新，纔能多得利息，賣書也是這樣的。講到敎授的人，若是他們的京語不好，那麼定京語做標準後，祇要再去學習，還可以擔任下去。本來敎員並不是限於北京人的。倘是有濫竽充數的敎員，本來因爲大家沒有客觀的國語標準，所以說我敎的是國語，人家也莫名其妙，因此能殼欺人騙飯，到了改革之後，又不肯去補習京語，這樣的人，若是再要去保全他們的飯碗，那麼恐怕就是大慈大悲的菩薩，也要跳起來說道這個飯碗應該打破，應該打破。

（四）又有人說，現在的注音字母，是已經敎育部公佈的，我們應當尊重法令，照他去敎。這句話是打官話，試問法律是誰的法律，共和國家的法律，不是人民所造的麼？人民若是覺得不好，需要改良，那麼就要改良的。祇怕人民不去要求改良，那麼就是政府無論怎樣的好，也總有不能見到的地方。我想現在的敎育部，對於人民方面根據學理的要求，斷不至於就用專制的手段，一筆打銷，或是置之不理。部裏頭究竟恐怕還有幾個明理虛懷的人，一經學者研究指揮出眞理，或能從善如流，亦未可知，祇要我們去要求改革就是了。

最後請極簡括的一說實行改革的辦法。

(1)由敎育部公佈合於學理的標準語定義，就是定至少受過中等敎育的北京本地人的話，爲國語的標準。

(2)由敎育部主持，請有眞正科學的語音學訓練的人，去研究標準語裏頭所用的音，分析後先用科學的方法記下。

(3)由敎育部主持，請語音學家語言學家心理學家敎育學家製配字母。

(4)由敎育部籌劃辦理適當的師範傳習和學校社會方面的推行。

(5)在敎育部沒有辦到之前，社會上的學問家敎育家，先去提倡起來，實行起來。

這樣做去，同時再竭力去辦普及教育，那麽國語統一的目的，還可以有眞正達到的希望。這個責任，我們不可以去卸在教育部一方面，要我們教育家大家去擔負；果能大家拋去了私見，一同出來擔負那麽這個責任，雖是重大，效果也很容易看見的。

二國語運動的過去和將來

黎錦熙

國語運動實在新文化運動之前。當民國元年即有讀音統一會，當時製定注音字母三十九個。故說明運動之過去，當溯自元年。

過去之重要事件有四：

一，讀音統一會之議決音標。

二，國語研究會之鼓吹改革。

三，頒布注音字母。

四，成立國語統一籌備會（小學校改用國語）。

一，民國元年召集讀音統一會，由各省各派代表二人至中央會議，完全按照國會議決法案之手續，將六千餘字之音，逐字議決；並製成字母三十九個。旋以繼任總長意不贊成，遂爾擱置。

二、忽忽至民國五年，袁氏稱帝，時局岌岌，部中無事可辦。時鄙人已在教部，與同事談及將來政局若大變更，部中第一應辦之事爲何。卽覺國民學校無實際能應用之課本，遂欲漸從社會方面組合若干同志，預備向教育部請願改國民學校國文爲國語，俾兒童不至虛糜光陰；於是有國語研究會之發起。當時情形，迥異今日，是會極力鼓吹國語，而教育界殊漠視之，不特少贊成者，且幷無眞正反對者；社會痲木，從可想見。嗣新文學派，以文學革命鳴，而社會各派之議論亦紛起，可知國語提倡之功，得力於新文學派之刺激者亦不淺。

三、大凡行政機關有所興革，必視社會情形爲轉移。教育部當民國二年卽已製定音標，至七年冬月始獲頒布者，則當時社會已重視此問題故也。社會患痲木不仁之症者二千年，一弊之革，一利之興，持雍容之態度而剴切勸導之，每不爲動；有人起而與以强裂之刺激，然後贊成者與反對者，其議論均各極其致；而此興革之問題，乃爲社會所重視，行政者方能於其間權衡輕重先後而措諸施爲也。

四、故至民國八年，國語統一籌備會成立，而後關於國語各種問題，乃得一接近行政之討論機關。繼是而改小學國文爲國語，本年秋季起，卽一律先將國民一二年級改用語體文，種種關於國語之法令，均陸續頒布矣。要之國語運動之發生，在新文化運動之前；而其運動之成功，則新文化運動之加社會以刺激，實是莫大之助力，斯固不可掩之事實也。

國語之將來，從理想最高希望最遠之一派所主張者，至目前最切要而爲法令所明定者，約而計之，由遠而近，層次凡七：

一，以世界語爲國語。
二，漢語用羅馬字母拼音。
三，注音字母獨用。
四，注音書報之推行。
五，新文學之提倡。
六，小學改用語體文。
七，國民一二年級先改。

一，凡理想高目的遠者，往往主張以世界語爲國語。蓋語言符號，初無國界，世界終須大同，何妨言先預備，待至將來世界同文，其爲利便何可勝道。但以鄙人意見，衡之此事，一時實辦不到。當語國春秋時，列國書不同文，一如今日之各國，卽如鐘鼎文字，國各不同，可以爲證。故自理想言，必有舉世「文字同形」「言語同聲」之一日，惟此事之實現在不可知之將來，當未至此境之先，其如國人實用何？文字語言而與實用絕不相關，則世界語與古典文又何以異？此其困難一。所謂世界語若Esperanto特其一種，本由學者自由創製，意在實驗。六七年前，此種印刷物尙盛，歐戰既作，而各國對於此事亦遂擱置。卽今觀之，在中國僅北京小學及上海有傳習之機關。初不能與外人交談如英法文，可斷言者。故欲以世界語爲國語，而今日並無世界語，可奈何？此其困難二。抑中國語言，其歷史如是之久，故改革語言，較之改革文字而仍以表其慣用之語言者，其難易實不可以同年而語。欲普通國民均用世界語以交談，雖起秦皇於地下，亦將敬謝不敏；此其困難三。

二，新派中亦有在雜誌上發表「漢語拚音」之意見者。主張以羅馬字母之形式，拚成漢語；不改語言而改字形，此卽鑒於前派之困難，而爲是過渡之辦法也。至此鄙人可以報告數語：社會上果發生一種「國語拚音」之運動。余可擔保政府不至下令禁止，然欲行政機關出而提倡，則亦在所不能。惟現在修訂國音字典之附錄，曾以英法俄德日世界語萬國音符等對照注音字母，其中無羅馬字母可對照者甚少，可知用音之趨勢，亦未嘗不趨向大同也。或以爲注音字母形體不佳，何妨更製草體，以便書寫。鄙人以為即就對照表中之各國字母，擇一種以代草書，似亦無妨。現有以萬國語音學會之 Phonetics 符號代字母草書者，姑舉一例如下。

兩個	黃	蝴蝶
ㄌㄧㄤㄍㄛ	ㄏㄨㄤ	ㄏㄨㄉㄧㄝ
liaygo	Xuay	Xudie

（此為私人所創，自由試用，並非經部頒定者。）

但吾人須注意者，吾國係單音字，而一詞不限於一字，故字雖單音而詞係複音：苟用羅馬字母拼音，而不知此要點，則蝴為蝴，蝶為蝶，必不通也。故苟有人具科學的頭腦，編成完全辭典，能通行於社會，則改用拼音，固亦可能之事，此在社會方面之自為。竊謂凡事不可徒有主張，須具辦法；否則，空打筆墨官司，殊無益也。

三，有鑒於羅馬字拼音難以遽行者，於是取注音字母獨用之法，使不識字之人「聲入心通」，習熟三十九字母，即能獲得一切知識。此種印刷物，以基督教會為多；美國教會，至集款四十餘萬美金，專作此種印刷費。向來教會中就各處方言，用羅馬字母音譯聖經，以便教士不諳中國方言者與中國不識字之人之用。甯波溫州等處，各有數種，印刷亦甚精美，亦有用以通信者。嗣見注音字母頒布，遂改用注音字母，而用羅馬字母者遂漸有取消之勢，其意固在於希望中國語言之統一，則彼輩傳敎，可免除易地改音之困難。然余亦嘗問一外國敎士，何以不仍用羅馬字母拼切中國統一之國音？彼謂羅馬字母，中國人極寫不慣；無論如何，目下難期通行，注音字母容易多矣。此亦一段可參證之事實也。

四，注音書報者，卽通俗書報及小學敎科書，用漢字並用注音；俾識字者可統一讀音，不識字者可因音識字；保守派可以消除廢棄漢字之疑團，急進派亦得目爲漢語拚音之豫備者也。現在敎科書因法令關係，凡用國語者已一律增加注音；而通俗書報則尙少。惟注音字母，係全國多數代表所定，原所以統一國音。統一國音，須從學校入手；苟學校猶以方音注音，則與注音字母之本旨相背矣。就杭州論，現有兩種杭音字母。杭音字母，本可自定一種，作爲閏音字母；於學術上及通俗敎育上，亦不無多少裨益，惟正式之學校敎育，則不宜用，一因兒童習之，將來再習國音，多一曲折；二因語言文字之前途，本有趨向大同之勢，世界語文，尙當期於統一，何況一國？若大家欲保存方音，則以上所言第一二三步之理想之計畫，全盤取消矣。

五，新文學一派，兩年以來，影響最大，顧余何以列諸第五層？因新文學派雖主張國語文學，然對於漢字及注音問題，未遑顧及，惟除去「之乎者也」改變文體而已。其在國語改進之大計畫中，只得爲稱「一卑之無甚高論」，而第三四兩層之利用注音字母者，其目的，高而言之，使語音統一，使文字變形，在「世界同文」之進程中，較單言國語的文學者猶爲進一步也。但此派目的，雖不若利用注音字母者之遠大，而其增高語體文之身分，使得躋於作者之林，其爲助於國語之進行，功自不少。

六，對於前五層之主張者及提倡者雖不乏人，而社會上舊勢力，尚甚盛。彼新文學派不過改變文體，而舊社會對之，尚有洪水猛獸之懼，故行政機關，視此情形，國語科之改用，尚不使涉及中等以上之學校。即去年省教育會聯合會議決國文改爲國語，亦僅指小學而言；教育部遂據之以改國民學校課程，高小雖聯合會議決爲言文參半，而法令尚未遑修改耳。

七，在事實上，第六層辦法，尚因地方情況而有多少窒礙；故教育部立一最低之限度，即國民一二年級先改用語體文，此則全國必須一致者也。

綜合七層觀之，可知第一層理想如彼之高，而第七層辦法如是之遷就，然舊社會中，尚有對於第七層辦法而駭爲急激者；實則彼輩中人，猶有謂小學應讀經者，不讀經已遷就矣，詎可更改用語體文乎？可見一社會中，同時間之人物，其思想之懸絕，殆不可以道里計；聚十六七世紀至二十一世紀之人於一堂，而欲從事於共同之事業！難乎不難？

三 創設『國語週』

天一

什麼叫做「國語週」呢？從名義上講來，就是一年當中，規定某一星期，大家去做關於國語底種種運動，好像現在各國流行的某種年會一般。但這「國語週」底設定，是創始於美國的；他底目的，是要普及純粹雅正底英語，圖他國語底統一。原來美國底言語，也是非常複雜，英語以外，還有其他種種；國內用英語以外底言語，發刊新聞報紙的，多至四百有餘種，其中德意志語，尤有強大底勢力；所以美國當參戰底時候，國論很不一致；美國政府，感受了這樣經驗，就注意到國語統一底事情；一般學校，也起來實行國語統一底運動，這就是「國語週」底由來了。美國底「國語週」，都由學校舉行；一到舉行底時候，無論職員生徒，都是同心協力，使用純粹底英語；並爲種種懇切底講演，說明這使用純良底言語，是於社會生活上，如何的有益，如何的必要，喚起社會一般底自覺。還有舉出實例來做證明的：如說做商店夥計，用純良底標準語，顧客自然對他發生好感，在招徠生意上，非常有利；又做海陸軍人，若用各各地方底土語時候，就有貽誤軍機底事情；如此說明用標準語底利益，用地方土語底害處，發起衆人底自覺心。所以做學生的，也各自警戒，屏去方言訛語，專用純粹底標準語，是不用說的美國實行這方法以來，現在逐年推廣，成績已是非常之好了。

然而回轉頭來看看我們底國裏是怎樣呢！數里之內，就有各種不同底土語；若用數字去統計起來，那全國底語言，恐怕不下數千百種哩。因爲這樣，所以國運也不能發展，教育也不能進步；而一般底人，却從不知道語言和國家底關係，總是各各用他底土語方言，沒有一些改良，這不是一樁極大的害事麼？到了近年，略有幾個明白事務底人，知道言語分歧底危險，竭力倡道統一底必要；於是纔有什麼讀音統一會，國語統一會等設立出來。今年春間，教育部又發了一道命令，要叫全國國民學校底國文科，從本年秋季起頭，一律改用國語教授；這幾件事，總算都是統一國語上的好消息。但是標準語還沒制定，究竟可用什麼利器去統一他，這眞是現在很重大底問題哩！

有人主用北部語做標準，圖謀國語底統一，并且小學校底教科書，用北部語來編纂。這個手段，固然很好。德國從前用南部德意志語（南德意志）做標準，去統一聯邦諸州底言語，也就是這樣手段。然德國底標準語，在發音，語彙，及文法上，已經有多年底洗煉修琢工夫，他的國民文學也是在這樣言語上發達起來的。所以他學校裏底教員在國語教授上，可以圓滿進行，毫沒有什麼疑難。我們底北部語，却是一向任其自然發達，洗煉修琢底工夫，一些沒有，發音上，語彙上，文法上，都是疑問百出所以現在若不大大地加一番修琢工夫，決不能做完全底標準語。

再一切公共生活底地方，如官廳學校銀行公司等本來應該都要用標準語的。但現在標準語還沒制定，所以立在國家底議會壇上混用方言訛語，大家都不以爲怪。像歐美各國，對於言語上底制裁，是很嚴重的；若有在公共生活地方，用方言訛語底人，往往不容於交際社會。做教員的若用方言訛語，就算沒有做人師表的資格，因此而免職的也很不少。所以立於教壇上的人，雖在造次顛沛之間，也沒有不用純粹雅正底言語的。然而我國教壇上底教師，還是用他底方言訛語的；這是因爲我國對於言語上底制裁，是從來沒有底緣故。將來若不嚴行制裁，恐怕這國語統一底事情，便也永遠不能做到了。

國民一律使用純粹底國語，也是國民應有底義務。這個觀念最發達的，要算法國人了。他們一面感謝他祖先遺傳這文明社會底言語，一面深信做國民的，當然有保存這純粹國語傳到後世底義務；所以發音底矯正，言語底練習，非常注意；對於言語底標準，絲毫不敢錯誤。這樣的義務觀念十分發達，他國語底絕對統一，自然能達到目的。然我們國裏底人，這樣觀念，是一點沒有的。

照上面說來，我國語言分歧底厲害，標準語底沒有，國民對於統一語言底無知覺，種種情形，和美國比較起來，正不知要差得多少遠哩！那末要打算統一國語，還可以不從速設定「國語週」去幹國語統一底運動，使大衆都曉得用純良國語底緊要麼？至於「國語週」底設定，也當倣照美國，以學校爲中心點。有人說道：各地方底學校，可把應該要矯正底土語訛音，編作一表，或者揭示於黑板上，懸掛在容易看見底地方，叫學生觸目驚心，可以常常留意矯正，似也不無幾分底效力。然據我看來，這樣方法底效驗，是很遲緩的；現在如果要收統一國語底效驗，必定要叫學生十分自覺矯正土語訛音底必要，並且要生徒底父兄乃至環境，都要有這樣的自覺。若是不然，學校雖能努力，他的效力，也必定不能顯著。所以要喚起這樣底自覺，我以爲「國語週」底設定，要算是最有效底手段了。

我國各學校，若能像美國實行設定「國語週」；我以爲第一先當合力造成一種全國可用底標準語；職員生徒，當互相避去地方土語爲警戒，或者開學藝會，用純良的言語相問答，或者朗讀標準語底著作，養成對於標準語底情感；又或廣發傳單，說明「國語週」底目的；或提燈遊行，演說標準語底利益；喚起一般社會對於「國語週」底注意。此外更研求種種方法，宣傳矯正地方語底必要，如此必能得到顯著底效果。像廣東福建地方人底口音，素來受南蠻鴃舌底譏誚，若能設定「國語週」練習純良底言語；不單可以免去這種譏誚，而且和別省人底社交情感，就可以格外融和，免却生活上種種不便了。

雖然統一語言這件事，實是極不容易實行「國語週」底方法，去圖國語底統一；固可得着成效。但我國國民對於國語統一問題，非常冷淡，和歐美對於言語，用嚴重社會制裁底情形比起來，不啻天淵之判。所以據我的愚見，一面由各學校實行「國語週」一面還要用別種提倡底方法，圖國語底統一。這事要全仗通國熱心志士，竭力規畫，不看做是無關緊要底事情，那就有希望了。

四 美國的國語運動週

教育雜誌

所謂「國語運動週」者，近來美國流行甚盛。考其起源，要亦不古，蓋於一千九百十五年時，始行發起耳。而其旨趣，則在使人純粹操英國語言，而「純粹健全發達英語」之意味，亦含在其中。第一屆大會，在一千九百十五年九月，開設於紐約市布爾克林區之高等學校，及於今日，則美國各州無不有此會矣。其實行之方法，凡有種種，茲就某地所行之模範的次序而略述之。

月曜　分送本會之廣告。（述國語運動週之旨趣）　市中廣告勝之設備及口頭廣告。　開國語運動週大會。

火曜　在大會中研究發音及發表法。　施行各種之實驗。

水曜　討論朗讀語言之研究．　邱撒傑作之暗誦．

木曜　各方面赴會人之集會．

金曜　演劇，行列，運動會及各種之遊戲．　低學年兒童之言語遊戲．

社會各方面之人對於此會皆表極端贊成之意；而熱心到會，各自於其發音及發表上，非常注意，使國語爲純粹健全之發達．而此國語運動週之開會，最初以改良國語練習話法爲主要要的，然及其漸漸發達，則進於國語教授法之改良，更轉而注重於國語之普及也．以前北美合衆國，於國語教授法之改良，雖比較的注意，而於國語之統一及普及，則尙非所措意．自此屆歐洲戰爭以後，深感國語統一之必要；故國語運動週，亦向其要求之方面而進步矣．

以欲達國語運動週之目的，故於改良國語之方法上，起種種之運動，如國語純化之運動，即其一也．現今美國通行之英語中，鄙俚不雅馴者有之，不合語法者亦有之，故加以整理，俾全國人得易於學習，亦事實上之要圖，而使國民咸自覺此純化爲必要，則此運動之目的也．又此運動中之一，即研究英語教師如何而能培養忠愛的精神是已；其研究結果，則爲或講演國家之英雄傳，或暗誦忠愛之詩歌，或使爲含此種精神的題目之作文焉；又努力革除談話中普通一般之謬誤，亦認爲必要，凡此皆爲國語大會中討論之好題目也。國語大會之組織，種種不一。某學校開會之際，則由各學級選出代表而演說，而演述其所聞於他人者亦有之。又或於演說之前，先造成普通言語誤用之表，提示大衆，俾各各注意。演說中所有語法之謬誤，亦一一加以批評，并記錄此等之謬誤，分類揭示，使下次大會中，免於復蹈故轍焉。茲將所定一週間之會場次序，示之如次。

月曜　某大學教授，以所謂『純良英語』之題目而講演，其大旨謂各人對於國語，當如其對於衣服，時時加以注意焉。

火曜　某校生徒，向他校生徒，覆述其所聞於某大學教授之講演。

水曜　某商店管理人講演『純良英語於實業界之價值』

木曜　某視學官講演優雅音聲與正確發音之重要。又該視學官，集生徒如干行綴字之競爭。

金曜土曜兩日，以革除鄙俚英語之目的，自中學生至大學生，合爲一團，列隊而出，行於某所聽大學長『純良英語』之演說。當此之際，卽散布『用純良英語廢鄙俚英語』之廣告；又此等學生之行列，亦用種種之新奇法，以促進社會之注意，喚起其廢除鄙俚言語之自覺焉。

以上所述，爲美國「國造純化運動」與「純良國語普及運動」最近之狀況。此運動之目的，已可不待深論，而其方法實非常有效。因特紹介於此，以供統一國語上之參考焉。

第七編　附錄

一　七年十一月二十三日教育部公布注音字母令

查統一國語問題，前清學部中央會議，業經議決。民國以來，本部鑒於統一國語，必先從統一讀音入手；爰於元年特開讀音統一會，討論此事。經該會會員議定注音字母三十有九，以代反切之用；並由會員多數決定常用諸字之讀音，呈請本部設法推行在案。四年，設立注音字母傳習所，以資試辦。迄今三載，流傳寖廣。本年全國高等師範校長會議議決，於各高等師範學校附設國語講習科，以專教注音字母及國語，養成國語教員為宗旨。該議決案已呈由本部采錄，令行各高等師範學校遵照辦理。但此項字母，未經本部頒行，誠恐傳習既廣，或稍歧異，有乖統一之旨。為此特將注音字母三十九字，正式公布，以便各省區傳習推行。如實有須加修正之處，將來再行開會討論，以期益臻完善。此令。

注音字母表

聲母二十四

ㄍ(見一)古外切與澮同今讀若格發音務促下同　ㄎ(溪一)苦浩切氣欲舒出有所礙也讀若克　ㄫ(疑)五忽切兀高而上平也讀若愣

ㄐ（見一）居尤切延蔓也　讀若基
ㄉ（端）都勞切卽刀字　讀若德
ㄅ（幫）布交切義同包　讀若薄
ㄈ（敷）府良切受物之器　讀若弗
ㄗ（精）子結切古節字　讀若資
ㄓ（照）眞而切卽之字　讀之
ㄏ（曉）呼旰切山側之可居者　讀若黑
ㄌ（來）林直切卽力字　讀若勒

介母三

ㄧ　於悉切數之始也　讀若衣

韻母十二

ㄚ　於加切物之歧頭　讀若阿
ㄟ　余支切流也　讀若危
ㄡ　于救切　讀若謳

ㄑ（溪一）本姑泫切今苦泫切古畎字　讀若欺
ㄊ（透）他骨切義同突　讀若特
ㄆ（滂）普木切小擊也　讀若潑
ㄪ（微）無販切同萬　讀若物
ㄘ（淸）親吉切卽七字　讀若疵
ㄔ（穿）丑亦切小步也　讀若癡
ㄒ（曉）胡雅切古下字　讀若希
ㄖ（日）人質切　讀若入

ㄨ　疑古切古五字　讀若烏
ㄛ　呵本字　讀若痾
ㄞ　古亥字　讀若哀
ㄢ　乎感切嘾也　讀若安

广（孃）魚儉切因崖爲屋也　讀若膩
ㄋ（泥）奴亥切卽乃字　讀若訥
ㄇ（明）莫狄切覆也　讀若墨
ㄙ（心）相姿切古私字　讀私
ㄕ（審）式之切　讀尸

ㄩ　丘魚切飯器也　讀若迂
ㄝ　羊者切卽也字　讀若也
ㄠ　於堯切小也　讀若傲平聲
ㄤ　烏光切跛曲脛也　讀若昂

ㄣ 古隱字 讀若恩　ㄥ 古肱字 讀若哼　ㄦ 而鄰切同人 讀若兒

濁音符號　於字母右上角作，

四聲點法　於字母四角作點如左圖

陰平無符號

二、九年一月十二日教育部令行各省，自本年秋季起國民學一二年級，先改國文為語體文。

文云：案據全國教育聯合會呈送該會議決推行國語以期言文一致案，請予採擇施行。又據國語統一籌備會函請將小學國文科改授國語，迅予議行各等因到部。查吾國以文言紛歧，影響所及，學校教育固感受進步遲滯之苦，即人事社會亦欠具統一精神之利器；若不急使言文一致，欲使文化之發展，其道無由。本部年來對於籌備統一國語一事，既積極進行；現在全國教育界輿論趨向，又咸以國民學校國文科宜改授國語為言，體察情形，提倡國語教育實難再緩。茲定自本年秋季起，凡國民學校一二年級，先改國文為國語文，以期收言文一致之効。合亟令行該局廳校轉令所屬各校遵照辦理可也此令。

三九年一月十七日，教育部通咨學校練習語言辦法，

文云：據國語統一籌備會條陳學校練習語言辦法，請予採擇施行等情前來。查教授國文，語言當與文字並重本部於中小各學校令施行細則及師範學校規程內，均經明白規定。該會所陳辦法三端，頗合語法教授之用，相應摘鈔原件，咨請貴署查照轉行所屬中等以下各學校注意採用，俾收言文並進之效。

附鈔原件

練習語言辦法：

一修練語法，宜利用相當之機會也。學校之中，按照學科，分時授業；語法既非專列為一科，故修練之方，當利用相當之機會。竊思學校中關於授受兩方，可得修練語法之機會者，其要項凡三：

(甲)於作文時練習文言體文之外，兼行練習口語體文字。

(乙)教員學生共同組織辯論會演說會談話會。

(丙)學校中多備語體文之書報。

二修練語法，應採用適宜之形式也。學者程度不齊，在甲程度所宜者，未必即宜於乙程度，故於表示語法之形式，亦應斟酌學者程度爲適宜之措置。竊思如問答法如範話法，較宜施行於低程度；如討論法獨演法，較宜施行於高程度。他若對話法聽寫法，無論何種程度，皆可施行，第應伸縮其範圍耳。茲更分別說明之如左：

(甲)問答法　或由教員問，學生答；或由學生問，教員答；參互行之。

(乙)範話法　凡較難組織之語言，教員注意於詞選及詞位，口述範話，令學生復述，以簡確明瞭爲主。

(丙)討論法　任舉一事項，令學生各抒意見，自由討論；教員亦可以平等地位，參加其間。

(丁)獨演法　令學者舉平時所聞見所經歷或思想所存，各自單獨演述之。

(戊)對話法　二人以上或討論學業，或尋常酬對，皆無不可。

(己)聽寫法　一人（教員或學生）口述語言，他人以筆記錄；不僅修練語法，亦爲溝通言文之助。

三修練語法，應有適宜之指導也。此可分指導之要點及訂正之方法二者述之：

(甲)指導之要點　對於實質方面，首宜整理其思想，使之明瞭而確實。對於形式方面，當注意其發音及語法之組織；如有方言若語言，必隨時矯正，至其發言時之態度，亦不可不注意及之。

（乙）訂正之方法　在教師方面者，可兼用一般訂正與個別訂正。在學生方面者，可令自己訂正或相互訂正。

江蘇省教育會

四國語研究會簡章

第一條　本會附設於江蘇省教育會，定名為國語研究會。

第二條　本會研究順序如左：

第一步　傳習注音字母，分為三期：第一期。由各師範學校及附屬小學校各選送職教員共三人到會傳習。第二期。由各縣勸學所各選送本縣小學教員二人到會，分甲乙二組傳習。甲組略諳音韻者，乙組略諳國語者。第三期。由上海勸學所選送各小學校教員每校一人到會，分甲乙丙三組傳習。甲組略諳音韻者，乙組略諳國語者，丙組未諳音韻及國語，年在三十以內者。傳習時期，均一星期完畢；其不及一星期已明了注音字母之讀法拼法者，得縮短之。其必須傳習之要點，列表如左：

分日傳習順序	時數

注音字母之發音部位	一或二
注音字母之讀法	一或二
注音字母之拚法	一或二
南北音不同之要點	一或二
討論練習國語之方法	二或四

第二步　調查方言　凡各縣選送之小學教員傳習完畢回籍後，均有調查本縣方言列表報告於本會之義務，其調查表式另定之。

第三步　審定標準語　凡各縣方言之歧異者，應由本會排比成表，組織審查會，擇其最合於名學者，決定為標準語。請教育部審定頒行，作為標準國語。

本條第一步第一期傳習完畢後，如各師範學校及附屬小學校願續選職教員到會傳習者，得併入第二期傳習。第二期傳習完畢後，如各縣勸學所願續送小學教員到會傳習者，得併入第三期傳習。第三期傳習完畢後，由本會酌定辦法。上開三期之傳習日期，臨時酌定通告。

第三條　凡到會傳習之會員，每人繳入會費銀一元，膳宿自理；其會費及膳宿費，得由選送之機關代織。

第四條　凡會員在本會傳習注音字母完畢後，均有在本校或本縣傳習注音字母及隨時研究國語之義務。

傳習注音字母，由選送之機關辦理，卽以本員爲主任。

研究國語，應由本員主任在本校或本縣組織國語研究會，注重練習國語。

第五條　本簡章俟第二條所定順序辦理完畢時，由江蘇省敎育會酌議修改或廢止之。

中華民國十年八月出版

國語問題討論集全一册

每册定價大洋八角

編輯者　常熟朱麟公

發行者　中國書局

印刷者　中國書局

總發行所　上海寶山路中國書局

分售處　本外埠各大書坊